中國學術思想 研究輯刊

三 編

林慶彰 主編

第 26 冊

梁啓超思想之演進與轉變

王心美 著

熊十力《新唯識論》研究
——以《新唯識論》所引發儒佛之爭爲進路的探討

林世榮 著

花木蘭文化出版社

國家圖書館出版品預行編目資料

梁啓超思想之演進與轉變　王心美　著／熊十力《新唯識論》
研究——以《新唯識論》所引發儒佛之爭為進路的探討　林世
榮　著 — 初版 — 台北縣永和市：花木蘭文化出版社，2009〔
民 98〕
序 2+ 目 2+126 面／目 2+122 面；19×26 公分
（中國學術思想研究輯刊 三編；第 26 冊）
ISBN：978-986-6528-96-5（精裝）
1. 梁啓超　2. 熊十力　3. 學術思想　4. 現代哲學　5. 唯識
128.2　　　　　　　　　　　　　　　　　　　98001814

ISBN - 978-986-6528-96-5

9 789866 528965

中國學術思想研究輯刊
三　編　第二六冊　　　　　　　　ISBN：978-986-6528-96-5

梁啓超思想之演進與轉變
熊十力《新唯識論》研究
——以《新唯識論》所引發儒佛之爭爲進路的探討

作　者	王心美／林世榮
主　編	林慶彰
總 編 輯	杜潔祥
出　版	花木蘭文化出版社
發 行 所	花木蘭文化出版社
發 行 人	高小娟
聯絡地址	台北縣永和市中正路五九五號七樓之三
	電話：02-2923-1455／傳眞：02-2923-1452
網　址	http://www.huamulan.tw 信箱 sut81518@ms59.hinet.net
印　刷	普羅文化出版廣告事業
封面設計	劉開工作室
初　版	2009 年 3 月
定　價	三編 28 冊（精裝）新台幣 46,000 元

梁啓超思想之演進與轉變

王心美　著

作者簡介

王心美，生於台灣嘉義，東海大學歷史研究所畢業。現任職新竹縣大華技術學院通識教育中心，講授中國近代史、台灣史，著有《梁啟超思想之演進與轉變》。

提　　要

　　梁啟超生歷清朝末年過渡到民國初年的求變轉型時代。其思想上的屢變屢遷，與清末民初時局的雲變波折互為相應；而其前瞻先驗，透過他聲情激越的文字，導向了新中國加快形塑與發展。是故，梁氏個人思想上的演進轉變實為中國近代歷史轉化過程的投射縮影。基於此一旨趣，本文乃探討梁氏思想上屢變屢遷的契機造因與畢生憂念之所在，意欲透過對梁氏個人思想轉折的了解，順勢將中國近代的變遷具體而微的呈現出來。全文凡分六章，其要點如后：

　　第一章，緒論。旨在分析梁氏身處的時代背景，明其環境之特質與殊異，並說明前人研究的方向與成果，以及筆者所著重的方向，以導入本文主題。

　　第二章，傳統中尋求變革理念（1890～1898）。闡明梁氏早期主要在其師康有為「三世之義」的啟示影響下，衍化出求變革、興民權的理念。第一節，言梁氏早年學知目標，與傳統士子並無二致。第二節，說明梁氏入學康門，思想重新大為開啟，獲得「三世之義」為求變的基礎理論。第三節，申述梁氏主持時務學堂時期，仍在其師思想籠罩下，倡興民權與種族革命。

　　第三章，西方思想的涵泳與影響（1899～1917）。梁氏流亡日本後，廣泛的接受西方思想，西哲的思想學說變成他言論上新的依據，西方富強的極則：民權、自由、進化觀念成為其絕對的信仰。本章旨在探討梁氏思想上的變化，並究明其內在底蘊。第一節，研究梁氏言論轉變的由來。第二節，分析梁氏流亡日本前期盛倡的激進革命的政治主張。第三節，先探究梁氏流亡日本後期言論轉趨保守的原因，再述及此時期其緩進改良的政治主張。

　　第四章，歐遊後的思想轉折（1918～1929）。闡述梁氏歐遊後思想上的轉變與新論。第一節，申述梁氏民國政治作為的失意，導致了歐遊之行。第二節，闡明梁氏反對歐洲過度發展物質文明與信賴科學萬能的辯解。第三節，探討梁氏對於社會主義的態度與駁斥馬克斯主義的理由、論證。

　　第五章，傳統文化的重新體認。旨在闡明梁氏的儒家唯心意識，至「五四」時期，在全面反傳統運動中，強化轉為護衛傳統文化的過程。第一節，先由反孔疑古與再創世界新文明說起，以引入本章。第二節，闡述梁氏整理國故的成果。第三節，說明梁氏對於儒家倫理文化的重新肯定與推引。

　　第六章，結論。綜合前述各章論點，並將筆者之觀點予以申論，以結本文。

目 次

自　序

　　本書探討梁啓超一生思想屢變屢遷的契機造因。清末民初的形變轉型時代，有志知識份子莫不懷抱「破與立」的想望，一方面急欲速崩裂解晚清體制，一方面熱切追模想像新中國的產生。其間，梁啓超是最亮眼引人的一位。民國前，他以飽含情感之筆，幻化魔力文字，時刻傳輸憾人魂靈的改革思想，甚且一度激進的昌言革命；民國後，他重新審視傳統文化的價值，在反孔疑古的思潮中，攘臂護衛以孔、孟為主導的儒家倫理思想。其思想幾番變易轉折，時而激進，時而保守。其依違衷棄之理為何？是個性流質使然？是傳統理念、西方思想的影響？抑或因應時局變化的轉圜取決？這些疑問都是我在本書中要分析探討的，並進一步歸結梁氏畢生憂念與終極關懷之所在。

　　本書的分期斷限及多項論據上的依持，蒙受張朋園老師《梁啓超與清季革命》、《梁啓超與民國政治》二書影響與啓示甚多。復承張老師在觀念上多方開導與指引，謹此致上誠摯的謝意。此外，堪為言述的是：於我人生歲月，自彼時寫作論文之日起，直到如今，張老師如父執師友，時為督責鼓勵，這份可貴的情誼與難得的福氣，實緣於研究梁啓超而識得，謹記之。本書完成，距今久遠，筆法識見難免簡陋；復因倉促成篇，舛錯繆誤頗多，尚祈學界先進不吝賜正。

　　附錄的兩篇論文〈試論班昭《女誡》的女性倫理觀〉與〈《大同書》中的性別烏托邦〉，曾先後發表於《大華學報》（1997，2000），與本書研究主題並無關聯。彙集合併刊行，一方面在使這本小書豐厚些；一方面，以資記錄近年來我在清華大學歷史研究所進修時對婦女／性別史的研究思考。〈試論班昭《女誡》的女性倫理觀〉一文，探究班昭《女誡》的女性倫理觀及其一生行

止的內在意義。〈《大同書》中的性別烏托邦〉，辨析康有為在《大同書》中所建構的性別烏托邦的意涵，並界定《大同書》中的女權思想在近代婦女解放運動中的歷史位置。

　　本書倉促完稿於一九八二年的夏天，是我在東海大學歷史研究所的學習成果。多年舊作，不意今日竟有面世的機會，感謝花木蘭文化出版社的襄助促成。

　　　　　　　　　　　　　　王心美　二〇〇八年七月於新竹

第一章　緒　論

　　近代中國自道光二十年（1840）由鴉片戰爭揭開序幕後，中國在各方面均面臨「三千年未有之大變局」，進入一個迅速變遷的時代。從器物模仿的自強運動到制度層次的維新變法，再到全面反傳統的「五四」時期，中國由「近代」過渡到「現代」，經歷了一段漫長而痛苦的形變過程。

　　從咸豐十一年（1861），北京設立總理各國事務衙門開始，至甲午戰爭，三十餘年間，在清政府中有識的皇族大臣及知識份子，如奕訢、文祥、曾國藩、李鴻章、張之洞等人的領導下，展開了同光年間的洋務運動。其基本精神在於「師夷長技以制夷」和「中學為體，西學為用」。所見者，惟西洋之船堅礮利、器物精絕而已。對於政治、教育及制度上的根本改進，則始終未曾言及。

　　甲午之役起，滿清政府不堪一擊，列強乘機漁利中國，知識份子已意識到非變不足以救亡，感悟昔日「體用」之說非，西方可學習的不止技器，更在政教。在優異份子（elite）康有為、梁啓超的領導下，戊戌變法運動於焉展開，由「器物模仿層次」轉進到「制度變革層次」。

　　至於民國以後的「五四」運動，本質上是秉持「外抗強權、內除國賊」的愛國意識，以學術為首，同時從事政治與社會全面的改革，而其成效則在於意識型態的改變。其進取、前瞻的精神，絕非中體西用的自強運動與託古改制的戊戌變法所可企及。但是在全面反傳統與「全盤西化」的倡議中，以新思想代替舊思想與舊傳統，成為「五四」時期的主導觀念，傳統文化遭受前所未有的猛烈攻擊，加上各種主義的紛至沓來，在新、舊思想的吸收與排斥作用中，引起了混淆與迷亂的現象。

　　具體而言，近代中國的產生始於中西文化的衝突與對壘。在紛乘繁複的社會與文化變遷中，對當時的知識份子而言，身處此激變的時代，面對舊體制、文化雙向崩潰的困境，如何調整其傳統角色與行為模式，引進西方思想學說促使中國的富強與維護傳統文化的價值，成為最迫切的關懷與積極尋求的目標。梁啓超（1873～1929）即是生長在此一時代，由傳統士人角色出發，以救亡圖存為己任的典型代表人物。

　　梁啓超生當一個求變的時代，面對國事杌陧、復因熱情敏銳的心靈和流質易變的性格，在時代的衝擊下，自然能夠突破自我與時代的限制，成為一個求變的人物。綜其一生，莫不以現存的政治實體為銜繫思想言論的中心，發之為文，必至造成風靡而不可收拾。究其原因，為其應合了時代求變的需要，自然成為風潮中心。

　　就梁氏的思想而言，因為他深於舊學傳統，容或隱含保守成份，但是卻有相當自由和進取的趨向。以當時而言，確為時代的新銳思想者。在創開風氣之先方面，他也和大多數生在同時代的知識份子一樣，內在的反省在求富強，外在的行動則要追摹西方列強。本此尋求國家富強的意願，他所引介給中國的西方觀念乃或在自身國度裏所衍生的思想，難免流於廣泛與偏執、甚至是淺陋、摹擬的，但卻對當時的中國產生相當強度的影響。

　　近世研究梁啓超的學者甚眾，筆者在此作一簡明引介：

　　Levenson, Joseph R. *Liang Ch'i-ch'ao and the Mind of Modern China.* Cambridge: Harvard University Press, 1953.

　　張朋園，《梁啓超與清季革命》，臺北：中央研究院近代史研究所，民國53年。

　　Chang, Hao. *Liang Ch'i-ch'ao and Intellectual Transition in China, 1890-1907*. Cambridge: Harvard University Press, 1971.

　　Huang, Philip C. *Liang Ch'i-ch'ao and Modern Chinese Liberalism.* Seattle:University of Washington Press, 1972.

　　張朋園，《梁啓超與民國政治》，臺北：食貨出版社，民國67年。
這四位學者研究的方向，或專注於梁氏與中國政治演進的關係，或偏重於梁氏思想轉折的探討，或著意於梁氏與中國思想的過渡與演變。

　　而筆者著重的方向，乃試以「梁啓超思想之演進與轉變」為題，首先探究梁氏生當激變時代，他如何調整其行為模式與重新界定其「自我」的角色？

其次，試圖對梁氏思想上的屢變屢遷找出其契機造因與內在底蘊，並藉此對近代中國社會與思想的變遷，作一番具體而微的觀照與了解。

第二章　傳統中尋求變革理念（1890～1898）

第一節　早年私塾教育──帖括訓詁詞章

　　梁啓超，字卓如，號任公，又號飲冰室主人，廣東新會人，同治十二年正月廿六日（1873）生於廣東新會縣熊子鄉茶坑村。其先世「自宋末由福州徙南雄，明末由南雄徙新會，定居焉，數百年棲於山谷，族之伯叔兄弟，且耕且讀，不問世事，如桃源中人」，〔註1〕至其祖父維清先生始「肆志於學」，〔註2〕致力於科舉仕途，「爲郡生員，例選廣文不就」，〔註3〕其父寶瑛先生亦由此途奮進，「少亦治舉子業，連不得志於有司，遂謝去，教授于鄉」。〔註4〕梁氏即出身於此藉科舉爲進陞途徑，達到「學而優則仕」的目的，躋身於官紳之列的傳統耕讀之家。

　　清室歷經康、雍、乾三朝承平後，至乾隆中葉後，政風日頹，吏治中衰，末葉時，民變即屢見不鮮。至嘉慶朝，內亂陸續引發，白蓮教亂、海寇蔡牽之亂、回部張格爾亂事等相繼而起。道光二十年（1840）鴉片戰爭的爆發實開中國三千年未有之大變局，門戶自此打破，內在體制的衰弱疲敝阻扼不了西方勢力的節節相逼，內憂外患接踵而至。梁氏出生之年，正值鴉片戰爭後的三十三年，英法聯軍之役後的第十五年，洪楊之役後的第十年。處此劇變

〔註1〕 梁啓超，〈三十自述〉，《飲冰室文集》（以下簡稱《文集》）11，臺北：中華書局，民國49年，頁15。
〔註2〕 梁啓超，〈哀啓〉，《盾鼻集》，臺北：中華書局，民國50年，頁127。
〔註3〕 同註1。
〔註4〕 梁啓超，〈哀啓〉，《盾鼻集》，頁127。

壓迫的時代中，朝野莫不慷慨激昂、圖變覺醒。而受傳統教育的士紳大夫，在此思想變遷之際，其傳統社會角色與行為模式亦面臨重新調度與取向的情境。梁啓超即在此時代背景的衝擊下逐漸成長、變化其思想理念。

　　早年，梁啓超和其他士子一樣接受的是中國傳統的私塾式的教育。從四歲起，就開始由祖父和母親教讀四書五經，「夜則就王父榻，日與言古豪傑哲人嘉言懿行，而尤喜舉亡宋、亡明國難之事津津道之」。〔註5〕六歲，就父讀，受中國略史五經卒業。十歲，就童子試，十一歲，初見張文襄之《輶軒語》和《書目答問》，「始知天地間有所謂學問者」。〔註6〕十二歲，應試學院，考中秀才，補博士弟子員。在此後的兩三年裡，梁氏即在這條科舉老路上打轉：

> 日治帖括，雖不慊之，然不知天地間於帖括外，更有所謂學也，輒埋首鑽研，顧頗喜詞章，王父父母時授以唐人詩，嗜之過八股。家貧無書可讀，惟有《史記》一、《綱鑑易知錄》一，王父、父日以課之，故至今《史記》之文，能成誦八九。父執有愛其慧者，贈以《漢書》一，姚氏《古文辭類纂》一，則大喜，讀之卒業焉。〔註7〕

　　光緒十一年（1885），梁氏十三歲，是年始治段、王訓詁之學。十五歲，正式進入了廣州府的學海堂讀書。學海堂是前任兩廣總督阮元設立的，其目的則在於讓廣東士子有接觸訓詁詞章的機會。梁氏同時亦為菊坡精舍、粵秀書院、粵華書院的院外生，這些廣州府的最高學府，講究的亦為考據、詞章、訓詁之學。梁氏在極富漢學精神的教導方式下，遂跳出了帖括之學的禁錮與窒礙，至是乃決舍帖括而從事於訓詁詞章的研究，「不知天地間於訓詁詞章之外更有所謂學也」。〔註8〕

　　從帖括之學到訓詁詞章的訓練，梁啓超所接受的只是一般傳統的教育方式，乃士子進階之因緣工具，但是由經、史、子、集的熟習到辯偽、考證的訓練，為他日後奠定了深厚的國學基礎。

第二節　萬木草堂時代——三世之義的啓示

　　清學自明末清初的經世致用之學、乾隆的考據之學到道咸以來的今文經

〔註5〕〈三十自述〉，《文集》11，頁15～16。
〔註6〕〈變法通議——論幼學〉，《文集》1，頁55。
〔註7〕〈三十自述〉，《文集》11，頁16。
〔註8〕同前註。

學，凡有三變。儒學發展至明末時，「尊德性」與「道問學」兩派爭執不下，其義理的是非自必取決於經典；而滿清入主中原、河山易主，社會動盪、殘破，學者士大夫引爲己責，力矯明學末流空虛，拋棄明心見性的空談，爲學質諸先覺、考諸古訓，於是以顧炎武、黃宗羲、王船山、朱舜水爲主的經世致用之學應時而起。經康、雍、乾整治局勢後，天下日趨安寧，在清廷屢興文字獄及「右文之主」的籠絡手段下，學術研究偏離政治而歸趨單純健實，衍成乾隆考據之學，代表人物爲惠棟、戴震，其治學方法在「實事求是」「無徵不信」，研究範圍，以經學爲中心，旁及小學、音韵、校勘……等。道咸以後，清學又面臨分裂，純學術的研究限制了思考、眼界，流於窒礙、專制；嘉道以還，積威日弛，復面臨外患壓境、西學之漸輸入，思自湔拔，於是對外求索日熾，對內厭惡之情日烈，常州學派應時而起，此派以莊存與、劉逢祿爲代表，宗今文春秋公羊之學，其要旨爲張三世、通三統、異內外，以新的眼光研究孔子的《春秋》，摒棄訓詁詞章的考據之學，講求思想的自由解放，後世學者更藉「微言大義」譏切時政、詆排專制。此學派經龔自珍、魏源的大力提倡後，再加上廖平、朱次琦的推波助瀾，一時今文經學蔚爲大觀，導向了康有爲成爲近代今文經學的歸趨大成者。〔註9〕

康有爲出身的家庭屬於傳統的官紳階層，在這個階層強固意識的要求下，亦必循科舉之途爲進陞的途徑。康氏在光緒二年（1876）十九歲以前從其祖父連州公就學於官舍，學習帖括考據之學，而於九江禮山草堂從學於朱次琦後，思想上發生極大的變化。〔註10〕其後退居西樵山兩年，「專爲深沈之思」、「窮爲天人之故」，欲自創一派，而歸於經世之用。〔註11〕光緒五年（1879），薄遊香港。八年應順天鄉試，道經上海，知西人治國有法度、治術，復大購西書以歸，閱《海國圖志》、《瀛環志略》等書，漸收西學微意，自是大講西學。〔註12〕康氏在環境的刺激與感念中，決心捨棄前學，藉今文公羊學爲引，以經營天下爲志，提出了維新變革的理想。

光緒十六年（1890），八月，梁啓超十八歲，因同學陳千秋的介紹初識康有爲，拜於康的門下。自此，康氏爲梁啓超開啓了一個新的天地：

〔註 9〕 參見梁啓超，〈清代學術變遷與政治的影響〉，《中國近三百年學術史》，臺北：中華書局，民國 59 年，頁 11～13。

〔註 10〕 參見康有爲，《康南海自訂年譜》，臺北：文海出版社，民國 55 年，頁 7～11。

〔註 11〕 梁啓超，《清代學術概論》，臺北：中華書局，民國 49 年，頁 132。

〔註 12〕 參見康有爲，《康南海自訂年譜》，頁 7～12。

乃因通甫修弟子禮事南海先生。時余以少年科第，且於時流所推重
之訓詁詞章學，頗有所知，輒沾沾自喜。先生乃以大海潮音，作獅
子吼，取其所挾持之數百年無用舊學，更端駁詰，悉舉而摧陷廓清
之。自辰入見，及戌始退，冷水澆背，當頭一棒。一旦盡失故壘，
惘惘然不知所從事。且驚且喜，且怨且艾，且疑且懼。與通甫聯床，
竟夕不能寐。明日再謁，請爲學方針，先生乃教以陸王心學，並及
史學西學之梗概。自是決然舍棄舊學，自退出學海堂，而間日請業
南海之門。生平知有學，自茲始。〔註13〕

梁氏初入康門，接觸到的一切均是新鮮的。康氏的《長興學記》隱含的民權、
平等之旨意即首先啓發了他，成爲日後孜孜從事的準則。〔註14〕直到光緒二
十年（1894），梁啓超在康有爲的教導薰陶下，不僅捨棄了傳統的詞章訓詁之
學，更獲得了思想上的啓發，其一生學問皆得力於此，奠定了日後賴以從事
變革運動的基礎。

　　康有爲之學術思想雖承常州學派而來，其改制之說却不同於劉逢祿、龔
自珍輩。康氏所謂之改制，實含有政治革命，社會改造的意味，而以三世三
統闡明改制進化之義：

　　……喜言「通三統」；「三統」者，謂夏、商、周三代不同，當隨時
　　因革也；喜言「張三世」；「三世」者，謂據亂世、升平世、太平世，
　　愈改而愈進也。〔註15〕

康氏更以三世之義解說〈禮運〉，謂「升平世」爲小康之治，「太平世」爲大
同之治。〔註16〕然康氏却謂今乃亂世只能言小康不能強行大同，言則陷天下
於洪水猛獸。而梁啓超聞得此義則大樂，銳意欲將之宣傳，以進於大同之世：

　　秦以前，據亂世也，孔教行於齊魯；秦以後迄今，昇平世也，孔教
　　行於神州。自此以往，其將爲太平世乎！〔註17〕

三世進化論非僅是康有爲思想體系的脊樑，亦是梁啓超在萬木草堂的教育下
所得到的最深啓發。直到三十歲止，梁啓超雖然接觸並提倡西學，但三世之
義一直是支持他思想理論的重要依據，並從而演繹出他對於政治、經濟、教

〔註13〕〈三十自述〉，《文集》11，頁16～17。
〔註14〕〈變法通議〉，《文集》1，頁55。
〔註15〕梁啓超，《清代學術概論》，頁130。
〔註16〕同前註引書，頁132。
〔註17〕〈新學僞經考序〉，《文集》2，頁62。

育等方面的主張和要求，〔註 18〕最重要的乃是此說形成了他早期民權說的有力論證：

> 治天下者有三世：一曰多君爲政之世，二曰一君爲政之世，三曰民爲政之世。多君世之別又有二：一曰酋長之世，二曰封建及世卿之世。一君世之別又有二：一曰君主之世，二曰君民共主之世。民政世之別亦有二：一曰總統之世，二曰無總統之世。多君者據亂世之政也，一君者昇平世之政也，民者太平世之政也。此三世六別者，與地球有人類以來之年限有關之理，未及其世，不能躐之，既及其世，不能閼之。〔註 19〕

又說：

> 春秋之言也有三世：曰據亂，曰升平，曰太平。啓超常謂據亂之世則多君爲政；昇平之世則一君爲政；太平之世則民爲政。凡世界必由據亂而昇平而太平，故其政也，必先多君而一君而無君。……惟政亦爾，既有民權以後，不應復有君權。……地球既入文明之運，則蒸蒸相通，不得不變，不特中國民權之說即當大行，即各地土番野狢亦當丕變，其不變者即漸滅以至於盡，此又不易之理也。〔註 20〕

又說：

> 凡由多君之政而入民政者，其間必經一君之政，乃始克達。所異者西人則多君之運長，一君之運短；中國則多君之運短，一君之運長。至其自今以往，同歸民政。〔註 21〕

除此外，梁氏爲文時亦大量引申三世之義作爲論說的憑依，三世之義變成了他求變的基礎理論。據此，梁氏更進一步以天下爲己任，欲進小康於大同。而欲臻至太平之世，大同之治，必先增進國民之識力，**轉變國民之思想**，其途則在於發揚孔子的眞教旨。他認爲孔子之教旨是進化、平等、兼善、強立、博包、重魂六大主義，賦含進步平等、開啓民智、自立自強、寬容犧牲的精神。二千年來孔子之眞面目湮而不彰，乃在於傳授轉變之謬誤也。〔註 22〕

〔註 18〕 參見張朋園，《梁啓超與清季革命》，臺北：中央研究院近代史研究所，民國 58 年，頁 14。

〔註 19〕 〈論君政民政相嬗之理〉，《文集》2，頁 6。

〔註 20〕 〈與嚴幼陵先生書〉，《文集》1，頁 108～109。

〔註 21〕 〈論君政民政相嬗之理〉，《文集》2，頁 60。

〔註 22〕 〈論支那宗教改革〉，《文集》3，頁 55。

孔子教人，有特別與普通之不同，「特別者，所謂中人以上，可以語上也；普通者，所謂中人以下，不可以語上也」。普通之教，《詩》、《書》、《禮》、《樂》，言小康，凡是孔門弟子皆學焉；特別之教，《易》、《春秋》，言大同，非高才者不能受焉。荀子才下，始於誦《詩》，終於讀《禮》，莊子、孟子才高，分別得了《易》與《春秋》。自秦漢以後，政治學術皆出於荀子，在「尊君權」、「排異說」、「謹禮儀」、「重考據」的範疇中，二千年皆行小康之學，大同之統殆絕之。

梁啓超又認為「《春秋》者，則孔子經世之大法」、「孟子於六經之中，其所得力在《春秋》」、「孟子於《春秋》之中，所傳為大同之義」，〔註23〕在這個認同的觀點上，梁氏就以孟子的學說思想詮釋了大同之義。

「孟子言無義戰，為大同之起點」：

> 此義本於《春秋》，為孔子特立大義，後之儒家，惟孟子能發明之。……泰西諸國，惟美洲庶近之。〔註24〕

「孟子言井田，為大同之綱領」：

> 井田為孔子特立之制，所以均貧富，《論語》所謂不患寡而患不均。井田者，均之至也，平等之極則也，治天下第一義矣……孟子一切經濟，皆從此出，深知其意，可語於道。〔註25〕

「孟子言性善，為大同之極效」：

> 孔子之言性也，有三義，據亂世之民性惡，升平世之民性有善有惡，亦可以為善可以為惡，太平世之民性善……孟子傳其太平世之言……太平之世，〈禮運〉所謂謀閉而不興，盜竊亂賊而不作，《春秋》所謂人人有士君子之行，故曰性善，西人近倡進種改良之學，他日此學極盛，則孔子性善之教大成矣，不明於此，則孟子斷斷之致辨，誠無謂也。〔註26〕

「孟子言堯舜、言文王，為大同之名號」：

> 〈禮運〉以小康歸之禹湯文武成王周公，其大同蓋謂堯舜也，故曰天下為公。《春秋》哀十四年傳曰：「其諸君子樂道堯舜之道。」亦

〔註23〕〈讀孟子界說〉，《文集》2，頁17～18。
〔註24〕同前註引文，頁19。
〔註25〕同前註。
〔註26〕同前註。

指大同言。《春秋》隱元年傳：「王者孰謂，謂文王也。」文王亦太平世之義。凡此諸聖者，皆有天下而不有，故言大同之學者必宗之。〔註27〕

「孟子之言即爲孔子之言」，〔註28〕遵奉孟子的學說，便可以實行孔子大同之治的理想。孟子的仁政、保民思想亦深深的影響梁氏的思想言論，成爲他發揮自由、民權理論的張本。〔註29〕

　　三世之義的推移步驟，涵化了梁啓超早期思想，他企圖透過孟子的思想理論，配合時代的需要，作爲求變的憑藉。梁氏從傳統士紳的意識型態跳越至一個新的境界，再加上西學的初沐，對時局有了重新的體認與關懷。

第三節　時務時代──「醉心民權」「種族革命」

　　甲午戰爭以前，西方勢力的入侵和衝擊僅限於沿江沿海的城市附近，對於知識份子而言，其影響是極其微小的，絕大多數的士紳階級仍然生活在傳統的思想世界裡，有識之士倡導的自強運動亦停留在「道」、「器」二分論的範疇中，將西方船堅礮利之「器」建構在中國傳統理念的「道」上，亟欲迎頭趕上。甲午之役後，「天朝意像」的世界觀徹底幻滅，帝國主義的侵略加深轉劇，由英美式的商業擴張升級爲日俄式的領土攘奪，列強步步進逼，大有瓜分中國之勢，一時救亡圖存的意識瀰漫朝野，知識份子尤其產生亡國滅種的存亡意識，激進思想愈演愈烈，不斷衝擊和撼動儒家社會倫理的基礎，變革形成了一種普遍的要求，知識份子已領悟到自強運動「體用」之說不足以救國，而必須先變觀念，從政治上著手，他們主張由器物層次的模仿轉進到制度層次的追求。

　　梁啓超，這個敏銳的倡導民權的「先時人物」，〔註30〕目睹國事危急，慷慨悲歌，滿腔血淚：

　　　　拍碎雙玉斗，慷慨一何多！滿腔都是血淚，無處著悲歌。三百年來王氣，滿目山河依舊，人事竟如何？百戶尚牛酒，四塞已干戈。千

〔註27〕〈讀孟子界說〉，《文集》2，頁21。

〔註28〕同前註。

〔註29〕梁啓超任教時務學堂時，時時藉《公羊》、《孟子》發揮民權之義。參見丁文江編，《梁任公先生年譜長編初稿》（以下簡稱《丁編・梁譜》）（上冊），臺北：世界書局，民國61年，頁43。

〔註30〕梁啓超在《清代學術概論》中，謂自己爲倡導民權的先時人物。

金劍，萬言策，兩蹉跎，醉中呵壁自語，醒后一滂沱。不恨年華去
也，祇恐少年心事，強半爲銷磨，願替眾生病，稽首禮爲摩。〔註31〕

在此徘徊低吟的咏嘆之際，梁氏對時局亦有深切的反省與焦慮：

今有巨廈，更歷千歲，瓦墁毀壞，榱棟崩折，非不枵然大也，風雨
猝集，則傾圮必矣。而室中之人，猶然酣嬉鼾臥，漠然無所聞見；
或則覩其危險，惟知痛哭，束手待斃，不思拯救；又其上者，補苴
罅漏，彌縫蟻穴，苟安時日，以覬其功。此三人者，用心不同，漂
搖一至，同歸死亡。〔註32〕

其心志乃亟欲喚醒國人，共拯國勢於危亡。

甲午、乙未之間，梁啓超的救時志氣高昂，欲廣求同志，結爲一體。當
馬關條約的割讓消息傳回時，康有爲、梁啓超等十八省千餘舉人正在北京參
加會試，他們得悉台灣、遼東的割讓，憤慨激切，乃聯合十八省舉人，聚議
於松筠庵，爲大連署，決心上書陳時局，向清政府提出「拒和」、「遷都」、「變
法」之要求，雖爲守舊大臣阻撓不得上達，但是經由這些舉人散歸鄉里傳佈
後，知識之士對國家處境漸有所領悟。〔註33〕

康、梁擬提倡新學、廣開風氣。先從言論鼓吹著手，梁氏乃協助康有爲創
辦《中外公報》和強學會於北京，爲創造輿論、組織團體之始。《中外公報》「日
出一張，……只有論說一篇，別無記事」，〔註34〕初時該報遭遇許多困難，梁記
云：

時在乙未之歲，鄙人與諸先輩感國事之危殆，非興學不足以救亡，
乃共謀設立學校，以輸入歐美之學術於國中，惟當時社會嫉新學如
仇，一言辦學，即視同叛逆，迫害無所不至，是以諸先輩不能公然
設立正式之學術。（設立正式之學術）〔註35〕

強學會，是一個現代性的學會組織，梁氏謂「兼學校與政黨」之性質，「備置圖
書儀器邀人來觀，冀輸入世界之知識與我國民，且於講學之外謀政治之改革」。

〔註31〕〈水調歌頭〉，《文集》45（下），頁83。
〔註32〕〈變法通議——論不變之害〉，《文集》1，頁2。
〔註33〕梁啓超，〈改革起原〉，《戊戌政變記》，附錄一，臺北：中華書局，民國58年，
頁113。
〔註34〕〈民國元年蒞報界歡迎會演說辭〉，《文集》29，頁2。
〔註35〕〈民國元年蒞北京大學校歡迎會演說辭〉，《文集》29，頁38。

〔註36〕自公車上書到強學會的成立，雖遭失敗解散，却標示了一個新的里程，變法維新的改革方案日趨具體成型，在當時風氣未開之際，實爲非常之舉。

在這一年梁氏始識譚嗣同：

> 啓超屢遊京師，漸交當世大夫，而其講學最契之友曰夏曾佑、譚嗣同，曾佑方治龔、劉今文學，每發一義，輒相視莫逆。……嗣同方治王夫之之學，喜談名理，談經濟，及交梁啓超，亦盛言大同，運動尤烈，而啓超之學，受夏、譚影響至鉅。〔註37〕

在給康有爲的一封信裡，謂「譚復生才識明達，魄力絕倫，所見未有其比。惜佞西學太甚，伯理璽之選也」，〔註38〕日後影響梁啓超至深的是譚氏金陵時期最偉大的《仁學》一書，其「衝決網羅」，打破傳統的思想，解除了梁氏思想上的若干束縛：

> 啓超……作〈變法通議〉，又思發明群義，則理奧例賾，若不克達，既乃得……瀏陽譚君嗣同之《仁學》，讀之犁然有當於其心。〔註39〕

光緒二十二年（1896）三月，梁啓超離京赴滬，與黃遵憲、汪康年籌辦《時務報》。七月，《時務報》開，梁氏爲主筆，自此頭角崢露，名重一時，時時發民權論，他在這一個時期，提出了救時的政治主張〈變法通議〉，強調「變」爲天下之公理，主張自覺主動求變：

> 變亦變，不變亦變，變而變者，變之權操諸己，可以保國、可以保種、可以保教，不變而變者，變之權讓諸人，束縛之，馳驟之。〔註40〕

變法的本意原在於「育人才，人才之興，在開學校，學校之立，在變科舉」，〔註41〕科舉的弊病，論者甚眾，梁氏認爲此爲「愚黔首的故技」：

> 馬貴與曰，古者戶口少而才智之民多，今戶口多而才智之民少。余悲其言。雖然，蓋有由也：先王欲其民智，後世欲其民愚。……秦始皇之燔《詩》、《書》，明太祖之設制藝，遙遙兩心，千載同歸，皆所以愚黔首，馭一統之天下。〔註42〕

〔註36〕同前註。
〔註37〕梁啓超，《清代學術概論》，頁139。
〔註38〕蘇輿編，《翼教叢編》，附編，未詳出版地，光緒30年，頁4。
〔註39〕〈說羣序〉，《文集》2，頁3。
〔註40〕〈變法通議——論不變法之害〉，《文集》1，頁8。
〔註41〕〈變法通議——論變法不知本原之害〉，《文集》1，頁10。
〔註42〕〈變法通議——學校總論〉，《文集》1，頁15。

科舉制度歷經數百年後，已經「薾靡疲敝」，士子為了博取功名，不惜「惴摩腔調」，肆力於詩賦帖括之業，統治者亦不過「以俳優鈔胥畜之」，「囚虜乞匄穿窬賭博視之」，在這種箝制思想的科舉制度下，銷磨了士人的聰明才智，這就是民智不興的關鍵，欲開民智則必須變科舉，而妥善的對策是興學校，其上策為：

> 遠法三代，近采泰西，合科舉於學校，自京師以訖州縣，以次立小
> 學大學，聚天下之才，教而後用之，入小學者比諸生，入大學者比
> 舉人，大學學成比進士，選其尤異者，出洋學習比庶吉士，其餘歸
> 內外戶刑工商各部任用比部曹。〔註43〕

在學校教育中，梁啓超首重小學。舊日的私塾教育只不過是訓練胥吏的場合而已，梁氏認為小學教育應自識字與啓發思想入手，教科書的編訂和具有獨立思想的師資為其方法。而在家庭教育方面，梁氏提倡興女學，因為「兒童幼時，母親於父，日用飲食，歌唱嬉戲，隨機指點，因勢利導，何在非學，何事非教」，〔註44〕母親有學識，始有良好的家庭教育，也才有培養獨立思想的場所。

梁啓超提出的「廢科舉」、「興學校」，直接觸及了改造中國的根本問題。在當時外患刻刻相逼，政事遲遲不進的狀況下，確是有遠見的先聲，這也是日後「戊戌變法」的主要內容，雖然未得實現，但是使國人對此有了認識與自覺。光緒三十一年（1905），停止各省鄉會試及歲科試，沿襲千餘年的科舉制度，終於廢絕，而以學校為替代。

同年七月，因與馬相伯、眉叔兄弟相過從，得以結識了嚴復。嚴復所譯的《天演論》亦於是年脫稿，在尚未出版之先，梁啓超即已閱其手稿。〔註45〕梁氏讀後深受啓發，因此在〈說群序〉中多所推贊「擇種留良」之論，而在〈與嚴幼陵先生書〉中，更表白其熱切傾慕之忱。梁氏流亡日本後，其論說寫作無不以社會達爾文主義為主要觀念上的基礎，實得此時之濫觴。

直到九月止，梁氏仍為時務報館主筆。康、梁的維新理論在梁氏以《時務報》為工具的有力宣傳下，在當時的中國產生了廣泛的影響。飽含維新意旨的團體、刊物，乃至學校，相繼蓬勃興起。在要求變革的聲浪中，湖南省最為突出，興起了他省無可比擬的革新氣象。

近代湖南地位的崛起，自湘軍平定太平軍始。推源溯始，先有明末王夫之

〔註43〕〈變法通議——論科舉〉，《文集》1，頁28。
〔註44〕〈論變法通——議幼學〉，《文集》1，頁57。
〔註45〕《丁編，梁譜》，頁33。

之學，講求經世致用、真知實踐，迨嘉慶中葉後，湘學勃興，湖南學者獨能擺脫乾嘉考證之學的錮蔽，而以理學修身，精研經世致用之學。咸同之時，太平軍興，曾國藩、羅澤南等本相湘學精神，不以個人修省工夫為務，而作衛道救世的號召，以湖南士民組成團練與太平天國對抗，亂事平定後，湘軍之名，著於天下，自此形成了湖南人以天下為己任的胸懷與熱忱的救世觀念，激起了強烈的衛道意識。再者，湘軍的徵餉統帥，常由士紳擔任，其後亦由此得到高爵厚祿，甚而開府疆圻，湘軍解散後，湖南已為紳權最大的地區。加上湖南地理環境偏內陸腹地，不易和外界接觸，自然形成深閉固拒的守舊排外思想。同時，湖南省的幾位開風氣之先的維新人物如魏源、郭嵩燾、曾紀澤等，他們的真知灼見在其身後也廣被傳頌，歷久不衰，成為維新思想的先知。

　　甲午戰起，清廷仍以湘軍勘定戰事，不料湘軍未戰先潰。不僅證明湘軍的時代已過去，虛驕囂張之氣亦不可恃。湖南人士幡然改圖，湖南遂由守舊的中心一變而為最積極推動維新變法的據點。

　　湖南新政運動的勃興，與維新人士之出任省政要職有密切的關係。自光緒二十年八月江標任湖南學政始，繼而湖南巡撫陳寶箴、按察使黃遵憲、學政徐仁鑄到任後，莫不敢于開風氣之先，或主維新，或主變法，要皆以灌輸新知為務，延聘維新人士與湖南士紳共同策劃新政，梁啟超自然成為禮聘的對象。光緒二十三年（1897）十月，梁氏應陳寶箴之聘出任湖南時務學堂總教習。

　　梁氏在尚未赴湖南之前，就和同志把教育方針議定，咸主徹底改革，並得到康有為的同意：

　　　　任公於丁酉冬月將往湖南任時務學堂，時與同人商進行之宗旨，一漸進法，二急進法，三以立憲為本位，四以徹底改革洞開民智以種族革命為本位。當時任公極力主張第二第四兩種宗旨。其時南海聞任公之將往湘也，亦來滬商教育之方針，南海沈吟數日，對於宗旨亦無異詞。〔註46〕

其後，梁氏即本此教育方針借《公羊》、《孟子》發揮民權之意，傳播革命思想：

　　　　啟超至，以《公羊》、《孟子》教課以劄記，……所言皆當時一派之民權論。又多言清代故實，臚舉失政，盛倡革命。其論學術則自荀卿以下漢、唐、宋、明學者，掊擊無完膚。……先是嗣同、才常等

─────────────
〔註46〕見〈狄楚青先生任公先生事略〉，《丁編，梁譜》，頁44。

設「南學會」聚講，又設《湘報》、《湘學報》，所言雖不如學堂中激烈，實陰相策應。又竊印《明夷待訪錄》、《揚州十日記》等書，加以案語，秘密分布，傳播革命思想。〔註47〕

梁啓超在時務學堂講學，雖然祖述康有爲的學說，積極主張維新變法，但是他更進一步攻擊專制政治，批評秕政，廣泛的介紹西學，批駁傳統舊學，「非徒心醉民權，抑且有種族之感」，其過激處，已跳出其師康有爲的藩籬。至於當時梁氏的激烈言論，雖已無法窺其全貌，但仍可由《翼教叢編》所保存的學堂課藝批、日記批和答問中得見一斑：

今日欲求變法，必自天子降尊始。不先變法拜跪之禮，上下仍習虛文，所以動爲外國訕笑也。〔註48〕

臣也者，與君同辦民事者也。如開一舖子，君則其舖之總管，臣則其舖之掌櫃也。〔註49〕

二十四朝其足當孔子至號者，無人焉，間有數霸者生於其間，其餘皆民賊也。〔註50〕

屠城屠邑皆後世民賊之所爲，讀《揚州十日記》，尤令人髮指眥裂，故知此殺戮世界，非急以公法維之，人類或幾乎息矣！〔註51〕

湘省士子在這種含有民族、自由思想氣息的薰陶下，「他們像得了一種新信仰，不獨自己愛用，而且努力向外宣傳」，並時時以愛國救民相互勗勉，風氣爲之一變，導致新政運動邁向高潮。

正當湖南新政運動蓬勃開展之際，却遭遇來自湘省守舊士紳的激烈反對，以王先謙、葉德輝爲首的頑固派首先對時務學堂大肆抨擊。當時，學生皆住校舍，學堂內氣氛雖然日日激變，外間無從知悉，及年假學生回家，向親友出示劄記，全湘大譁，激起守舊派群起的反對。〔註52〕梁氏在〈時務學堂劄記殘卷序〉裡記云：

時吾方醉心民權革命論，日夕以此相鼓吹，劄記及批語中蓋屢宣其

〔註47〕梁啓超，《清代學術概論》，140頁。
〔註48〕蘇輿編，《翼教叢編》，卷5，頁6，引「湖南時務學堂課藝總教習梁啓超批」。
〔註49〕同前註引書，卷5，頁11，引「時務學堂答問梁批」。
〔註50〕同前註引書，卷5，頁9，引「學堂日記梁批」。
〔註51〕同前註引書，卷5，頁8，引「學堂日記梁批」。
〔註52〕〈民國元年蒞報界歡迎會演說辭〉，《文集》29，頁2。

微言。湘中一二老宿，覩而不謹，群起擠之，新舊之鬨起而波動於
京師，御史某刺錄劄記全稿中觸犯清廷忌諱者百餘條，進呈嚴劾，
戊戌黨禍之構成，此實一重要原因也。〔註53〕

結為反對梁啟超的集團，以王先謙、葉德輝、劉鳳苞、黃自元、孔憲教
等人為代表，都是守舊的湖南士紳，以王氏為領袖，而葉氏最為激烈。他們
視新政派人物的言論為「邪說」撼動人心，危及他們的傳統地位，四出上書
大吏，要求禁止梁氏言論，同時為文痛駁梁的民權平等說，大罵其「傷風敗
俗」、「誤盡天下蒼生」，甚且將之比做「會匪」、「文妖」，〔註54〕在「湘紳公
呈」中便可看出梁氏給湖南人心的影響及守舊派的激烈斥責：

上年開設時務學堂，本為當務之急，凡屬士民，無不聞風而起。乃
中學教習廣東舉人梁啟超，承其師康有為之學，倡為平等民權之說，
轉相授受……而譚嗣同、唐才常、樊錐、易鼐輩，為之乘風，揚波
肆其簧鼓，學子胸無主宰，不知隱行邪說，反以為時務，喪其本真，
爭相趨附，語言悖亂，有如中狂。〔註55〕

在頑固派守舊份子的強烈攻擊與迫害下，梁啟超於光緒二十四年（1898）
初離開長沙，回到上海，繼續從事維新變法的鼓吹提倡，誓言「非破家不能
救國，非殺身不能成仁」，以救國為首要職志。梁氏在這種自我期許的要求下，
復面對因德國強佔膠州灣所帶來的國際帝國主義瓜分中國的狂潮，投入了百
日維新的行列。

梁啟超在光緒二十四年（1898）以前，在思想上他服膺康有為的「春秋
三世說」與「大同之義」。而在實際政治層次上，他又發揮激烈的種族革命論。
以民族思想而論，他對於「群」的觀念是非常模糊的，尚徘徊於天下大同的
世界觀與華夏中心的世界觀之間，以中國民族統合為主的中國近代民族主義
對此時的梁氏而言，還是陌生的。〔註56〕另一方面，戊戌變法的失敗，適足
反映了在傳統體制上改革的軟弱與限制，但當時梁氏所宣揚的民權思想確實
起了振聾發聵的作用，「變則存，不變則亡」的意識深入人心，國人的思想逐
漸解放，為日後的革命事業鋪陳了良好的基礎。

〔註53〕《丁編，梁譜》，頁43。
〔註54〕參見張朋園，《梁啟超與清季革命》，頁59。
〔註55〕蘇輿編，《翼教叢編》，卷5，頁11～12。
〔註56〕參見楊肅獻，〈梁啟超與中國近代民族主義〉，《近代中國思想人物論：晚清思
　　　想》，臺北：時報文化出版公司，民國69年，頁111～112。

第三章　西方思想的涵泳與影響
（1899～1917）

第一節　言論轉變的由來

維新變法失敗後，梁啓超逃亡日本，雖然失去了從事改革政治的環境，但是却給予他思想上的啓牖與衝擊，豐富了他的心智，爲變革的理論基礎找到了新的支持。

當時日本自明治維新以來，朝野上下皆兢兢業業謀求社會的全面改造。在明治政府的領導下，實施文明新策，棄除幕府時代的鎖國政策，推翻實施六百多年的封建階級制度，積極推行中央集權制度，導引全國人心趨於一致，以順應世界潮流，力圖日本富強獨立。在民間，幕末時期的開國論者，如加藤弘之、福澤諭吉等人，成爲社會的思想指導者，極力宣傳他們的文明開化政策，主張吸收、模倣西洋文明，將西洋的學說移植到日本，促開風氣；在外來思想中，又以西歐的自由主義最具影響力，在這個思潮的薰陶下，日本普遍的興起倡自由、求民權、開國會的改革風潮。

梁氏在戊戌之前的西知來源，堪說甚爲粗淺有限，對於西方思想的介紹，亦不過爲一「導引」而已。〔註1〕及至逃亡日本後，稍能讀東文，即廣搜日本書讀之，「疇昔所未見之籍，紛觸於日，疇昔所未見之理，騰躍於腦」，〔註2〕「若行山陰道上，應接不暇，腦質爲之改易，思想言論與前者若出兩

〔註1〕詳參張朋園，《梁啓超與清季革命》，頁29。
〔註2〕〈論學日本文之益〉，《文集》4，頁80。

人」。〔註3〕

時「日本自維新三十年來，廣求智識于寰宇，其所譯所著有用之書，不下數千種，而詳於政治學、資生學、智學、羣學等，皆開民智強國基之急務也」，〔註4〕雖未美備，但已大端粗具。梁氏讀了不僅「如幽室見光，枯腹得酒，沾沾自喜」，更汲汲將譯之以餉國人，以做爲他日中國變法的張本。〔註5〕是時，梁氏亦覺傳統的「三世之義」、「大同之說」，不足以求衍化，濟時艱。〔註6〕因援環境的助益，西洋的現代化思想順勢移入，加上「流質易變」的性格，他的思想和言論，較之在戊戌變法之前，發生了很大的變化。

梁啓超在逃亡日本以後，最初的二、三年裡，尚在其師康有爲今文經學的藩籬中繼續倡議戊戌變法之前的改良主義。光緒二十四年（1898）十月，於橫濱「聯合同志，共興《清議報》，爲國民之耳目，作維新之喉舌」，以「維持支那之清議，激發國民之正氣」，〔註7〕仍然以倡民權爲獨一無二之宗旨；〔註8〕在方法上，轉向以攻擊、詆毀慈禧太后爲目標，直接批駁清廷的腐敗無能，光緒皇帝在他的筆下成了一個欲開民智、興引民權的曠代之聖主。〔註9〕在梁氏歌頌光緒、醜詆慈禧，高倡保皇主義的當時，中國正陷於被列強瓜分的危機中。自光緒二十三年（1897）德國強佔膠州灣，各國紛起效尤，向中國攫取政治、經濟各方面的權益，在租借港灣時，亦乘勢指定他們的「勢力範圍」。就當時的情形而論，俄人之強索旅順大連，東北三省、內外蒙古與新疆是其勢力範圍；山東是德國的勢力範圍；長江流域內河航行權與西藏劃歸英國，並允索威海衛、租借九龍；福建是日本的勢力範圍；雲南、廣東、廣西、四川等省是法國的勢力範圍；瓜分形勢已經造成，只等一聲，便可宰割。清廷臨此刲割，尚頑睡不醒，但知防範漢人舉事，所籌之餉、所練之兵，無不以鉗制其民爲能事，上下皆互相仇視。梁氏有下文形容當時的情形：

> 今中國之有兵也，所以矜制其民也，奪民之性命財產、私爲己有，懼
> 民之知之而復之也，於是乎有兵，故政府之視民也如盜賊，民之視政

〔註3〕梁啓超，〈夏威夷遊記〉，《新大陸遊記節錄》，臺北：中華書局，民國46年，頁150。
〔註4〕同註2。
〔註5〕同註2。
〔註6〕詳參張朋園，《梁啓超與清季革命》，頁29。
〔註7〕〈清議報敘例〉，《文集》3，頁30。
〔註8〕《《清議報》一百冊祝辭並論報館之責任及本館之經歷〉，《文集》6，頁54。
〔註9〕詳參梁啓超，〈光緒聖德記〉，《戊戌政變記》，附錄三，頁147～157。

府亦如盜賊，兵之待民也如草芥，民之待兵也亦如草芥。〔註10〕

至光緒二十五年（1899）十二月，「己亥建儲」，清廷欲諷外國公使入賀，各國公使置之不理，守舊大臣恐輿情不洽又恐各國干涉，遂擱置不議，但朝臣更加仇恨外人，思借重義和拳扶清滅洋，一吐數十年鬱結的怨氣。光緒二十六年（1900）六月，拳亂禍作，為朝野仇外勢力之總反動，西方各國共組「八國聯軍」進逼對抗，大肆焚掠屠戰。中國國運已面臨千鈞一髮、危如累卵的時刻。清廷的愚昧無知，莫不讓人驚駭可恥，凡有志救國之士，皆意識到非推翻滿洲政權不足以救中國，梁啟超不再昌言溫和改良主義，率先公開宣言與清廷誓不兩立：

> 今日中國之病根何在，即西太后之政府是也。我輩同志，與西后政
> 府為敵，非有所私怨也，因西后政府為我中國人之公共仇敵，又為
> 萬國之公共仇敵，故我輩迫於公義，誓不與之兩立，蓋必將病根拔
> 去，然後我國得安，萬國得安也。〔註11〕

自此至光緒二十九年（1903）以前，梁氏始終懷著「匈奴未滅，何以為家」的悲壯情緒，積極倡導革命民權，是一個絕對的民族主義者。在理念層次上，已漸漸突破康有為思想的藩籬，不再假《公羊》《孟子》為護符，對於民權思想，除了評估舊說外，主要的是援引西方思想家的言論作為一切論說的根據。

在梁啟超接受西方思想的過程中，前此，他為革命民權積極昌言；之後，他轉而為君主立憲的擁護者。無論如何，他的熱誠和理想皆是磐基在西方思想家孟德斯鳩、盧梭、達爾文的思想上，將西方富強的三大極則：民權、自由、進化，提升到絕對的信仰層面。

自甲午以來，晚清政治思想在轉化過程中，西化是一種想望的趨勢。梁啟超思想上的變化，發之為文，正投合了國內情勢的需要。從光緒二十五年到三十年（1899～1904），他在《清議報》和《新民叢報》上，發表了一百多篇文章和專著，不遺餘力的宣介西方學說，在當時的知識份子階層中產生了巨大的影響，成為輿論界的「驕子」。辛丑年所寫的〈自勵〉一詩，道出了驕矜自負的心懷：

> 獻身甘作萬矢的，著論求為百世師，誓起民權移舊俗，更擘哲理牖

〔註10〕梁啟超，〈中國魂安在乎〉，《自由書》，臺北：中華書局，民國48年，頁38。
〔註11〕〈論今日各國待中國之善法〉，《文集》5，頁52。

新知。十年以後當思我，舉國猶狂欲語誰，世界無窮願無盡，海天
廖廓立多時。〔註12〕

經過梁氏開風氣之先的倡議後，日後醞釀而起的政治思潮波瀾壯濶，新舊思
想在迎拒激揚中雜糅更新，民權的要求普遍深入人心，倒滿以興民權遂成爲
不可遏阻之勢。

第二節　流亡日本前期──盛倡革命破壞

自庚子拳亂發生，梁啟超目睹清廷的昏瞶無知、喪權辱國的舉措後，誓
不與其兩立，展開了積極的排滿活動。到光緒二十八年（1902）春夏間，保
皇會員中有多人因爲痛恨清廷自兩宮迴鑾以來，仍然沒有變法的誠意和決
心，紛紛主張革命自立，梁氏便是提倡最力的一位。〔註13〕他在十月給康有
爲的信裡說：

> 至民主撲漢保教等義，眞有難言者。弟子今日若面從先生之誠，他
> 日亦必不能實行也，故不如披心瀝膽一論之。今日民族主義最發達
> 之時代，非有此精神，決不能立國，弟子誓焦舌禿筆以倡之，決不
> 能棄去者也。而所以喚起民族精神者，勢不得不攻滿洲，日本以討
> 幕爲最適宜之主義，中國以討滿爲最適宜之主義，弟子所見，謂無
> 以易此矣。〔註14〕

梁氏的革命排滿思想在這封信裡表露無遺，其尋求革命之路，即在於民權之興。

爲了達到興民權的理想，梁氏在這一段時期或寫學案、或引學說，皆在
極力闡述西方思想家的思想精髓，以爲其理論基礎，從而演伸出一些新的主
張與方法，其內涵底蘊自大不同於前。

一、民權自由

基本上，梁啟超興民權的主張和他對民族主義的寄託期待有著深密依存
的關係。他認爲「近世列強之政策，由世界主義變爲民族主義，由民族主義
而變爲民族帝國主義」，〔註15〕中國當今正面臨民族帝國主義的侵略，欲「挽

〔註12〕　〈自勵〉，《文集》45 下，頁 16。
〔註13〕　《丁編，梁譜》，頁 156～157。
〔註14〕　〈光緒二八年十月與夫子大人書〉，《丁編，梁譜》，頁 157。
〔註15〕　〈論民族競爭之大勢〉，《文集》10，頁 13。

浩刼而拯生靈，惟有我行我民族主義之一策」；〔註16〕民族主義的精旨在於「國家持人民而存立者也，故寧犧牲凡百利益以爲人民」。〔註17〕據梁之意，國家明顯的是人民的公產，其一切必以人民爲依歸：

> 國者積民而成，舍民之外，則無有國。以一國之民，治一國之事，定一國之法，謀一國之利，捍一國之患，其民不可得而侮，其國不可得而亡。〔註18〕

是故，民族主義實則與民權主義是一體兩面的，所以「醫今日之中國，必先使人人知有權，人人知有自由，然後可，《民約論》正今日中國獨一無二之良藥也」。〔註19〕

盧梭倡天賦人權，以爲人也者，生而有平等之權，當享自由之福，著爲《民約論》，主張極端民權說：

> 國家之所以成立，乃由人民合羣結約，以眾力而自保其生命財產也，各從其意之自由，自定約而自守之，自立法而自遵之，故一切平等，若政府之首領及各種官吏，不過眾人之奴僕，而受託以治事者耳。
>
> 〔註20〕

在梁心目中，盧梭無疑地是西方自由主義最有力的闡釋者。盧梭的民權、社會契約、公意等觀念時常出現在他流亡日本初年的作品裡，他認爲盧梭的民主理論不但是糾正傳統專制主義的最有效工具，也是破除中國人奴隸性的最有效藥方。在光緒二十六年（1900），梁氏在給其師康有爲的信中，確認中國民族性需要盧梭的自由理念：

> 中國數千年之腐敗，其禍極於今日，推其大原，皆必自奴隸性來；不除此性，中國萬不能立於世界萬國之間。而自由云者，正使人自知其本性，而不受箝制於他人，今日非施此藥，萬不能癒此病。〔註21〕

據這個理論基礎，梁氏對昔日中國固有的權利思想提出了修正與新解釋，認爲中國先哲言仁政，泰西近儒倡自由，其形質雖同而精神迥異。首先，他指出孟子所言保民牧民思想不合時宜：

〔註16〕梁啓超，《新民說》，臺北：中華書局，民國48年，頁5。
〔註17〕〈國家思想變遷異同論〉，《文集》6，頁20。
〔註18〕〈論近世界民競爭之大勢及中國之前述〉，《文集》4，頁56。
〔註19〕〈答某君問法國禁止民權自由說〉，《文集》10，頁30。
〔註20〕〈論學術之勢力左右世界〉，《文集》6，頁112。
〔註21〕《丁編，梁譜》，頁125。

> 或問曰，孟子者，中國民權之鼻祖也。敢問孟子所言民權，與今日泰西學者所言民政，同乎？異乎？曰，異哉！異哉！孟子所言民政者謂保民也，牧民也。故曰若保赤子，曰天生民而立之君，使司牧之。保民者，以民爲嬰也。牧民者，以民爲畜也。故謂之保赤政體，又謂之牧羊政體。以保牧民者，比之於暴民者，其手段與用心雖不同，然其爲侵民自由權則一也。〔註22〕

進而指出儒教之最大缺點，在爲君權設想，忽視民權。梁氏反過來強調民權，認爲若爲君者不行仁政、恤民隱，則直可以民權箝制之。他說：

> 當其暴威之未行也，則有權以監督之；當其暴威之方行也，則有權以屏除之；當其暴威之既革也，且有權以永絕之。如是然當權者有所憚有所縛，而仁政之實乃得行。〔註23〕

梁醉心民權，爲了達到抑君權而興民權的理想，他主張立憲法：

> 是故欲君權之有限也，不可不用民權。憲法與民權，二者不可相離。此實不易之理，而萬國所經驗而得之也。〔註24〕

而孟德斯鳩的三權分立學說極爲梁氏嚮往，他認爲「三權分立之政治，即最高主權在國民之政治也」，〔註25〕又說：

> 苟欲創設自由政治，必政府中之一部，亦不越其職而後可，然居其職者，往往越職，此亦人之常情，而古今之通弊也，故設官分職，各司其事，必使互相牽制，不至互相侵越，於是孟氏遂創爲三權分立之說，曰立法權、曰行政權、曰司法權，均宜分立，不能相混，此孟氏所創也。〔註26〕

又說：

> 三權鼎立，使勢均力敵，互相牽制而各得其所，此孟氏創見千古不朽者也。〔註27〕

梁氏的民權思想同時也受盧梭的影響，盧氏的極端民權說與孟氏的三權分立立憲制成爲梁氏積極追求的目標。

〔註22〕梁啓超，《自由書》，頁40～41。
〔註23〕〈論中國學術思想變遷大勢〉，《文集》7，頁55。
〔註24〕〈立憲法議〉，《文集》5，頁3。
〔註25〕〈申論種族革命及政治革命之得失〉，《文集》19，頁43。
〔註26〕〈法理學大家孟德斯鳩之學說〉，《文集》13，頁24。
〔註27〕同前註引文，頁25。

　　民權與自由本密不可分，無自由必不是眞民權，無民權亦必不會有眞自由，所以梁氏嚮往自由，求解放是很自然的事。如前所述，欲醫今日之中國，破除奴隸性，必使人人知自由，是故他也把自由思想移植於中國：

> 十八世紀之學說，其所以開拓心胸，震撼社會，造成今日政界新現
> 象者，有兩大意義：一曰平等，二曰自由。吾凤受其說而心醉焉。
> 曰：其庶幾以此大義移植於我國，以蘇我數千年專制之憔悴？〔註28〕

因此，梁啓超引述西哲所言天賦的人權：言論著作自由、集會結社自由、行爲自由、居住自由、財產自由、請願自由。〔註29〕他認爲這些自由不僅「君不能奪之臣，父不能奪之子，兄不能奪之弟，夫不能奪之婦」，猶「水之於魚，養氣之於鳥獸，土壤之於草木」。〔註30〕甚而，自己亦不能放棄，如因不爭取而失自由，其罪不在侵犯者，而在放棄者：

> 人人各務求自存則務求勝，務求勝則務爲優者，務爲優者則擴充己之
> 自由權而不知厭足，不知厭足則侵人自由必矣。……苟兩人之力有一
> 弱者，則其強者所伸張之綫，必侵入於弱者之界，此必至之勢，不必
> 諱之事也。……故曰：苟無放棄自由者，則必無侵人自由者。其罪之
> 大原，自放棄者發之，而侵者因勢利導，不得不強受之。〔註31〕

所以，人民必須爭取，珍視自由權，始可使國家臻於獨立自主。

　　在引述個人自由的權限後，梁氏又談到了「團體」的自由。首先，梁氏認爲，根據西方自由主義發展史來看，自由的概念有四種涵義：政治上之自由、宗教上之自由、民族上之自由與生計上之自由。就梁氏對當時中國情勢的分析，中國只有兩種關於自由的問題：人民參政問題與建立民族國家問題。梁氏更進而強調說，這兩個問題基本上是相同的，只要一個解決，另一個必隨之迎刃而解。〔註32〕
梁氏又說：

> 自由云者，團體之自由，非個人之自由也，野蠻時代個人之自由勝，
> 而團體之自由亡，文明時代團體之自由強，而個人之自由減，斯二

〔註28〕〈中國專制政治進化史論〉，《文集》9，頁82。
〔註29〕〈各國憲法異同論〉，《文集》4，頁78-79。
〔註30〕梁啓超，〈草茅危言〉，《自由書》，頁12。
〔註31〕梁啓超，〈放棄自由之罪〉，《自由書》，頁23～24。
〔註32〕梁啓超，〈論自由〉，《新民說》，頁40～44。

者蓋有一定之比例，而分毫不容忒者焉。〔註33〕

在梁氏的自由觀裡，很明顯的，先求得個人的自由，再將之提昇到民族層面。一方面，若無民族自由，在外國兼併的情況下，則人民參與之自由權將何由施展；另一方面，若無人民參與政治之自由，則人民無法為民族貢獻力量，而民族力量若薄弱，必危及民族之獨立自由。由以上的舉證，我們了解，在梁氏民權自由的範疇裡，他主要的關心是在於組織一三權分立的立憲政府以興民權，使人民擁有參與政治的自由，進而求得民族獨立的自由。

二、破壞主義

在革命排滿、民權自由的大前提下，清末的中國局勢，非用大刀濶斧的手段，不足以起死回生，梁啓超提出了「破壞主義」做為徹底改造的方法。他在光緒廿六年（1900）的《清議報》〈自由書〉裡已表露了破壞主義思想：

> 甚矣，破壞主義之不可以已也。譬之築室於瓦礫之地，將欲命匠，必先荷鍤；譬之進藥於痞痞之夫，將欲施補，必先重瀉；非經大刀濶斧，則輸俉無所效其能；非經大黃芒硝，則參苓適足速其死。歷觀近世各國之興，未有不先以破壞時代者。此一定之階級，無可逃避者也。〔註34〕

此後，他不斷宣傳破壞主義，認為「今日的中國，破壞也破壞，不破壞也要破壞」，〔註35〕無論遲早，終不可免，倒不如用些人力，去做那有意的破壞，還得早一日之福。所分別的，只看是民賊亂民去破壞他，還是仁人君子去破壞他；若是仁人君子去做那破壞事業，倒還一面破壞，一面建設，倒可拯中國於萬一。

梁氏在介紹破壞主義的同時，亦隨處引介西方哲人學者思想為舉證：

> 路德破壞舊宗教而新宗教乃興，培根笛卡兒破壞舊哲學而新哲學乃興，斯密破壞舊生計學而新生計學乃興，盧梭破壞舊政治學而新政治學乃興，孟德斯鳩破壞法律學而新法律學乃興，歌白尼破壞舊曆學而新曆學乃興。〔註36〕

更進一步，以中國的瑪志尼為期許，如瑪志尼組織少年義大利，組織少年中

〔註33〕同前註引文，頁44～45。

〔註34〕參見梁啓超，〈破壞主義〉，《自由書》，頁25。

〔註35〕梁啓超，〈新中國未來記〉，《新小說》第二號，轉見張朋園，《梁啓超與清季革命》，頁110。

〔註36〕梁啓超，〈論進步〉，《新民說》，頁62。

國，〔註37〕散播破壞、革命的種子，喚醒國人，達到興民權的目的。

在思想上，梁氏認爲欲救今日之中國，莫急於以新學說變思想，所以不得不有所破壞，孔學已不適合當前中國，他主張孔教不必保，也不可保：

> 我中國學界之光明，人物之偉大，莫盛於戰國，蓋思想自由之明效也。及秦始皇焚百家之語、坑方術之士，而思想一窒。及漢武帝表章六藝，罷黜百家，凡不在六藝之科者絕勿進，而思想又一窒。自漢以來，號稱行孔子教二千餘年於茲矣，而皆持所謂表章某某羅黜某某者，以爲一貫之精神。故正學異端有爭，今學古學有爭。言考據則爭師法，言性理則爭道統。各自以爲孔教，而排斥他人以爲非孔教，於是孔教之範圍，益日縮日小。寢假而孔子變爲董江都何邵公矣，寢假而孔子變爲馬季長鄭康成矣，寢假而孔子變爲韓昌黎歐陽永叔矣，寢假而孔子變爲程伊川與朱晦庵矣，寢假而孔子變爲陸象山王陽明矣，寢假而孔子變爲紀曉嵐阮芸台矣。皆由思想束縛於一點，不能自開生面。如羣獮得一果，跳擲以相攫；如羣嫗得一錢，詬罵以相奪。其情狀抑何可憐哉！〔註38〕

這種主張與梁氏從前的觀念和康有爲當時所努力的保教主張大相逕庭，康、梁由此逐漸分離。

在政治上，梁氏本此破壞主義的思想，於光緒二十八年（1902）在「釋革」一文中，認爲今日之中國，非補苴掇拾歐美日本的改革方策可以善後，勢必倡行「變革」始可奏效。他說：

> 革也者，天演界中不可逃避之公例也，……我既受數千年之積痼，一切事物，無大無小，無上無下，而無不與時勢相反，於此而欲易其不適者以底於適，非從根柢處掀而翻之，廓清而辭闢之，烏乎可哉？烏乎可哉！此所以 Revolution 之事業，爲今日救中國獨一無二之法門，不由此道，而欲以圖存、欲以圖強，是磨甎作鏡、炊沙爲飯之類也。〔註39〕

昔日的傳統專制政體在破壞革命的手段下，自必破碎齏粉，梁氏提出了民主共和爲新的政治理想。光緒二十五年（1899）十一月間所寫的〈二十世紀太

〔註37〕〈少年中國說〉，《文集》5，頁 10。
〔註38〕〈保教非所以尊孔論〉，《文集》9，頁 55。
〔註39〕〈釋革〉，《文集》9，頁 41～42。

平洋歌〉詩句中云：「誓將適彼世界共和政體之祖國」，〔註40〕已顯示了梁氏嚮往民主共和的初衷。在〈壯別〉第四首中充份流露了醉心民主共和的心意：

> 丈夫有壯別，無如汗漫遊；天驕長國政，蠻長闊龍洲。文物供新眼，
>
> 共和感遠猷；橫行天地濶，且莫賦高樓。〔註41〕

在小說《新中國未來記》中，他創造了中國未來的國名爲「大中華民主國」，更可以看出他對於共和民主政治的殷切企盼。

三、新民學說

以民權自由作爲救國動力的梁啓超，擷取了日本明治維新所盛行的理論，認爲覺醒的人民可以產生民主自由與救國所需要的動力。光緒二十八年（1902），梁氏創「新民學說」，目的在塑造一種自由的、民族的、行動的「新民」，擁有一切現代國民必備的道德、行爲特質，將不僅有助於民主自由政府的產生，更有助於一個強大的新中國建立。〔註42〕他在〈新民議〉敘論中說明創著《新民說》的宗旨時說：

> 余爲新民說，以探求我國民腐敗墮落之根原，而以他國所以發達進
>
> 步者比較之，使國民知受病所在，以自警厲自策進。〔註43〕

又於《新民說》序論中說：

> 國也者，積民而成。國之有民，猶身之有四肢五臟血輪也。未有四
>
> 肢已斷，五臟已瘵、筋脈已傷，血輪已涸，而身猶能存者。亦未有
>
> 其民愚陋怯弱、渙散混濁，而國則猶能立者。故欲其身之長生久視，
>
> 則攝生之術不可不明；欲其國之安富尊榮，則新民之道不可不講。
>
> 〔註44〕

所謂「新」民者，不僅吾民各自新而已，在方法上，更非盡棄其舊以從人：

> 所謂新民者，必非如心醉西風者流，蔑棄吾數千年之道德學術風俗，
>
> 遂足以立於大地也。〔註45〕

〔註40〕〈廿世紀太平洋歌〉，《文集》45下，頁17。

〔註41〕〈壯別〉，《文集》45下，頁5。

〔註42〕Philip C. Huang, *Liang Ch'i-ch'ao and Modern Chinese Liberalism*（Seattle: University of Washington Press, 1972）, pp.162〜163.

〔註43〕〈新民議〉，《文集》7，頁104。

〔註44〕梁啓超，《新民說》，頁1。

〔註45〕同前註引文，頁7。

其義有二：一爲淬厲其所本有而新之，一爲採補其所本無而新之。本著中西文化兼採並包的原則，不僅於政治學術技藝要東西兼採，即便是道德修養亦需中外並收：

> 今論者於政治學術技藝之大原，不取於此而取於彼，棄其本而摹其末，是何異見他樹立蓊鬱，而欲移其技以接我檢幹，見他井之汩湧，而欲汲其流以實我智源也。故採補所本無以新我民之道，不可不深長思也。〔註46〕

所以《新民說》乃是根據梁氏個人的偏好，重新解釋儒家、日本明治維新盛行的思想、以及西方思想的一種混合產物；絕非全然否定「儒家傳統」，或單純只是崇尚「西方」價值與思想的純西式移植。

在《新民說》中，梁氏把道德分爲兩個範疇，其一爲公德，意指能促進團結的各項政治知識與能力，另一爲私德，乃可使個人人格達到圓滿境地的道德修養。前者，他偏重西學；後者，他倚重傳統道德。他追求的理想是將二者混合形成一完整的道德體系。另一方面，梁氏在思想上的更新，「群」的觀念的出現爲一大表徵，而這個觀念又成爲梁氏道德的核心，加強「群」的團結、增進「群」的利益是其精髓所在。〔註47〕

梁氏在流亡日本以前，對於「群」的概念是非常模糊的，和大多數知識份子一樣受制於華夏中心的世界觀與天下大同的世界觀，在《新民說》裡的〈論國家思想〉中，他猛烈攻擊天下主義、大同思想，進而他提出中國人所應具備的國家思想。他說：

> 國家思想者何？一曰對於一身而知有國家；二曰對於朝廷而知有國家；三曰對於外族而知有國家；四曰對於世界而知有國家。〔註48〕

對梁而言，「國家」被提昇爲最高之團體，以這種「國家思想」爲引導，而認同於「國羣」，這是中國人世界秩序觀的革命性轉變。

在《新民說》中他推介的進取冒險思想，可謂之爲梁氏的「行動主義」（Activism），〔註49〕這種「主動精神」（Voluntarism），乃在以「力」的觀念

〔註46〕同前註引文，頁6～7。

〔註47〕Hao Chang, *Liang Ch'i-ch'ao and Intellectual Transition in China, 1890～1907*（Cambridge: Harvard University Press, 1971），p.151.

〔註48〕梁啓超，《新民說》，頁16。

〔註49〕Hao Chang, *Liang Ch'i-ch'ao and Intellectual Transition in China, 1890～1907*, p.177.

對抗中國傳統意識中的「命運」觀念。他認爲歐洲民族所以優強於中國者，最重要的原因，即在於他們富於進取冒險的精神，並指出這種精神關乎國家的存亡。他說：

> 進取冒險之性質何物乎？……名之曰浩然之氣，孟子釋浩然之氣曰，其爲氣也，配義與道無是餒也，又曰是集義所生者，非義襲而取之也，行有不慊於心，則餒矣，故此性質者，人有之則生，無之則死，國有之則存，無之則亡。〔註50〕

此種精神的內涵，梁氏推其原爲希望、熱誠、智慧、膽力四項特質。在這之後，梁氏又提出「毅力」的觀念，其意在指出決然的意志和努力，可以征服外在的困境達成預期的目標。將此二觀念歸併詳加分析，可以看出梁氏較主張以近代西方的「理性統治世界」的觀念，而非儒家的「理性適應世界」的理念。〔註51〕

在權利自由這一組公德裡，梁氏指出中國人缺乏權利思想是致弱的原因之一，這是因爲儒家多言「仁」，少及「義」的關係，因爲「仁」是對他人而言，「義」是對自己而言。梁氏解釋說：

> 大抵中國善言仁，而泰西善言義。仁者人也，我利人，人亦利我，是所重者常在人也；義者我也，我不害人，而亦不許人之害我，是所重者常在我也。〔註52〕

如此則「仁」束縛自己，個人不能自由發展，國家就難於強盛，所以，「義」實爲今日救時的至德要道。既然「仁」的道德理想與「仁政」的政治理想都會對自主精神有所損害，所以，爲「新」民，就必須放棄傳統「仁」的理想而陶養「義」的理想。

基本上，梁氏贊成德儒伊耶陵（Thering）的權利來自競爭理論。他指出權利的目的是和平，戰鬥是達成此目的不可或缺的方法，質而言之，「權利之生涯，競爭而已」，〔註53〕並將權利與競爭視爲積極而主動人格的重要部份。但是，梁氏最後關心的並非個體的權利，而是「群」的權利。他之所以贊許權利爲人格的主要成份，主要是因爲有活力的國民必能造就強大的國家。他

〔註50〕 梁啟超，《新民說》，頁25。
〔註51〕 同前註引文，註185。
〔註52〕 同前註引文，頁35。
〔註53〕 同前註引文，頁32。

說：

> 國民者，一私人之所結集也；國權者，一私人權利所團成也，……
> 其民強者謂之強國，其民弱者謂之弱國，……其民有權者謂之有權
> 國。〔註54〕

梁氏對於權利思想，可謂是從熱烈的護衛個人權利開始，而以強烈的集體目的終結。至於梁氏對於自由的觀念，他亦是將其放在「群」的集體關注上來討論，請參見前述，此處不再詳論。

梁氏又論及「進步」觀念，謂競爭與進步是互為因果的。歐洲社會的列國形勢與階級的社會有助於競爭，這是推動進步的重大觸媒劑，而無階級的中國社會，則妨礙了競爭，造成目前中國的缺乏活力。因此，梁氏放棄了傳統上受到讚揚的中庸、和諧的觀念，而接受競爭這一觀念。

梁氏對於進步的觀念必須溯源至流亡日本以前，進步觀念曾以康有為「三世說」的形式出現而成為改革思想的基礎。他到日本以後，他以近代普遍的進化觀來取代今文學派的進步觀念，進步的變革思想仍然主導著他的心智。為了達到求進步的理想，梁氏又進一步主張破壞，始能一新耳目以行進步之實。〔註55〕

由於梁氏在日本時期與西方思想接觸愈來愈久，無疑地，他對西方功利主義諸價值的意涵有更確切的認識。同時，他對中國文化傳統開始有個更持平的批判，他在〈生計學學說沿革小史〉中公然指出孟子和董仲舒的排斥實利是迂闊而不切實際的。為了矯正這種態度，他主張中國應向西方學習，特別是霍布斯與邊沁的功利思想。

但是如何把西哲的自利觀念納入他的集體主義關懷裡，這是梁氏最關心的，因此，對梁而言，功利主義的意義該是對公利的奉獻。就在這種情況下，梁氏介紹有關生利之民與分利之民的區分。他認為任何國家的命運，均視其生利之民與分利之民的多寡而定，生利之民多，分利之民少，則國家必富強，反之則弱。〔註56〕

就廣義而言，「利」對梁氏來說指的是普遍的社會實利，只要是任何工作或活動可助於社會進化或國家發展，就可視為生利。首先，梁氏認為生利者分為

〔註54〕同前註引文，頁39。
〔註55〕同前註引文，頁64～65。
〔註56〕同前註引文，頁95～96。

兩種：直接生利者如農、工等，間接生利者，如商、軍、政治家等；其次，就生利之力而言分為兩種：體力與心力，後者又分為智力、德力；最後，生利之事業包括六類；發現及發明、採集業、生貨（原料）生產、熟貨製造、交通事業，及對社會實利有間接貢獻的官吏、軍人、教師等等的工作者者。〔註57〕在這個分類中可以明顯看出梁氏承認了許多種在傳統價值體系中毫無地位的工作，無疑的，梁氏已從儒家狹隘的職業觀念過渡到近代以對社會的貢獻為標準的職業觀。〔註58〕

同時，梁氏提出了一個聚集國家財富的方法，他說：

> 申而言之：則國之興衰，一視其總資本總勞力之有所復無所復而已。
>
> 有所復者，資母孳子、大學謂之生之者，生計學家名之曰生利。無
>
> 所復者，蝕母亡子，大學謂之食之者，生計學家名之曰分利。〔註59〕

就此引文而言，梁氏非常強調生產，已超離出儒家經濟思想中所主張的自給自足式的經濟觀。進一步，他主張累積資本以為投資資本，則國家必可產生巨大的財富。由此可見，梁氏已深深的接受近代經濟觀念。

以上討論的，便是梁啟超為其新民的人格理想所提出的公德。至於《新民說》的最後三節論私德部份乃梁氏在日本後期自美國遊歷歸來時（光緒二十九年）所寫，非本節範圍所要討論，在此先予擱置不論。總而言之，梁氏提出的「公德」代表了一些在儒家傳統中所沒有的特質，它與儒家的強調中庸、平和的觀念是大異其趣的，而真正的涵義乃在於轉化成一種理性的、行為的力量，「公我」的思想完全壓制了「私我」的觀念。梁氏在〈新民議〉中，有禁止早婚之議，主張優生學，使每一個國民在先天上即秉有優良的本質。〔註60〕以先天優良的國民加上新民學說的訓練、薰陶，「新民」必可出現，新中國也隨之產生。

第三節　流亡日本後期——禮贊緩進改良

光緒二十九年（1903）十月，梁啟超自美洲歸來後，言論大變，從前深信的破壞主義，和革命排滿的主張，至是完全放棄，甚而排斥共和之論，以後幾年內的言論和主張，完全站在這個基礎上立論。梁氏突然轉變的原因為

〔註57〕同前註引文，頁83～84。
〔註58〕同前註引文，頁212。
〔註59〕同前註引文，頁83。
〔註60〕〈新民議〉，《文集》7，頁108。

何？他提出了什麼主張爲新的政治理想？

　　在戊戌政變之前，梁啓超雖因得之於嚴復的譯介對進化論有了初步認
識，但並非拳拳服膺，種種言論，不脱三世之義的範圍，社會達爾文主義不
過是培襯或點綴而已。〔註61〕梁氏對進化論眞正有所認識，爲流亡日本以後
的事。梁氏到達日本時，明治維新已歷三十一年，日本在國勢上已至富強獨
立，社會亦已起了巨大的變化，人才輩出，專業分門別類，思想界朝氣蓬勃，
影響梁氏最深的爲加藤弘之。

　　加藤弘之（1836～1916）自幕末立志吸收西知，大倡西學，主張漸進，
他認爲人類社會歷史從「野蠻未開」到「文明開化」乃步步演化而來，人文
未開化時，甚可實行君主專制。及至1870年代，進化論傳入日本後，分爲兩
派：一爲自由主義派，一爲保守派，加藤氏屬於後者，他將達爾文生物學的
進化定律：「物競天擇，適者生存」，運用到國家社會的變遷上，認爲個人的
利益與權力均附麗於國家，是一個徹底的國權主義者。自由派與保守派曾經
發生一次論爭，梁氏至日本後，讀雙方論爭的文章「不下數十百遍」，〔註62〕
進化論知識得以大爲增進，尤以對於加藤弘之，爲文多處聲明受其論說啓示：

　　　日本文學博士加藤弘之，德國學派之泰斗，專主進化論，以愛己心
　　　爲道德法律之標準。其言固多偏激有流弊，然持之有故，言之成理，
　　　故其影響及於日本學界甚大焉。余夙愛讀其書，然不欲介紹其學於
　　　中國，蓋慮所益不足以償所損也。雖然，今日學術思想勃興之時代，
　　　終非可以某種人力阻止某種學派不使輸入我國。苟強阻止之，是又
　　　與頑固之甚者無異也，況能成一家之言者，必自有其根底條理，苟
　　　其能理會其全體，而不藉口其一端，則不論何學派而皆有所禆於羣
　　　治。而天下之方術多矣，擇而從焉，淘而棄焉，豈不在我。〔註63〕

直到光緒二十八年（1903），梁氏三十歲，發表的〈天演學初祖達爾文之學說
及其略傳〉一文，正式肯定了進化論：

　　　近四十年來，無論政治學界、學術界、宗教界、思想界、人事界，
　　　皆是一絶大之變動，視前此數千年前若別有天地者然。競爭也，進

〔註61〕參見張朋園，〈社會達爾文主義與現代化〉，《陶希聖先生八秩榮慶論文集》，
　　　　民國68年，頁202。

〔註62〕梁啓超，《自由書》，頁93～95。

〔註63〕梁啓超，〈天則百話〉，《自由書》，頁92。

化也，務爲優強，勿爲劣弱也。凡此諸論，下自小學校之生徒，上
至各國之大政治家，莫不日習之而心營之，其影響所及，於國與國
之關係，而帝國政策出焉，於學與學之關係，而綜和哲學出焉，他
日二十世紀之世界，將爲此政策，此哲學所磅礡充塞，而人類之進
化，將不可思議。〔註64〕

在接受進化論的過程中，梁氏篤信「物競天擇，優勝劣敗」之理，強權
之義乃成爲自強救國之道：

世界之中，只有強權，別無他力。強者常制弱者，實天演第一公例
也。然則欲得自由權者，無他道焉，惟當先求爲強者而已。欲自由
其一身，不可不先強其身；欲自由其國，不可不先強其國。強權乎？
強權乎？人人腦質中不可不印此二字也。〔註65〕

中國欲強大，必須犧牲小我，完成大我，以民族國家爲競存的單位。頡德
（Benjamin Kidd）的人羣進化論（Social Evolution）亦給梁氏深刻的影響：

頡氏以爲自然淘汰之目的，在使同族中之最大多數，得最適之生存，
而所謂最大多數者，不在現在而在將來。故各分體之利益，及現在
全體之利益，皆不可不犧牲之以爲將來達此目的之用。〔註66〕

頡德的進化論觀點是足以符合梁氏對民族國家的理想，他嘗謂「殺其一身之
私以愛一家可也，殺其一家之私以愛一鄉族可也，殺其一身一家一鄉族之私
以愛一國可也。國也者，私愛之本位，而博愛之極點」，〔註67〕就充分的表現
了頡氏的影響。具體而言，梁啓超據進化論，除了以之作爲辯說的論據外，
最大的目的在以進化論作爲救國論的動力。民主政治的理想只是一個遠程的
目標，非一蹴就幾，只能逐步實現，捐私濟公組成民族國家實爲起點。在這
個主觀的理論基礎上，加上客觀形勢的限制和壓迫，自然不得不變。

萬木草堂生涯成就了康有爲和梁啓超的師生關係，注定了他們不能公然
翻臉的終身關係。自戊戌政變後，康氏雖然亦詆毀慈禧等一派當政者，但並
不贊成推翻滿清，對於梁氏的激烈思想與革命派的聯合，尤爲深惡痛絕，康
代一面勸勉訓誨，一面痛加指責：

〔註64〕〈天演學初祖達爾文之學說及其略傳〉，《文集》13，頁12。
〔註65〕梁啓超，〈論強權〉，《自由書》，頁31。
〔註66〕〈進化論革命者頡德之學說〉，《文集》12，頁81。
〔註67〕梁啓超，《新民說》，頁18。

　　啓超既日倡革命排滿共和之論，而其師康有爲深不謂然，屢責備之，

　　繼以婉勸，兩年間函札數萬言。〔註68〕

甚而以「大病危在旦夕」以爲要挾，〔註69〕及至與革命黨決裂後，更以經濟
力量迫使梁氏就範，以阻止其種族革命的言論。光緒二十八、九年間，國勢
險惡，瓜分之勢危在旦夕，西藏、蒙古又臨「離畔分携」之局，梁氏「雅不
欲破壞之學說深入青年之腦中」，〔註70〕使學生失去學習機會，人民知識亦未
開，復以比年國家財政、生計，艱窘皆達極點，恐事機一發，或至亡國。

　　在梁氏流亡日本前期，曾一度與革命派聯合，後因兩派主張和立場多有
不同而終離。光緒二十六年庚子自立軍失敗後，梁氏以武力革命的希望雖幻
滅，但激烈言論仍未稍減，兩黨已漸惡化，自梁氏遊新大陸歸來，雙方水火
不容，極盡攻擊詆毀之能事。光緒二十九年六月，上海蘇報案發，沈藎被補，
杖死獄中，梁氏遷怒以爲革命黨人有暗通清政府之嫌，大爲憤恨，梁氏與革
命黨之交惡自此劇烈，「懲新黨棼亂腐敗之狀，乃益不敢復倡革義矣」。〔註71〕

　　在梁氏的朋友中，黃遵憲的思想對於他的轉趨保守有絕對的影響。黃遵
憲在出使日美期間，也曾經是民主政治的擁戴者。直到光緒十六年（1890）
爲駐英總領事後，細心觀察英國的社會，嘆服英人之議會成就，至是成爲「君
民共主」的信仰者，主張採取「尊君權、導民權」的漸進主義，先開民智，
而後召開議院，中國即成郅治。

　　黃、梁自光緒二十二年（1896）共辦《時務報》結識以來，相從過往，在
精神上互爲依持。戊戌以後的六、七年間，和梁氏有十萬言的書信往返，黃氏
的「君民共主」思想自然漸漸影響了梁氏。尤其是梁氏在流亡日本的前期，思
想上甚爲激進，倡破壞，主革命，然此甚不爲主張漸進的黃遵憲所接受，嘗謂：

　　僕以爲由蠻野而文明，世界之進步必積漸而至，實不能躐等而進，

　　一蹴而進，一蹴而幾也。……每念中國二千年來，專制政體素主「帝

　　天無可逃，神聖不可犯」之說，平生所最希望，專欲尊王權以導民

　　權，以爲其勢較順，其事稍易。〔註72〕

並且另爲梁氏提出了一套進行的方法：

〔註68〕梁啓超，《清代學術概論》，頁63。

〔註69〕《丁編，梁譜》，頁181。

〔註70〕〈民國元年蒞報界歡迎會演說辭〉，《文集》29，頁3。

〔註71〕《丁編，梁譜》，頁186～187。

〔註72〕〈光緒二八年十一月黃公度致新民師函大書〉，《丁編，梁譜》，頁171。

> 若論我黨方針，……吾以爲當避其名（即革命）而行其實。其宗旨
> 曰陰謀，曰柔道；其方法曰潛移，曰緩進，曰蠶食；其權術曰得寸、
> 得寸、曰避首擊尾，曰遠交近攻。〔註73〕

這就是日後立憲運動的方針。梁氏在黃遵憲的影響下，加上環境逼著他走向溫
和路綫，於是捨棄革命的徹底改造手段，而選擇了君主立憲的緩進改革方式。

早年，梁氏醉心民主共和時，對美國政治充滿嚮往。遊歷美洲之初，尚
且把美國白宮視民主的象徵，大加讚賞。但是在深入的觀察美國的政治後，
他失望了，認爲「以最愛自由之美國，亦不得不驟改其方針，集權中央，擴
張政府權力之範圍，以競於外，而他國更何論焉？」〔註74〕在《新大陸遊記
節錄》中，他引述英國學者占士布利斯（James Bryce）所著《美國政治論》
中所言，謂美國總統多非第一流人才，原因在於不僅高才之士不願爲總統，
民主國家唯恐專制武斷亦不喜一流人才當政；復因選舉制度的不健全，各州
互相競爭，不惜使用各種卑劣手段，反使庸才當選。〔註75〕這些政策的弊端，
使梁氏對民主共和制度發生了很深的懷疑。

此外，梁氏在遊歷美國期間，目睹舊金山華人區的貧窮、髒亂、無效率，
使他深感失望，他下結論認爲中國人只能做家族的成員，他們既無國家意識，
也無高尚目標，只能接受專制政治而不能享自由，所以中國人尚無實行民主
政治的條件，〔註76〕這些觀察使他相信「新民」的理想非驟然可以實現，「自
由」也不是革命立可換取的。從此他明白的反對革命派的計劃，也放棄美國
的政治制度，力贊英國的君主立憲，更藉國家主義者伯倫知理、波崙哈克的
思想作爲理論的基礎。

對於國家主義的認識，梁氏早在光緒二十五年〈南海康先生傳〉中即言
「近者又專馳於國家主義」，〔註77〕眞正發生影響乃是在光緒二十八年以後。
梁氏引伯倫知理論共和國民應具的條件時說：

> ……故行此致體（共和）而能食其利者，必其人民於共和諸德，具
> 足圓滿，不惜犧牲其力其財，以應國家之用，且己藉普及之學制，
> 常受完備之教育，苟如是，其庶幾矣。若其人民侵染衰廢之俗，務

〔註73〕〈光緒三一年一月十八日黃公度與飲冰主人書〉，《丁編，梁譜》，頁202。
〔註74〕〈政治學大家伯倫知理之學說〉，《文集》13，頁89。
〔註75〕梁啓超，《新大陸遊記節錄》，頁62～65。
〔註76〕同前註引文，頁104～126。
〔註77〕〈南海康先生傳〉，《文集》6，頁83。

　　私欲而不顧公益，氣力微弱，教育缺乏，而欲實有此政體，則未覩
　　其利，則先已不勝其弊矣。其甚也必至變爲亞理士多德所謂暴民政
　　治者，而國或以亡。〔註78〕

又引波倫哈克的言論說：

　　凡因習慣而得共和政體者常安,因革命而得共和政體者常危。〔註79〕

二氏皆說未達共和國民資格的國家，而實行共和政治，是最危險的事。梁氏
認爲中國國民尚不具備此資格，故不適宜言革命共和：

　　吾心醉共和政體也有年，國中愛國躍踔之士之一部份，其與吾相印
　　契而心醉共和政體亦有年，吾今讀伯、波兩博士之所論，不禁冷水
　　澆背，一旦盡失其所據，皇皇然不知何途之從而可也。如兩博士所
　　述，共和國民之資格，我同胞雖不一具，且歷史遺傳習性，適於彼
　　成反比例，此吾黨所不能爲諱者也。今吾強欲行之，無論其行而不
　　至也；即至矣，吾將學法蘭西乎？吾將學南美諸國乎？彼歷史之告
　　我者，抑何其森嚴而可畏也。豈惟歷史，即理論吾其能逃難耶。吾
　　黨之醉共和，夢共和，歌舞共和，尸祝共和，豈有他哉，爲幸福耳，
　　爲自由耳，而孰意稽之歷史，乃將不得幸福而得亂亡；徵諸理論，
　　乃將不得自由而得專利，然則吾於共和何求何樂哉？……嗚呼痛
　　哉，吾十年來所醉所夢所歌所尸祝之共和，竟絕我耶？吾與汝別，
　　吾涕滂沱……。嗚呼！共和共和，吾愛汝也，然不如其愛祖國；吾
　　愛汝也，然不如其愛自由。……嗚呼，共和！共和！吾不忍再污玷
　　汝之美名，使後之論政者，復添一佐證焉以詛罵汝，吾與汝長別矣。
　　〔註80〕

至此而後，梁啓超斷然放棄民主共和的主張，積極的爲君主立憲政治而鼓吹、
運動。

　　梁啓超於光緒二十九年（1903）提出君主立憲的新理想。這種政治主張
的根本轉變，具體而言，其意識爲在帝國主義壓力的償伺下，求國家生存，
現階段的當務之急不在革命破壞，而在加強現有中央政府的力量。此後直到
民國六年（1917），他一直以他的政治小說〈新中國未來記〉中的黃克強自任

〔註78〕〈政治學大家伯倫知理之學說〉，《文集》13，註79。
〔註79〕同前註引文，頁83。
〔註80〕同前註引文，頁85。

—— 一個機靈老練的政治人物，具有現代政黨人物與傳統儒家諫士的綜合性格，運用權術，想要從現存有限的機會中去改革中國。〔註81〕《新民說》的最後三節也於自美歸國後寫成，言論趨進保守，他悔恨破壞主義，功利之說。在〈論私德〉中闡釋王陽明學說，主張私德宜正本、慎獨、謹小，一反過去進取、冒險、破壞的激進思想。〔註82〕

　　光緒三十年（1904），日俄戰爭爆發，日軍節節勝利。三十一年五月，戰爭終結，俄國戰敗。日本施行公欽憲法尚未達到民權自由的境地，就以區區島國，先於甲午之役打敗龐大專制的中國，十年以後，復打敗俄國。一時之間，朝野對於「立憲政治」莫不抱著極大的信心。清廷爲順應潮流，於是年六七月間派五大臣出洋考察政治，以備將來立憲的參考。梁氏在此潮流中也展開了實際的行動，於光緒三十三年（1907）九月組織政聞社，作爲成立立憲政黨的預備，復策進各省請願運動，並以言論與之配合，爲文宣傳立憲思想，經濡染傳播後自然形成一種風潮。此一時期所涵蓋的思想，部份亦成爲梁氏於民國之後在政治上所引用的觀念。梁氏由此至終生大抵遵循穩健溫和的改革路綫，即本此期啓萌而來。在此，即欲在梁氏「君主立憲」的範疇裡，進一步探討其觀念與策略。〔註83〕

一、國權思想

　　如前述所論，爲了求中國的生存，梁氏在主、客觀情勢中應運產生國家至上的觀念，成爲一個確然的國家主義者。他不僅據伯倫知理、波倫哈克的國家主義思想推翻前所信奉的盧梭、孟德斯鳩的「民約論」、「三權分立」學說，更據此強調「國家理性」（Reason of State）的至高性和權威性。〔註84〕認爲中國人在傳統上缺乏國家觀念，昔者中國只有部民而無國民，無一國國民之資格。〔註85〕所以今日所最缺乏而最需者，「在有機之統一與有力之秩序……必先鑄部民使成國民，然後國民之幸福乃可得言也」，〔註86〕從這個取

〔註81〕 Philip C. Huang, *Liang Ch'i-ch'ao and Modern Chinese Liberalism*, p.163.

〔註82〕 梁啓超，《新民說》，頁 137～143。

〔註83〕 〈申論種族革命及政治革命之得失〉，《文集》19，頁 5。

〔註84〕 Hao Chang, *Liang Ch'i-ch'ao and Intellectual Transition in China, 1890-1907*, pp.255-259.

〔註85〕 梁啓超，《新民說》，頁 5。

〔註86〕 〈政治學大家伯倫知理學說〉，《文集》13，頁 69。

向發展，演伸出梁氏對民族主義的態度，因而提出大民族主義的主張：

> 則吾中國言民族者，當於小民族主義之外，更提倡大民族主義。小
> 民族主義者何？漢族對於國內他族是也。大民族主義者何？合國內
> 本部屬部之諸族以對於國外之諸族是也。〔註87〕

也就是：

> 合漢、合滿、合蒙、合回、合苗、合藏，組成一大民族，提全球三
> 分有一之人類，以高掌遠蹠於五大陸之上。〔註88〕

就民族主義發展而言，梁氏此刻從國家主義的觀點來談民族的統合，表露出
了近代意義的中國民族主義。〔註89〕

　　民族統合達成自強其國的目標後，爲圖勝於外，勢必造成一強有力的中
央政府，始可奏效：

> 蓋處今日國競至劇之世，苟非得強有力之中央政府，國無道以圖存。
> 昔美國之始制憲法，地方感情較強，限制中央過甚，後卒釀成南北
> 戰爭，至今羅斯福所倡新國家主義，即欲以藥斯病。……治今日之
> 中國，實當以整齊嚴肅爲第一義。〔註90〕

何謂「整齊嚴肅」？「要之，吾國今日所要求者，首在得一強固統一之中央
政府」。〔註91〕在〈中國立國大方針〉裡，他提出了「地方之權由中央賦予者」
而且「中央能行監督權於地方者」〔註92〕是之爲強有力的中央政府，並隨之
痛責聯邦論的錯誤：

> 我國有一派政客，謂中國所以積弱，由於地廣大荒而不治，故宜
> 將現在境土，劃分爲若干小國，使之各自爲政，然後徐布聯邦制
> 度。甚者謂競爭爲進化之母，我國徒以大一統故，進步凝滯，故
> 宜使各省獨立互競，中央羈縻受成足矣。又或謂藩屬邊徼，鞭長
> 莫及，徒爲外交紛爭之導線，不如聽其獨立，猶省煩累。此種讆
> 言，雖非甚有力，然當此國本動搖之際，野心者流，本日思因利
> 乘便，復布偏頗之學說以揚其瀾，則不祥之事實，遂將發現。觀

〔註87〕同前註引文，頁 75-76。
〔註88〕同前註引文，頁 76。
〔註89〕參見楊蕭獻，〈梁啓超與中國近代民族主義〉，頁 123～127。
〔註90〕〈新中國建設問題〉，《文集》27，頁 32。
〔註91〕同前註引文，頁 34。
〔註92〕〈中國立國大方針〉，《文集》28，頁 59。

於近日各省之擁兵自重，而民選都督之問題，喧囂日甚，履霜堅
冰，爲兆已見，而屬土之昌言獨立，國人若熟視無睹，又其顯證
矣。殊不知此種思想正與世界大勢相逆行，揆諸天演公例，此直
自求劣敗而已。〔註93〕

根據這個理論，梁氏對於辛亥年前後國內發生的省制、督撫職權，及單一國
及聯邦國的爭論，完全站在擁護中央集權和單一國體的立場。〔註94〕

相應而起的，在國家主義之下，自然棄自由放任而取保育政策，並可使
中國進爲世界的國家：

欲使我國進爲世界的國家，此非可以坐而致也，必謀所以促進之者，
於是保育政策尚焉。何謂保育政策，對放任政策言之也，或稱爲干
涉政策，以干涉二字失其本意，且不典，故易今名。〔註95〕

又說：

夫今後之中國，勢必須藉政治之力，將國民打成一片，以競於外，
將使全國民如一軍隊之軍士，如一學校之學生，夫然後國家之形成，
而國際上乃得占一位置，若純以放任爲治，則此願將何日能遂也。
〔註96〕

又說：

大抵今日大患，在全國距心力發動太盛，而向心力失其權衡。非惟
政治上爲然也，即道德習俗，莫不皆然。無以節之，必至社會性全
然漸滅，何以爲國。今之語救時者，必曰回復秩序。夫有形之秩序
與一時之秩序，則政府成立後，漸次解散軍隊，隨時救濟市場，斯
亦可云回復矣；至於無形之秩序與繼續之秩序，則非涵養新信條，
建設新社會組織，無以致之。而下手之方，則首在舉整齊嚴肅之政
治以範鑄斯民。保育政策之精神，如斯而已。〔註97〕

很明顯的，在國權主義的前提下，集權的中央政府與保育政策，是梁氏以之
做爲使中國進成世界的國家之手段。

〔註93〕同前註引文，頁 41～42。
〔註94〕〈詳參外官制私議〉，《文集》23，頁 69～74。
〔註95〕〈中國立國大方針〉，《文集》28，頁 46。
〔註96〕同前註引文，頁 50。
〔註97〕同前註引文，頁 50～51。

二、君主立憲

如前所言，梁啓超對於當時中國民族主義的方向，主張保滿以對抗帝國主義爲首要目標，提出了「大民族主義」，由此承認了清廷的地位。所以爲顧念整個國家的存亡，唯有政治革命一途：

> 苟以救國爲前提，則無論從何方面觀之，而種族革命總不能爲本身手段，爲直接手段。苟不含有政治的觀念，則直謂之無意識之革命焉可也，而政治革命則不爾爾，故吾以爲政治革命不徒當以爲手段，而且當以爲第二之目的，蓋政治革命之一觀念，與救國之一觀念，既連屬爲一體而不可分也。〔註98〕

既然放棄種族革命的破壞主義，當採何手段？梁氏以爲「欲行政治革命，宜以要求而勿以暴動」。〔註99〕梁氏反對暴動主義的理由，乃在於：

> 全以其破壞之後，必不能建設。吾所以斷其必不能建設者，以其所倡者爲共和政體。而共和政體，則吾絕對的認爲不可行於今日之中國者也。共和政體，爲歷史上之產物，必其人民具若干種之資格，乃能實行。而不然者，強欲效顰，徒增擾亂。〔註100〕

既棄絕共和政體，爲了在現存國體上達到改良政體的目的，於光緒二十八年，已有倡行君主立憲之意：

> 要之，君民共主之一政體，實過渡時代最妙的法門也。其制固不可久，然在今後數百年間，保持治安，增進公益，道未有善於是者也。〔註101〕

在同篇文章中，梁氏已先言明「所謂君民共主者，殆指立憲君主言」。立憲政治，濫觴於英國，他極力推崇英國立憲政治：

> 憲政之始祖者，英國是也。英人於七百年前，已由專制之政體，漸變爲立憲之政體。……又能使立憲政體，益加進步，成完全無缺之憲政焉。〔註102〕

而英國憲政的成功在於環境上給予的機會，「非如各國之有大騷動，故能次第進步，繼長增高。又各國之憲政多由學問議論而成，英國之憲政，則由實際

〔註98〕〈申論種族革命與政治革命之得失〉，《文集》19，頁 3。
〔註99〕同前註引文，頁 39。
〔註100〕〈暴動與外國干涉〉，《文集》19，頁 56。
〔註101〕〈亞里士多德之政治學說〉，《文集》12，頁 72。
〔註102〕〈各國憲法異同論〉，《文集》4，頁 72。

上而進，故常視他國爲優焉。」〔註103〕當時的中國無法提供絕佳環境，予憲政自然萌蘗，方法唯在「要求」：

> 君主立憲者，君主應於人民之要求，而規定國家機關之行動及人民對於國家之權利義務者也。其所規定，則君主與人民協定之，而所以得之者，則由君主應於人民之要求也。〔註104〕

如若「要求」未達目的，「則以租稅或類與租稅者爲武器；不應則以虛無爲武器」，〔註105〕必可達到政治革命的目的。梁氏於光緒三十三年（1907）九月在日本成立的「政聞社」即是他的政治革命組織，從事不流血運動，以達憲法目的，徐佛蘇對於政聞社的組織經過，曾言：

> 前清乙巳丙午年間，吾國留日學生達二千餘人，對於祖國救亡之主義，分「種族革命」與「政治革命」兩派，所謂種族革命者，欲以激烈手段推翻滿清君主也，所謂政治革命，欲以和平手段運動政府實行憲政也。梁先生者，久在日本橫濱主辦《新民叢報》，鼓吹革命者也。此時見留日學界主張立憲之人漸多，又慟心於國內歷次革命犧牲愛國志士過多，而仍未能實行革命，乃亦偏重政治革命之說，發揮立憲可以救國之理，於是於丙午（應作丁未）年間與馬良、徐佛蘇、夏孟華、蔣智由、張嘉森及留日學界三百餘人創設政治團體於日京，名爲政聞社。〔註106〕

基於上述，梁啓超確認和平的要求改革，方可達到救中國的目的。而和平的要求改革緣於同一的民族與共同的歷史觀，所以應在「大民族主義」之下，進行政治革命，建立立憲政治。

三、開明專制

至光緒三十一年（1905），梁啓超鑑於當時中國「人民程度未及格」和「施政機關未整備」，〔註107〕尚未合乎實行君主立憲的條件，采陳天華遺書中「欲救中國，必用開明專制」之語，爲文倡發「開明專制」論，〔註108〕主張政府

〔註103〕同前註。
〔註104〕〈申論種族革命與政治革命之得失〉，《文集》19，頁39。
〔註105〕同前註引文，頁41。
〔註106〕〈創辦政聞社之主義及其源流〉，《丁編，梁譜》，頁249～250。
〔註107〕〈開明專制論〉，《文集》17，頁77～83。
〔註108〕同前註引文，頁13。

由專斷而以良的形式施展其權力，謀取人民的福祉。〔註109〕其意非僅與立憲主義不相矛盾，更爲立憲制的預備：

> ……若普通國家，則必經過開明專制時代，而此時代不必太長，經過之後，則進於立憲，此國家進步之順序也。若經過之後，而後退於野蠻專制，則必是革命。革命之後，再經一度開明專制，乃進於立憲。故開明專制者，實立憲之過渡也，立憲之預備也。〔註110〕

並以此道駁斥革命黨《民報》立民主政府之議：

> 吾所論我國民對於現政府所當行者，本有兩大方針，一曰勸告，二曰要求……所勸告者在開明專制，而所要求者在立憲……吾既確信共和立憲之萬不能行，行之則必至於亡國，而又信君主立憲之未能遽行，行之則弊餘於利，而徒瀆憲政之神聖，然則爲今日計，舍開明專制外，更有何塗之從？……且今當外患日侵間不容髮之時，而我尚未能建設新政府，一國之生命，猶託於現政府之手。現政府改良一分，則吾受一分之利，現政府加劣一分，則吾受一分之害。故以利害問題衡之，而曰吾利用現在政府之野蠻，此愚又愚者也。……
> 吾故曰，勸告現政府之開明專制，實今日獨一無二之法門也。〔註111〕

相對而言，梁氏的「開明專制」重要性猶之如革命黨倡行的「約法訓政」，非經此不得進入立憲政治，也可謂之爲在無可改變的現存實體上作限度的妥協。直到民國初年，民國政府建立，領導權的驟然轉易，並非植基於全面性的變革基礎上。鑑於此，梁氏仍不放棄開明專制的主張，進一步更籲求在尊重民意的原則下施行之：

> 善爲政者，必暗中爲輿論之主，而表面自居輿論之僕，夫是以能有成。今後之中國，非參用開明專制，不足以奏整齊嚴肅之治。夫開明專制與服從輿論，爲道大相反。然在共和國非居服從輿論之名，不能舉開明專制之實。〔註112〕

由此看來，梁氏或爲勸告開明，或爲要求立憲，皆在求得君主立憲制度的產生，所以他的開明專制主張和君主立憲主張的精神是一貫的。

〔註109〕同前註引文，頁21。
〔註110〕同前註引文，頁37～39。
〔註111〕〈答某報第四號對於《新民叢報》之駁論〉，《文集》18，頁88。
〔註112〕《丁編，梁譜》，頁382。

第四章　歐遊後的思想轉折（1918～1929）

第一節　民國政治生涯的失意

一、由虛君共和到民主共和

梁啓超自光緒二十九年（1903）以後絕口不談革命，而專心致力於君主立憲的鼓吹，甚而與滿洲親貴往來密切，運動載濤掌握禁衛軍，自爲總理，發動政變即開國會，[註1] 以達成緩進改良政治的目的。及至武昌革命爆發後，梁氏猶利用革命情勢，提出「和袁慰革，逼滿服漢」八字爲方針，[註2] 從中斡旋，並附和其師康有爲「虛君共和」的主張；尚未能對君主立憲忘情，欲圖作最後的努力。他在日本九、十月間發表的〈新中國建設問題〉一文的下篇中，專門討論虛君共和政體與民主共和政體的得失。是時全國於國體、政體問題輿論紛紜，爭議不休。梁氏在理論方面首舉六種不同的共和政體研討陳述，如往昔一般，力斥美、法式的民主共和政體，謂美制：

> 此可謂諸種共和政體中之最拙劣者，只可以行諸聯邦國，而萬不能行諸單一國。惟美國人能運用之，而他國人決不能運用。我國而貿然欲效之，非惟不能致治，而必至釀亂。[註3]

而「法制之視美制雖有一日之長，以云盡善，則猶未也」，[註4] 惟英國式的

〔註 1〕〈宣統三年九月八日致徐君勉書〉，《丁編，梁譜》，頁 340。
〔註 2〕〈宣統三年九月十三日與徐君勉書〉，《丁編，梁譜》，頁 342。
〔註 3〕〈新中國建設問題〉，《文集》27，頁 37。
〔註 4〕同前註引文，頁 43。

虛君共和政體最適宜於中國：

> 此雖未敢稱為最良之政體，而就現行諸種政體比較之則圓妙無出其
> 右者矣。此制濫觴英國，全由習慣積漸而成。其後比利時者之成文
> 憲法，遂為全歐列邦之模範。其為制也，有一世襲君主稱尊號於兆
> 民之上，與專制君主國無異也。而政無大小皆自內閣出，內閣則必
> 得國會多數信任，始成立者也。國會則由人民公舉，代表國民總意
> 者也，其實際與美法等國之主權在民者絲毫無異。〔註5〕

由引文之文義而言，可知虛君共和制和過去所論之君主立憲制、開明專制為
同一涵義，所以說他仍舊是君主立憲主義者。他進一步主張虛存現皇統為虛
君最為適當：

> 欲躋國於治安，宜效英之存虛君，而事勢之最順者，似莫如就現皇
> 統而虛存之。〔註6〕

梁氏這種「虛君共和」主張發表後，就遣人赴國內與各方面聯絡，冀有所成
就。不料革命派方面，因為主張和立場的不同，未能採納；而袁世凱方面，
則別有所圖，虛與委蛇。所以這項主張又告失敗。到辛亥年十一月南京臨時
政府成立，十二月南北議和成功，清帝退位已成定局，虛君共和的理想成為
泡影，民主共和之議已為輿論所歸。梁啓超面對此大勢趨定的局面，不再堅
持君主立憲的主張，反而進一步積極表示支持共和，與其師分道揚鑣。對於
梁氏這種君憲共和的轉變，張朋園先生分析指出，在當時局勢中君主立憲已
經窮途末路，無可作為外，梁氏早年民主共和的政治信仰主張和立憲派人士
多數已轉趨擁護共和，對梁氏都有深刻的影響力。〔註7〕

　　民國政府成立後，梁氏公開擁護共和之言論，首見於〈中國立國大方針〉
一文，強調能行君主立憲，必能行共和政治；不能行共和政治，亦不能行君
主立憲。活國之途，惟行共和而已：

> 若夫悲觀者流……謂共和政體萬不能行於我國，至並以咎革命之非
> 計，此其圖於事理，抑更甚焉。夫共和是否不能行於我國，此非可
> 以空折人口也，必有待於他日之試驗，此勿深論。然問國家之敝，
> 極於前清時代，不行政治革命，庸有幸乎？欲行政治革命，而不先

〔註5〕同註4。
〔註6〕同前註引文，頁45。
〔註7〕參見張朋園，《梁啓超與民國政治》，臺北：食貨出版社，民國67年，頁9。

以種族革命，爲道果可致乎？今雖新政治之建設，茫乎未有端倪也。
而數十年來惡政治之巢穴，爲國家進步之一大障物者既已拔去，此
後改良政治之餘地，較前爲寬，其機會較前爲多，其用力較前爲
易。……夫謂共和不能行於中國，則完全之君主立憲，其與共和相
去一間耳。其基礎同託於國民，其運用共繫於政黨，若我國民而終
不能行共和政治也，則亦終不能行君主立憲政治。……既認爲可以
行君主立憲之國民，自應認爲可以行共和之國民。……夫今日我國
以時勢所播盪，共和之局，則既是矣，雖有俊傑，又安能於共和制
之外而別得活國之途。若徒痛恨共和制之不適，袖手觀其陸沈，以
幸吾言之中，非直放棄責任，抑其心不可問焉矣。……我國果適於
共和與否，此非天之所能限我，而惟在我之自求。〔註8〕

由引文可見梁氏擁贊共和之殷切。自此而後，他全力支持共和，以求政治的
改良。只論政體，不論國體，欲在現行國體之下求政體之改革，是梁氏民國
以後的一貫理想：

對於國體至維持現狀，對於政體，則懸一理想以求必達。〔註9〕

民國四年九月間梁氏應英文《京報》記者詢問對帝制運動的觀感時，亦云：

吾所爲只論政體，不論國體者，常欲在現行國體之下求政體之改革。
〔註10〕

又說：

吾以爲國體與政體本絕不相蒙，能行憲政，則無論爲君主爲共和，
皆可也。不能行憲政，則不論爲君主爲共和，皆不可也。兩者既無
所擇，則毋寧因仍現在之基礎，而徐圖建設理想的政體於其上，此
吾數十年來持論之一貫精神也。夫天下，重器也，置器而屢遷之，
其傷實多，我滋懼焉。故一面常欲促進理想之政體，一面常欲尊重
現在之國體，此無他故焉，蓋以政體之變遷，其現象常爲進化的；
而國體之變更。其現象常爲革命。謂革命可以求國利民福，我未之
前聞。〔註11〕

〔註8〕〈中國立國大方針〉，《文集》28，頁27～28。
〔註9〕〈鄙人對於言論界之過去及將來〉，《文集》29，頁3。
〔註10〕〈梁任公與《京報》記者談話〉，《丁編，梁譜》，頁458。
〔註11〕同前註引文，頁458～459。

梁氏由君主立憲論者轉變爲共和政治擁護者，爲一些立憲派人士非難呵責，他對這些「讆詞」力爲反駁，維護共和之志可皎然與天下共見。〔註12〕「共和政治」自此成爲他堅持不易的政治信念和追尋目標，日後對於洪憲帝制、張勳復辟的力矯反對亦本此信念而來。

二、組織政黨

對梁啓超而言，共和政治是他的政治理論，組織政黨爲實踐理想的入手方法，而聯袁、携段的兩度從政又爲其實際政治作爲。在探究梁氏組織政黨的過程之前，須先明瞭他對於政黨政治的主張。梁氏自捨棄革命之途後，無論在民國之前的君主立憲還是之後的共和政治理想中，均認爲非有一強有力的政府，不足以救中國，進入世界性的國家，而「政黨內閣，則求得強有力政府之一手段也」。〔註13〕也只有在完全政黨內閣之國，內閣和國會才常爲一體，永無相猜相鬩之時。〔註14〕欲求得完全之政黨內閣，非先有健全之兩大政黨，則不能成立。〔註15〕故而主張兩黨政治，一當在朝，一黨在野；在朝者組織內閣，在野者擔任監督，以收相輔相成之效。此制惟英專美，他國則皆學焉而未能至。〔註16〕中國欲行此制，必以英國憲政爲典範。

在政黨內閣的組織中，內閣既然由國會之多數黨組織而成，內閣遂成爲國會的指導者，而國會即成爲內閣的擁護者。於此相互依存的關係裏，政黨的良好與否關乎甚鉅，梁氏主張以中堅階級造成多數政治：

> 國中須有中堅階級。所謂階級者，……必有少數優異名貴之輩，常爲多數國民所敬仰所矜式，然後其言足以爲重於天下，而有力之輿論出焉。夫有力之輿論，實多數政治成立之大原也。〔註17〕

梁氏心目中的中堅階級——優異分子（elite），屬於中國的士紳階級。在清末民初的轉型期，傳統士紳衰退，新式知識份子興起，他們既保有傳統儒家的薰陶，同時又具備了與時俱進的西洋知識，自然以國是自任。〔註18〕立憲派

〔註12〕〈鄙人對於言論界之過去及將來〉，《文集》29，頁4。
〔註13〕〈中國立國大方針〉，《文集》28，頁76。
〔註14〕同前註引文，頁65。
〔註15〕同前註引文，頁68。
〔註16〕同前註。
〔註17〕〈多數政治之實驗〉，《文集》30，頁35～36。
〔註18〕張朋園，〈從民初國會選舉看政治參與〉，國立台灣師範大學歷史學報，期7，

的人士出身背景大多如是。民國成立之初，據梁氏分析，國內的勢力有三大流派，一爲舊官僚派，一爲舊立憲派，一爲舊革命派。〔註19〕舊立憲派是介乎二者之間的緩進派，應該採取何種態度？他認爲：

> 吾黨一面既須與腐敗社會爲敵，一面又須與亂暴社會爲敵。彼兩大敵者，各皆有莫大之勢力，蟠互國中，而吾黨以極孤微之力與之奮鬥，欲同時戰勝兩敵，實爲吾力之所不能逮，於是不得不急其所急，而先戰其一。……先注全力以與抗，而與第二敵，轉不得不暫時稍爲假借。……革命之後，暴民政治最易發生，而暴民政治一發生，則國家之氣必大傷而不可恢復。……不得不先注全力以過亂暴派之謀破壞者。〔註20〕

爲實現政黨政治的理想和與國民黨相抗衡，是梁氏利用昔日的立憲派爲基礎，組織政黨的目的。冀望以少數優異之士，在國家爲前提下，具備了政治家資格，根據極強毅的政治責任心與濃厚的政治興味，對局勢民性能指導而與爲推移。

在南北議和之際，梁氏即認爲應注重聯絡各黨派，建組一大政黨。〔註21〕及至共和大勢底定，立憲派友人敦促他速出山，勿失時機，互相提携共組一黨，議定組黨之議。〔註22〕

自武昌革命事起，清帝退位，言論結社，頓獲自由，黨派也起了「化分」、「化合」的變化，最明顯的爲革命派的同盟會和立憲派的憲友會。同盟會由秘密變爲公開政黨，主要策劃人宋教仁的目的在更進一步把同盟會從革命政黨變爲議會政黨。繼民國元年五月臨時參議院北遷後，同盟會本部隨之遷往，從吸收舊官僚和激進派兩方面擴張黨勢。八月，國民黨成立，組織和運動方向均由宋教仁操持，目的在贏得未來的國會選舉和組織國民黨內閣。

立憲派的憲友會在資政院時代，以君憲爲目標。革命之後，目標消滅，起了化分作用，有湯化龍、林長民等人之共和建設討論會、孫洪伊等人之共和統一黨，又有籍忠寅、范源廉等之國民協進會。在臨時參議院成立後，各

頁375～391。

〔註19〕〈民國元年三月二十三日致袁項城書〉，《丁編，梁譜》，頁382。

〔註20〕〈共和黨之地位與其態度〉，《文集》30，頁20～21。

〔註21〕〈宣統三年十一月十四日徐佛蘇致任公、荷广兩先生書〉，《丁編，梁譜》，頁370。

〔註22〕〈宣統三年十二月二十九日馮翼年、梁炳光致孟遠先生書〉，《丁編，梁譜》，頁373～374。

「黨」、「會」又起化合作用。民國元年三月，章炳麟的中華民國聯合會和張謇的預備立憲公會合併成統一黨。至五月，民社、統一黨部份黨員、國民協進會、民國公會、國民黨和國民共進會組成共和黨於上海。〔註 23〕此兩黨皆走親近政府路線，和國民黨處於對立的立場。八月，國民黨即將成立。共和建設討論會的首領湯化龍、林長民等目睹國民、共和兩黨在臨時參議院的優勢，乃謀組第三黨一爭長短，造成舉足輕重之勢，於是與共和統一黨合併，加入梁啓超爲該黨領袖，又吸收共和俱進會、國民新政社幾個小黨，於十月在北京，組成民主黨。〔註24〕

　　民國元年十月，梁氏由日本返抵天津，共和黨致電，開會歡迎，該黨之人早已認他爲精神上之同黨。〔註 25〕年底，舉行正式國會選舉，國民黨大獲勝利，組織政黨內閣在望，大啓梁氏等人之疑懼。袁政府爲對抗國民黨，一面遣人暗殺國民黨的實際負責人宋教仁，並分化國民黨；一面則聯絡共和、統一、民主三黨，對國民黨加以抵制。民國二年，梁氏正式加入共和黨。同年四月八日，第一屆國會開幕，各黨第一爭持之點爲議長選舉，結果參議院由張繼當選爲議長，王正廷當選爲副議長，林森爲全院委員長，三人均爲國民黨籍；眾議院則由民主黨的湯化龍當選爲議長，共和黨的陳國祥當選爲副議長，國民黨的張耀曾爲全院委員長。梁氏對於國會選舉結果非常不滿，加上種種黨事之紛擾，曾有一度放棄政治生活的決心，擬與政治絕緣，專從事於社會教育。〔註26〕共和、統一、民主三黨爲了對抗國民黨，復因宋教仁案，袁氏政府倍受國民黨攻擊，急欲藉另外的政黨抵制之。在袁氏的資助下，三黨合併爲進步黨，五月二十九日於北京舉行成立大會，黎元洪爲理事長，梁啓超、張謇、湯化龍、王揖唐等人爲理事，實際領導者則是梁啓超，日後黨勢的擴張消沈和他有密不可分的關係。

三、兩度從政 —— 聯袁攜段的失敗

　　梁啓超與袁世凱關係的溯往應早自光緒二十一年（1895）開始，是時康、梁在北京籌辦強學會，袁氏亦曾參與其事，捐款襄助該會的進行。〔註 27〕光

〔註23〕張玉法，《中國現代史》（上冊），臺北：東華書局，民國 67 年，頁 90～91。
〔註24〕同前註引書，頁 91～92。
〔註25〕〈莅共和黨歡迎會演說辭前之歡迎詞〉，《文集》29，頁 8。
〔註26〕〈民國二年四月十八日與嫻兒書〉，《丁編，梁譜》，頁 418。
〔註27〕康有爲，《康南海自訂年譜》，頁 34。

緒二十四年（1898），由於袁氏洩漏維新派計劃給榮祿，導致戊戌變法功敗垂成，自此，雙方的關係陷於水火不容的地步。康、梁流亡海外後，對袁大肆攻擊，及至政聞社成立後，袁氏不僅不爲之助，反與之爲敵，而梁氏亦藉政聞社以倒袁世凱，袁氏因之丟官回籍。武昌革命爆發後，梁氏尚且欲藉吳祿貞、張紹曾等人的軍隊直取北京，阻止袁氏出山。雖然此計未得實行，但歷數自戊戌變法以來兩人的仇隙憤怨，似無合作的可能。當清廷被迫起用袁氏組內閣後，任梁氏爲法部副大臣，梁氏尚不肯就。然而政治畢竟是現實的，及至南北議和，共和大勢已然底定，爲謀得在將來政壇上取得一席之地，昔日黨友認爲聯袁爲當然之事。宣統三年（1911）十一月十四日徐佛蘇在致梁氏和湯覺頓的信中，即極力主張聯絡袁氏。〔註28〕十二月二十五日，張君勱亦致函梁氏，認爲欲發展黨勢，唯有聯袁一途：

> 竊謂今後中分天下者，袁（世凱）、孫（中山）二黨而已，吾黨處此時代，所以持之者有二：超然獨立，另標政綱，與天下共見一也；與兩黨之一相提攜，以行吾輩懷抱二也。……日前捨擇二派而提攜之，別無他法。此二者比較的適於建設之業者，實在北方，故森以爲下手之方，在聯袁而已。袁氏爲人詭譎多術，頗不易合，則森以爲聯合之目的，並非在爭政權，藉其勢力以發展支部於各省，數年之後雖欲不聽命於我，安可得焉。〔註29〕

知友的敦促，增強了梁氏聯結袁的意向。民國元年二月十二日清帝退位後，十五日南京臨時參議院改選袁世凱爲臨時大總統，梁氏自日本馳電祝賀，袁氏覆電致謝，〔註30〕雙方正式開啓了合作的契機。二月至四月之間，雙方來往信函頻仍，並於三、四月間特遣湯覺頓返國，向袁致意。四、五月間袁氏致梁氏書，想念甚殷，並論財政問題，倚重梁氏情形，鑿然可見，其意亦在借重梁氏的聲望，鞏固一己權位而已。至於袁氏出資促使統一、民主、共和三黨合併成進步黨後，梁氏對袁更加信任。民國二年八月，熊希齡「第一流內閣」成立，任梁啓超爲司法部長，這是梁氏仕宦民國的第一遭，梁、袁正式展開了實質上的合作關係。

　　民國二年五月底至四年七月，是梁氏擁袁最力時期，其用意在引導與監

〔註28〕《丁編，梁譜》，頁370。

〔註29〕同前註引書，頁372。

〔註30〕〈民國二年二月二十三日袁世凱覆任公先生電〉，《丁編，梁譜》，頁380。

督，曾謂「當時很有點癡心妄想，想帶著袁世凱走上政治軌道，替國家做些建設事業」，〔註31〕加上當時「國論紛拏，啓超懼邦本之屢搖，憂民力之徒耗，頗思竭其駑駘，冀贊前大總統袁公，極圖建設」。〔註32〕是故袁的行事作爲雖爲梁氏所不取，但他仍然主張「只當嚴重監督，而不必漫挾敵意」。〔註33〕無奈袁氏無政治理想，惟以保持權位爲目的，除了假民主之名行專制外，更進一步醞釀帝制運動。

梁氏警覺袁世凱帝制自爲的野心是在民國三年年底。自民國二年解散國民黨，停止國會以來，繼而改造約法，改國務總理爲國務卿，廢止國務院，設政事堂於總統府。三年十二月更公布修正總統選舉法，將總統任期改爲十年，並得連任。種種復古的作法，使梁氏對「袁世凱的舉動越看越不對了」。〔註34〕四年正月，袁世凱之子袁克定邀宴，在席上，克定與楊度「歷詆共和之缺點，隱露變更國體」。梁氏雖已「知禍將作」，〔註35〕但尚存轉圜的希望。六月初，偕馮國璋入京勸告袁氏，袁氏始終否認其事，梁氏只好存疑。直到八月十四日，楊度等「六君子」發起的「籌安會」於北京成立，公開擁護帝制，梁氏決心反抗，著〈異哉所謂國體問題者〉一文以攻之，重申「只問政體，不問國體」的理論，在當時造成普遍的反袁風潮。在梁氏曉以利害與警告後，袁氏仍任意自爲。迨十二月十二日，袁氏接受了推戴後，梁氏於十六日自天津乘輪南下，從事實際的反袁活動。雲南在蔡鍔的策動下，乃於十二月二十五日正式宣佈獨立，興師討袁，護國之役旋於展開，梁氏也於民國五年三月入廣西共襄盛舉。

梁啓超引導袁不成，討袁之後，轉而以段祺瑞爲聯結的對象。雖然袁氏在民國五年三月二十二日已發出取消帝制的通電，但仍然對總統的位置戀棧不捨。梁氏明白袁氏已爲全國人心所不齒，若袁不退位，便無弭兵之望，乃藉段祺瑞之力以逼袁氏退位。在五月四日，致段祺瑞的電報中，他說：

　　竊謂今日之有公，猶辛亥之有項城（袁世凱）；清室不讓，雖項城不
　　能解辛亥之危；項城不退，雖公不能挽今日之局。〔註36〕

〔註31〕〈護國之役回顧談〉，《文集》39，頁88。
〔註32〕梁啓超，〈在軍中敬告國人〉，《盾鼻集》，頁115。
〔註33〕〈共和黨之地位與其態度〉，《文集》30，頁20～21。
〔註34〕〈護國之役回顧談〉，《文集》39，頁88。
〔註35〕梁啓超，〈國體戰爭躬歷談〉，《盾鼻集》，頁143。
〔註36〕梁啓超，《盾鼻集》，頁48。

其欽倚段氏之心，便是藉其逼袁氏退位。六月六日，袁氏羞憤而死。六月七日，副總統黎元洪繼任大總統之位，梁氏立即致電祝賀，提出恢復約法，召開國會，任段祺瑞為內閣總理。六月二十九日，黎元洪特任段氏為國務總理，段氏一躍而成為中華民國的閣揆。

民國六年七月一日，張勳復辟，此事件方始為梁、段真正携手的開始。是時段正因督軍團事變被黎元洪免職後退隱天津，在梁氏諄諄善誘下，段氏於七月三日發出了由梁氏起草的討伐復辟的通電，並於馬廠誓師。事後，梁氏對段氏此舉，極為贊美：

> 倘非紀明（此指段祺瑞）有馬廠之行，則今日正不知成何世界。馬廠出兵倘遲三日，則大江以北，稱臣者從風而靡之矣。次者亦觀望中立耳。……紀明以匹夫，聞變之次日，單身馳入軍中，提一旅以起，在今日共羨其成功之易，曾亦思其當時冒險犯難之狀為何如者。其人短固所不免，然不顧一身利害，為國家勇於負責，舉國中恐無人與比。〔註37〕

所以梁氏「明知今日萬難之局，猶犧牲一切，顧與之分擔責任，誠以不扶助此人，則國事更無望也。」〔註38〕

復辟亂平後，段祺瑞不僅贏得「三造共和」之功的美譽，又重掌內閣大權。念梁氏襄助之勞，復因對外的參戰問題，及對內的恢復國會問題，皆與梁氏同聲相求，自然亦欲與梁氏携手合作。七月十七日，段內閣組成，梁啟超為財政總長，其同志湯化龍、汪大燮、范源廉、林長民分任內務、外交、教育、司法，段內閣可謂變成了「研究系內閣」。在段氏實力的翼護下，加上研究系的人才，正予梁運籌帷幄的無上良機。

在段內閣成立的那天，研究系要人即獻策，召集臨時參議院以改造國會。孫中山先生因此率領海軍往廣東，組織軍政府，樹立護法的旗幟，從此成為南北對立之局。〔註39〕

梁氏堅持改造國會的理由，一為各督軍以全力打破國會，而使之解散，今忽恢復，政治上將生莫大之反動；二為恢復後之舊國會是否能夠速定憲法，是

〔註37〕〈民國六年致廣州梁季寬先生漾電〉，《丁編，梁譜》，頁 527。
〔註38〕同前註。
〔註39〕李劍農著，《中國近百年政治史》（下冊），臺北：商務印書館，民國 46 年，頁 501～502。

否可以一改從前的態度，實無人敢於擔保。〔註40〕既然不願召開舊國會，勢必要另造一新國會。梁氏主張應該根據民初之約法，「召集臨時參議院爲無上之良策」。〔註41〕此議雖爲時人指責與反對，但梁仍然堅持舊議，主要是因爲在舊國會中國民黨議員人數眾多，居於大黨地位，進步黨議員不得申張其主張，〔註42〕所以梁氏要藉改造國會排斥國民黨勢力，使研究系得以控制國會。

而段氏亦認爲若恢復舊國會，不僅自己無統御之力，更無法達到對德國宣戰的目的，因此他採納了梁啓超的建議，在舊國會已被解散，新國會尚未成立的時期，召集臨時參議院以爲過渡。〔註43〕

在梁氏引導段祺瑞的同時，他的目標也放在馮國璋的身上。自民國四年六月間，兩人聯袂入京諫諍始，梁氏一直對馮氏保持良好印象，雖然在討袁運動中，馮氏表現的態度畏葸暗昧，但「目的尚正，惟手段太劣，魄力太弱」而已，故梁氏認爲「宜引之當道」。〔註44〕另一方面，在討伐復辟之後，馮氏以副總統繼任大總統，梁氏顧欲藉其力支持改造國會，而馮氏亦思圖在民國七年新國會中連選連任，所以不得不找支持的力量。利害所在，焉有不聯結之理？

當北京政府於六年九月二十九日，宣布召集臨時參議院時，西南各省也已於九月三日選舉孫中山先生任大元帥，組織軍政府組織，以護法相號召。段氏主張對西南用兵，而馮、梁不主張武力政策。觀點的歧異，造成馮、段的暗鬥與馮、梁的接近。梁、段既疏遠，段派人物即不欲研究系一黨控制臨時參議院及未來的國會，加上交通系乘機與段派結合，漸漸與研究系對立。臨時參議院議員的選舉也就是在段祺瑞的親信徐樹錚的暗中指使下，選出的議員，三分之二屬於安福系，屬於研究系的只不過三分之一。〔註45〕十一月十四日，參議院投票選舉議長，徐樹錚支持的王揖唐以六十四票當選爲議長，梁啓超支持的梁善濟慘遭敗北。〔註46〕至此，研究系的一切努力均告落空，

〔註40〕 《丁編，梁譜》，頁 523～524。
〔註41〕 〈民國五年五月二十四日致唐都督並蔡、劉、戴三公電〉，《丁編，梁譜》，頁 493。
〔註42〕 參見張朋園，〈從民初國會選舉看政治參與〉，《國立台灣師範大學歷史學報》，期 7，民國 68 年，頁 387。
〔註43〕 陶菊隱，《北洋軍閥統治時期史話》，北京：三聯書店，1957 年，頁 6。
〔註44〕 《丁編，梁譜》，頁 493。
〔註45〕 參見張朋園，《梁啓超與民國政治》，頁 47。
〔註46〕 劉以芬，《民國政史拾遺》，臺北：文海出版社，民國 55 年，頁 16。

梁啓超的個人政治生命亦隨此而結束。

梁氏自民國以來，引導和聯結的重心均放在北洋派身上，先是以袁世凱為目標，繼之以段祺瑞為對象，未料，雙雙失敗。與段携手期間，可謂獲得極佳的發展黨勢及施展抱負的機會。就任財政總長職位時，原本抱著很大的希望，想利用緩付的庚子賠款和幣制借款徹底改革幣制，整頓金融，可惜事與願違；在外交方面，他以加富爾自許，對於德國宣戰的問題，作一番切實的外交功夫，欲增進國家的國際地位，向西方帝國主義尋生路，無奈段祺瑞却與日本勾結，從東方帝國主義尋死路。在臨時參議院議員選舉後，北洋派成為交通系的專有物，研究系再也不能插足，可以想見梁氏內心之痛苦。民國七年底，梁氏在歐遊前夕，與友人「著實將從前迷夢的政治活動懺悔一番，相約以後，決然捨棄，要從思想界盡些微力」，[註47]重新換得一個新生命。

第二節　歐洲物質文明破產與科學非萬能說 —— 揭開科學與玄學論戰的序幕

民國六年年底，梁啓超隨著段祺瑞內閣的辭職離開了北洋政府，結束了正面的政治生產。七年底，醞釀一年之歐遊計劃成功。是時，第一次世界大戰告終，協約國即將在巴黎召開和平會議，梁氏就以「歐洲考察團」中國代表的會外顧問身份，在政府資助下赴歐。梁氏事後曾述及其目的為：一是想要自己求一點學問，而且看看這空前絕後的歷史劇怎樣收場，拓一拓眼界。二是也因為正在做正義人道的外交夢，以為這次和會真是要把全世界不合理的國際關係根本改造，立個永久和平的基礎，想以私人資格將中國的冤苦向世界輿論申訴，盡分國民責任。[註48]另一方面，歐洲是近代西方文明制度的發源地，以西方政治理論為理想之主導的梁啓超，在政治失意後，意圖到歐洲找尋迷惑的答案，希冀獲得新的啓示。

梁氏此行，籌劃相當周密，隨員有各方的人才：政治張加勘、軍事蔣方震、外交劉崇傑、經濟徐新六、科學丁文江。[註49]一行於七年十二月二十八日自上海首途，開始了一年之久的歐洲遊歷生活，也是梁氏此後致力於教

〔註47〕梁啓超，《歐遊心影錄節錄》，臺北：中華書局，民國55年，頁39。

〔註48〕梁啓超，〈歐行途中〉，《歐遊心影錄節錄》，頁38～39。

〔註49〕《丁編，梁譜》，頁541。

育、文化事業的起點。途中，經香港、新加坡、檳榔嶼，穿過馬六甲海峽，進入印度洋，在錫蘭島科倫坡稍事停留，北駛進入紅海，出直布羅陀海峽後，進入大西洋，於民國八年二月十一日到達倫敦，列席國會下院旁聽，四處參觀訪問。二月十八日至巴黎，遊覽戰地與盧梭故居，居法國二月餘。六月七日返抵倫敦，遊莎士比亞故居。七月十二日又至巴黎，接著與蔣百里、劉子楷等遊覽萊茵河左岸的國家。九月十一日梁氏由瑞士往義大利，遍遊至十月七日始再返巴黎，十日出遊德國。民國九年一月九日回巴黎，二十二日由馬賽乘法國郵船歸國，三月五日抵達上海。

梁氏這次歸來後，對於國家問題和個人事業完全改變舊日的態度和方針。此後放棄了上層的政治活動，全力從事於培植國民基礎的教育事業，以辦文化事業和從事講學入手，承辦中國公學、組織共學社，發起講學社，整頓改造雜誌等，為培植新人才而努力。

然而第一次世界大戰後，各國生計和財政的破產，社會一片凋零殘破，處處斷垣殘瓦，不僅在戰敗的德奧等國，生活倍感艱難，就是戰勝的英國等國，也是一樣的荊天棘地，顯示出戰爭帶給歐洲人民生活巨大的影響。梁氏此去歐洲原本是向西方文明尋求困惑的答案，他卻失望了，失望於歐洲物質文明過於發達的結果，帶來了相互的殘殺和心靈的空虛，非僅沒有從歐洲找到答案，反而宣言：歐洲的物質文明破產了。

梁氏在歐遊期間，沿途所經歷和感想皆隨行隨記彙集成《歐遊心影錄節錄》，談到歐洲戰後的苦況，他有生動的描寫：

> 歐戰以來，此地黑煤的稀罕，就像黃金一樣，便有錢也買不著。我們靠著取暖的兩種寶貝，就是那半乾不濕的木柴，和那煤氣廠裏蒸取過的煤渣。那濕柴煨也再煨不燃，吱吱的響，像背地埋怨，說道你要我中用，還該先下一番功夫，這樣活剝起來，可是不行的。那煤渣在那裏無精打彩的乾炙，却一陣一陣的爆出碎屑來，像是惡狠狠的說道，我的精髓早已榨乾了，你還要相煎太急嗎？！〔註50〕

此刻歐洲的窮苦與昔日的豐饒富裕，真有天壤之別：

> 我們素來認為天經地義，盡善盡美的代議政治，今日竟會從牆脚上築築搖動起來，……那老英老法老德這些闊老倌，也一個個像我們一般叫起窮來，靠著重利借債過日子，……竟會有一日要煤沒煤，

〔註50〕梁啟超，《歐遊心影錄節錄》，頁2。

要米沒米，家家戶戶開門七件事，都要皺起眉頭來。〔註51〕
在梁氏看來這眞是人類歷史的轉捩，生活上種種的艱辛狼狽，委實讓人對歐洲物質文明悲觀。

梁氏自到歐洲以來，這種悲觀的論調，處處聽得洋洋盈耳。他曾經和一位美國有名的新聞記者賽蒙氏閒聊，賽蒙氏認爲西洋文明已經破產，唯賴輸進中國文明才得以救拔。梁氏初以爲他是有心奚落，後來到處聽慣了，才知道這是歐洲人普遍的心態，認爲歐洲的物質文明，是製造社會險象的種子。〔註52〕

此外，梁氏在歐洲也走訪一些傾向唯心主義的哲學家，諸如柏格森（Henri Bergson）、倭伊鑑（Hans Eucken）、蒲陀羅（E. Boutroux）等人，他們也確實認爲西方物質文明已破產，且亟謀以東方文明爲補救，〔註53〕使梁氏對西方物質文明破產的觀念更加堅定。

柏格森（1859～1941），法國人，其中心思想，在以直覺方法，認識意識緜延，以之說明心與物的關係，指出「生命奮進」（élan vital）爲宇宙進化之原動力，由此衍出其創造進化論（Creative Evolution）。柏氏不取反省的思維（reflective thinking）而以直覺（intuition）的方法，認識生命的本體，了解實在的眞相，這種排棄機械分析、邏輯推論，以求眞理之說的哲學方法，可謂爲唯心論者。〔註54〕而倭伊鑑（1846～1926），他是生機主義（Vitalism）者，主張精神一元論，與柏氏思想可謂大同小異。至於蒲陀羅（1845～1921），是柏格森的老師，爲形而上的自由意志論者，也是法國精神主義派的哲學家。他們三人皆重精神，自然會和東方文明重精神輕物質的意旨相印契合了。梁氏認爲他們的見解用之於歐洲已能「把種種懷疑失望，一掃而空，……就學問上而論，不獨唯心唯物兩派哲學有調和餘地，連科學和宗教也漸漸有調和餘地了」，〔註55〕更遑論中國文明的效果了，遂由輕視物質而指出「科學萬能的夢破碎了」。

梁氏認爲科學發達的結果，產業組織，從根柢翻新起來，內部生活跟不上外部生活的變化，產生了心靈的空虛，只圖物質享受，進而互相競爭，梁氏對此提出了強烈的批評：

〔註51〕同前註引文，頁3～4。
〔註52〕同前註引文，頁15。
〔註53〕《丁編，梁譜》，頁558；《歐遊心影錄節錄》，頁35～36。
〔註54〕參見吳康，《柏格森哲學》，臺北：商務印書館，民國55年，頁97～124。
〔註55〕梁啓超：《歐遊心影錄節錄》，頁18。

近代人因科學發達，生出工業革命，外部生活變遷急劇，內部生活
隨而動搖，……依著科學家的新心理學，所謂人類心靈這種東西，
就不過物質運動現象之一種，……這些唯物派的哲學家，託庇科學
宇下，建立一種純物質的、純機械的人生觀，把一切內在生活、外
部生活，都歸到物質運動的「必然法則」之下。不惟如此，他們把
心理和精神看成一物，根據實驗心理學，硬說人類精神也不過是一
種物質，一樣受「必然法則」所支配。於是人類的自由意志不得不
否認了。意志既不能自由，還有什麼善惡的責任。……現今思想界
最大的危機就在這一點，宗教和舊哲學已被科學打得旗靡幟亂，這
位「科學先生」便當仁不讓起來，要憑他們實驗發明個宇宙大原理。
即是那大原理且不消說，於是多種的小原理也是日新月異。今日認
為真理，明日已成謬見，新權威到底樹立不起來，舊權威卻是不可
恢復了。所以社會人心，都陷入懷疑沈悶之中，好像失去了羅針的
海船遇著風霧，不知前途怎生是好。〔註56〕

所以樂利主義，強權主義越發得勢，促使人們盡性享樂與求利。當物質增加率
和慾望升騰無法協調時，只有自由競爭一途。在弱肉強食的情況下，產生了軍
閥、財閥。為了各逞私慾，爭相奪利，導致了第一次世界大戰。不惟沒有得著
幸福，反倒帶來許多災難。梁氏認為歐洲人只不過做了一場萬能的大夢而已。

　　梁啓超的物質破產和科學非萬能的說法，引發了民國十二年「科學與玄
學」的論戰，這次論戰是討論人生觀的問題。張君勱是一個信仰柏格森哲學
者，加上又受了梁啓超科學非萬能與物質破產觀念的影響，於是年二月十四
日在清華大學講演「人生觀」，列舉人生觀與科學的不同：

第一、科學為客觀的，人生觀為主觀的。……
第二、科學為論理的方法所支配，而人生觀則起於直覺。……
第三、科學可以分析方法下手，而人生觀則為綜合的。……
第四、科學為因果律所支配，而人生觀則為自由意志的。……
第五、科學起於對象之相同現象，而人生觀起於人格之單一性。……
〔註57〕

〔註56〕同前註引文，頁10～12。
〔註57〕張君勱，〈人生觀〉，《科學與人生觀論集》，第一冊，臺北：問學出版社，民
　　　　國66年，頁4～9。

－58－

　　張君勱本著柏格森的直覺主義，認爲科學無論如何發達，絕對不能解決人生觀的問題，人生觀應該由玄學而建立。然而自「五四」以來，自由、民主、科學是知識份子標舉的最重要主張，尤其「科學」更是用來打破「迷信」的利器，「科學萬能」已經成爲一種信仰，在這種意識型態中，豈容梁、張提出的「異說」？首先的反對者地質學家丁文江於四月十二日在《努力週報》上發表〈玄學與科學〉向張氏直接攻擊，於是「科學與玄學」論戰正式宣戰。丁文江本杜威的實驗主義，對張君勱的觀點加以攻擊，說玄學是科學的對頭，玄學的鬼附在張君勱身上，學科學人的要去打倒他。對於張氏所提出的五個論點駁異道：

> 他說人生觀不爲論理學方法所支配；科學回答他，凡不可以用論理學批評研究的不是眞知識。
>
> 他說「純粹之心理現象」在因果律之例外；科學回答他，科學的材料都是心理的現象，若是你所說的現象是眞的，決逃不出科學的範圍。他再三的注重個性，注重直覺，但是他把個性直覺放逐於論理方法定義之外，科學未嘗不注重個性直覺，但是科學所承認的個性直覺，是「根據於經驗的暗示，從活經驗裏湧出來的。」他說人生觀是綜合的，「全體也，不容於分割中求之也」。科學答他說，我們不承認有這樣混沌未開的東西，況且你自己講我與非我，列了九條，就是在那裏分析他。
>
> 他說人生觀問題之解決，「決非科學之所能爲力」；科學答他說，凡是心理的內容，眞的概念推論，無一不是內容。〔註58〕

最後，丁文江引胡適的話作結論說人類今日最大的責任與需要，就是要把科學方法用到人生問題上去。

　　此後張君勱、丁文江續爲文對辯，戰線漸延長擴大，乃至於謾罵，梁啓超就暫時局外中立人宣言「戰時國際公法」提出兩條規約：

> 第一、我希望問題集中一點，而且針鋒相對，剪除枝葉。……
>
> 第二、我希望措詞莊重懇摯，萬不可有嘲笑或謾罵語。〔註59〕

之後，胡適發表了〈孫行者與張君勱〉一文，爲丁文江助陣；梁啓超也不甘

〔註58〕同前註引書，頁 14～15。
〔註59〕〈關於玄學科學論戰之「戰時國際公法」──暫時局外中立人梁啓超宣言〉，《文集》40，頁 27～28。

勢弱的發表〈人生觀與科學〉，表面仍持中立的態度，實則是向科學派開戰。雙方立場不同，言論各異。直到吳稚暉在〈一個新信仰的宇宙觀及人生觀〉中宣佈了他的「科學的人生觀」，才為爭論不已的「科學與玄學的論戰」提出了具體的觀點。顯示了在這次論戰中，雙方都沒有提出明顯堅決的信仰，所以產生了許多無謂的紛爭，論戰也因吳文的提出而告結束。繼吳氏之後，胡適也宣布了他的新人生觀——「科學的人生觀」或稱「自然主義的人生觀」。〔註60〕表現了科學的人生觀已居於優勢。

　　梁、張站在「玄學」的角度來反對「科學」，原是鑑於科學的過度發達恐導致極端物質享受，而思防患未然。但在是時還不曾享有科學賜福，更談不到科學帶來災難的中國，似非其時，然而如果從反對唯物的立場來看，則又是值得諒解的。自民國六年（1917）十月俄國革命起，馬克斯主義在中國報刊有力的引介下，隨著共產黨黨勢的發展，造成了很大的聲勢，給予求變的知識份子極為深刻的感受，其言論多引辯證法的唯物論做為根據，這是梁啓超深為憂慮的。在「科學與玄學的論戰」中，陳獨秀便標舉了「唯物的歷史觀」，認為只有客觀的物質因素可以變動社會，改變歷史，支配人生觀。〔註61〕這種機械論正是梁氏深惡痛絕的，也是他日後反對馬克斯主義的一個源頭。

第三節　從反對馬克斯主義到發展中國實業

　　社會主義思想之傳入中國，始於清季革命時代，當時的報章雜誌僅約略的介紹了馬克斯及其主義。民國初年，徐企文等人所領導的「中華民國工黨」、江亢虎等人所領導的「中國社會黨」，都是略具共產黨性質的組織；〔註62〕一般的報刊書籍中，介紹社會主義和共產主義者漸次增多，惟尚未引起知識份子的興趣。直到一九一七（民國六年），俄國革命成功，一些激進知識份子才認為共產主義不僅適用於資本主義國家，而且也適用於當前中國的需要。藉著知識份子如陳獨秀、李大釗等人為文有力的宣傳下，造成一種流行的趨勢，再加上隨著國際共黨有意的移植，在五四時代傳統思想受到廣泛的攻擊與破

〔註60〕胡適，〈科學與人生觀序〉，《科學與人生觀論集》，第一冊，頁25～29。
〔註61〕陳獨秀，〈科學與人生觀序〉，附錄於《胡適文存》，第二集，卷1，臺北：洛陽圖書公司，時間不詳，頁146。
〔註62〕鄭學稼，《中共興亡史》（下冊），卷1，臺北：著作自印，民國55年，頁361～363。

壞之後，正適足以塡補新知識份子思想上的眞空，造成了一種新的信仰風潮。梁氏身處風潮之中，自亦不能免於感染影響。

　　梁啓超到達歐洲的時刻，正值戰後殘破，各國皆思藉社會主義爲救助、改造的方法，其風靡熱中的情況不下於中國。民國八年張東蓀去信給梁氏謂世界大勢已趨于穩健的社會主義，要他們特別注意此種情形，「考察戰後之精神上物質上一切變態」，〔註63〕梁氏對社會主義發展的情形也就格外留意。

　　在梁氏的觀察下，昔日各國政府認作洪水猛獸的社會黨，現今（民國八年）却在各國國會裏頭，已占有最大勢力。各政府中，也差不多都有社會黨黨員。他對於這種發展，抱持著贊同和欣賞的興味：

> 各國時髦政治家公認爲無法無天的過激派列寧政府，報紙上日日咒他天折，他却成了個不倒翁，支持了兩年，到今天依然存在。還有許多好奇探險的遊客歌頌他明聖哩！〔註64〕

進一步，肯定了蘇威埃政權的歷史意義：

> 俄國過激派政府，居然成立，居然過了兩年，不管將來結局如何，假定萬一推翻，他那精神畢竟不能磨滅，從前多數人嘲笑的空理想，却已結結實實成爲一種制度。〔註65〕

對於布爾什維克黨的領袖列寧，也倍至讚揚：

> 以人格論，在現代以李寧爲最，其刻苦之精神，其忠于主義之精神，最足以感化人，完全以人格感化全俄，故其主義能見實行。〔註66〕

至於梁氏對於社會主義內涵的界定，他認爲：

> 社會主義，是要將現在經濟組織不公平之點，根本改造。〔註67〕

而在當時，歐洲自從機器發明工業革命以來，生計上起了大變動，隨著科學日益昌明，物質文明也愈發達，富者益富，貧者愈貧。所以貧富兩階級的戰爭，在時代的潮流下，到了不能避免的時代。他說：

> 勞工問題，我想不出數年，這個問題定要告一段落，或是社會黨柄政，實行了社會主義幾個根本大原則，氣象自然一新；或是有些國家，竟自繼俄國之後，做一番社會革命，雖一時大傷元氣，過後反

〔註63〕《丁編，梁譜》，頁567。
〔註64〕梁啓超，《歐遊心影錄節錄》，頁3。
〔註65〕同前註引文，頁20。
〔註66〕《丁編，梁譜》，頁574。
〔註67〕梁啓超，〈國際勞工規約評論〉，《歐遊心影錄節錄》，頁151。

贏得意外發達，也未可定。〔註68〕

對於改造方法，他認為只要合於人道，達到重新組織的目的，均可採行：

> 改造方法，雖然種種不同，或主共產，或主集產，或主生產事業全
> 部由能生產的人管理，或主參加一部份；或用極端急進手段，或用
> 和平漸進手段。要之，對於現在的經濟組織，認為不合人道，要重
> 新組織一番，這就是社會主義。〔註69〕

又說：

> ……改造方法，有一派還承認現存的政治組織，說要把生產機關收
> 歸國有，有一派連現在國咧政府咧，都主張根本打破，親自耕田的
> 人准他有田，在那個廠做工的人就管那個廠的事，耕田做工的人舉
> 出委員，國家大事就由他一手經理，各國普遍社會黨大半屬於前一
> 派，俄國過激黨便屬後一派。〔註70〕

由以上的舉證，我們知道梁氏無論對於溫和的社會主義抑或是激進的馬克斯
主義，他都是兼容並包的，甚而認為溫和社會主義者克魯泡特金的互助論將
是新文明再造的動力之一：

> 科爾柏特勤（即克魯泡特金）一派的互助說，與達爾文的生存競爭
> 說相代興。他是主張自我要發達的，但是人類總不能遺世獨立，大
> 事小事，沒有一件不靠別人扶助，所以互相扶助，就是發展自己的
> 唯一手段。〔註71〕

到此，社會主義對梁氏而言，是改造社會的一種新動力與信心。而在這個時
候，梁氏也把社會主義的效用回應於當時的中國，他說：

> 別國資勞兩階級是把國內的人民橫切成兩部份，一部份是壓制者，
> 一部份是被壓制者，我國現在和將來的形勢卻不是這樣，全國人都
> 屬於被壓制的階級，那壓制的階級是誰？卻是外國資本家，……照
> 這樣看來，這勞工問題，在歐洲各國，不過國內一部份人的苦樂問
> 題，在我們中國，卻是全個民族的存亡問題了。〔註72〕

中國的社會問題和外國實在是大為迥異的，如何救護自己？這是一個迫切要

〔註68〕 梁啓超，《歐遊心影錄節錄》，頁19。

〔註69〕 同註6。

〔註70〕 梁啓超，《歐遊心影錄節錄》，頁8。

〔註71〕 同前註引文，頁15～18。

〔註72〕 梁啓超，〈國際勞工規約評論〉，《歐遊心影錄節錄》，頁162。

尋求的答案。這層關懷後的回顧所帶來的疑問，正是梁氏引爲深思徬徨的。

民國九年，梁啓超歐遊歸來，仍然持續前此對馬克思主義的態度，原本在歐洲已對自由經濟競爭下產生的資本主義有所不滿，現在則更加之明顯：

> 西方經濟之發展，全由於資本主義，乃係一種不自然之狀態，並非合理之組織。現在雖十分發達，然已將趨末落，且其積重難返，不能挽救，勢必破裂。中國對於資本集中，最不適宜，數十年欲爲之效法，而始終失敗。然此失敗未必爲不幸，蓋中國因無貴族地主，始終實行小農制度，法國自革命後始得之，俄多數派亦主張此制，而中國則固有之現代經濟，皆以農業爲基礎，則中國學資本主義而未成，豈非天幸。〔註73〕

該年冬天，梁氏在清華學校講授國學小史，後將其中一部份刪訂成《墨子學案》。在該書中，他嘗以墨子比馬克斯，極力宣揚墨氏，謂墨子的經濟思想，切合今世最新之主義：

> 墨子之經濟思想，於今世最新之主義（即馬克斯主義）多脗合。我國民疇昔疑其不可行者，今他人行之而底厥績焉。〔註74〕

在該書的第三章〈墨子之實利主義及其經濟學說〉裏，梁氏舉了許多例證將二者思想呼映比侔。在消費方面，墨子認爲凡是奢侈的人，便是侵害別人的生存權，謂之「暴奪人衣食之財」，而近代馬克斯一派說：「資本家的享用，都是從掠奪而來」的立論根據，正和二千年前的墨子相同；〔註75〕墨子最爲人詰難的思想「兼愛」的理論，以梁氏看來，現在俄國勞農政府治下的人民，的確是實行墨子「兼以易別」的理想一部份，不論出自何動議，已足以證明墨子的學說確乎合於時流，並非「善而不用」了。〔註76〕再者，梁氏認爲俄國勞農政府統治下的經濟組織裏，衣食住皆由政府干涉，不得奢侈，可謂徹底達到墨子的「節用主義」；而強迫勞作，也眞合乎墨子「財不足則反諸時」的道理。這些理論能夠實現，益可相信墨子不是個幻想家。〔註77〕梁氏在上述論斷中，把墨子思想與馬克斯主義的諸多觀念予以統合，這種理論與實證的結合表現，使得梁氏依然對馬克斯主義存留極大的信心。

〔註73〕《丁編，梁譜》，頁574。
〔註74〕梁啓超，〈第二自序〉，《墨子學案》，臺北：中華書局，民國55年，頁4。
〔註75〕同前註引文，頁14。
〔註76〕同前註引文，頁11。
〔註77〕同前註引文，頁18。

　　民國十年元月初，梁啓超的知友張東蓀在《改造雜誌》上發表〈現在與將來〉一文，他認爲人民的無知與貧窮、軍閥的橫行、普遍的兵匪之亂、外來的壓迫，是當時中國的四種疾病：無知病、貧乏病、兵匪病、外力病，救助之法唯有以紳商階級興辦實業始爲當前奏效之法。〔註 78〕張氏原本是一位社會主義的擁贊者，〔註 79〕爲今他具體的主張發展資本主義乃當務之急。而後，張氏把這篇文章寄給了梁氏，正給予梁氏一個深思明慮的機會。梁氏自歐遊以來，對於社會主義的問題，始終在徬徨苦索中，他確信此主義必須進行，但似非合於當前中國的需要。梁氏看了張氏之文後，立作〈復張東蓀書論社會主義運動〉一文回覆，斷然放棄馬克斯主義，並在該文中提出許多觀點上的辯證。

　　社會主義原是爲救濟社會經濟弊病而產生，西方國家因爲工業組織發生偏畸，生出毒害，才需要以社會主義加以矯正。當時在尚未產生工業的中國，究爲適用與否，梁氏在歐遊期間即已爲此問題疑惑。他初步的認爲，若把社會主義悉數搬來中國應用，且不必管有無流弊，「最苦的是搔不著癢處」。〔註 80〕在民國前，梁氏與革命的論戰中，就曾極力的反對社會革命，認爲當時中國的經濟社會分配較平均，沒有大貧富的差距。而現在，中國的國情仍未改變，既無資本家，更無勞動者，〔註 81〕與馬克斯主義的階級鬥爭的主張，根本上是毫無關涉的。因此，馬克斯主義雖然在歐洲是一劑良藥，但是，却不適用於目前的中國社會引用。

　　所以，當時中國的社會運動，當以使多得人取得勞動者地位爲首義。進一步，梁氏對於階級的涵義也有所界定：

> 勞動階級一語，本含有廣狹二義，廣義的解釋，自然凡農民及散工悉含在內。狹義的解釋，則專指在新式企業組織下佣工爲活的人。而社會運動之主體，必恃此狹義的勞動階級，中國則此狹義的勞動者未能成爲階級，故謂之無階級也。〔註 82〕

更何況，以當前生產衰落，農民及散工、次第失其業者日眾，於是乎廣義的勞動者亦變成遊民了，他認爲唯有「勞動階級之運動可以改造社會，遊民階級之

〔註 78〕張東蓀，〈現在與將來〉，《改造雜誌》，卷 3，期 4，頁 23～36。
〔註 79〕詳參張朋園，《梁啓超與民國政治》，頁 213。
〔註 80〕梁啓超，《歐遊心影錄節錄》，頁 32～33。
〔註 81〕〈復張東蓀書論社會主義運動〉，《文集》36，頁 6。
〔註 82〕同前註引文，頁 7。

運動只有毀滅社會」，〔註83〕若使遊民階級成為勞動階級，可進而為社會運動的主體，然則何為致之？他說：「舍生產事業發達外，其道無由。」，〔註84〕是故，「中國今日不能不獎勵生產事業以圖致死」，〔註85〕在「勞動階級發生，資本階級亦必同時發生」的時候，「則對於資本家當持何種態度，實今日社會主義者最切要之問題」，〔註86〕梁氏提出了「矯正」、「疏洩」兩種態度為採取的方針。所謂矯正態度：

> 當設法使彼輩（即資本家）有深刻著明之覺悟，知剩餘利益，斷不容全部掠奪，掠奪太過，必生反動，……對於勞動者生計之培養，體力之愛惜，智識之給與，皆須十分注意，質言之，則務取勞資協調主義，使兩階級距離不至太甚也。至所用矯正之手段，則若政府的立法，若社會的監督，各因其力之所能及而已。〔註87〕

所謂疏洩態度：

> ……為振興此垂斃之生產力起見，不能不屬望於資本家，原屬不得已之辦法，……故必同時有非資本主義的生產，以與資本主義的生產，相為駢進，一面政治上若稍有轉機，則國家公器地方公營之事業，便當劃出範圍，在人民嚴密監督下，漸圖舉辦；一面各種協社，須極力提倡，以傳教的精神策進之，但使能得數處辦有成效，將來自可聯合擴充，倘能令生產的中堅力，漸漸由公司之手以移於協社之手，則健實之經濟社會，亦可以成立矣。〔註88〕

至於遊民階級，則「第一，灌輸以相當之智識，第二、助長其組織力」，〔註89〕使之成為勞動階級，繼而，當以促使組織工會為至上政策，其因乃為：

> 先有組織完善之工會，然後可以言作戰，而戰之勝敗，則視工會力量之強弱為斷，須知吾國勞動階級將來之敵手，非中國之資本家也，……確信在稍遠之將來，必有全世界資本家以中國為逋逃藪之一日，而中國勞動階級最後之戰勝，即為全世界資本主義根株滅斷，

〔註83〕同前註。
〔註84〕同前註引文，頁6。
〔註85〕同前註引文，頁8。
〔註86〕同前註引文，頁9。
〔註87〕同前註引文，頁9。
〔註88〕同前註。
〔註89〕同前註引文，頁9。

全世界互助社會，根本確立之時。〔註90〕

至此，梁氏對於馬克斯主義的反對態度成爲定向發展。他雖然厭惡資本主義，但是在工業尚未開展，沒有階級之分的中國經濟過渡時期，發展資本成爲唯一之法，自不得不加以提倡。

在梁啓超斷然提出反對馬克斯主義的該年七月一日，中國共產黨也在蘇俄的扶持下正式成立。其運動聯結的對象已由知識份子擴展到工人、青年學生和婦女，並煽惑工人製造罷工，破壞社會秩序。自民國十一年底，共產黨份子爲了便於寄生和發展，陸續個別加入國民黨。民國十三年，國民黨採行「聯俄容共」政策，馬克斯主義也在中國迅速的發展。梁氏對馬克斯主義益形排斥，也堅定了他一生反共的態度。

梁氏自民國十年以後，又從儒家哲學的唯心理論角度駁斥馬克斯主義中的唯物機械思想：

> 近代歐、美最流行之功利主義、唯物史觀等等學說。吾儕認爲根柢
> 極其淺薄，決不足以應今後時代之新要求。……吾儕今所欲討論者，
> 在現代科學昌明的物質狀態之下，如何能應用儒家之均安主義，使
> 人人能夠在此地之環境中，得不豐不觳的物質生活，實現而普及。
> 換言之，則如何而能吾中國免蹈近百餘年來歐、美生計組織之覆轍，
> 不至以物質生活問題之糾紛妨害精神生活之向上，此吾儕對於本國
> 乃至對於全人類之一大責任也。〔註91〕

對於個性與社會性的調和，梁氏認爲：

> 據吾儕所信，宇宙進化之軌則，全由各個人常出其活的心力，改
> 造其所欲至之環境，然後生活於自己所造的環境之下，儒家所謂
> 「欲立立人，欲達達人」，「能盡其性則能盡人之性」，全屬此旨，
> 此爲合理的生活，毫無所疑。墨法兩家之主張以機械的整齊個人，
> 使同治一爐，同鑄一型，結果至個性盡被社會性吞滅，此吾儕所
> 斷不能贊同者也，……吾儕斷不肯承認機械的社會組織爲善美。
> 然今後社會日趨擴大，日趨複雜，又爲不可逃避之事實，如何而
> 能使此日擴日複之社會，不變爲機械的，使個性中心之「仁的社
> 會」能與時勢駢進而時時實現，此又吾儕對於本國乃至全人類之

〔註90〕同前註引文，頁9～10。

〔註91〕梁啓超，《先秦政治思想史》，臺北：中華書局，民國51年，頁182～183。

一大責任也。〔註92〕

民國十二年，陳獨秀在「科學與玄學論戰」中標舉「唯物史觀」，作爲徹底推翻玄學的人生觀的武器。梁氏於十三年寫了一篇〈非「唯」〉，表明立場，也就從馬克斯主義的根本立論——唯物史觀——反對起：

> 物的條件之重要，……乃至最狹義的以經濟活動爲構成文化的主要要素，這些學說，我都承認他含有一部份眞理。若在物學上一個唯字，我又不能不反對了。須知人類和其他動物之所以不同者，其他動物至多能順應環境罷了，人類則能改良或創造環境。拿什麼去改良創造，就是他們的心力，若不承認這一點心力的神秘，便全部人類進化史都說不通了。若要貫徹唯物主義的主張嗎，結果非歸到「機械的人生觀」不可。——去年人生觀的論戰，陳獨秀赤裸裸的以極大膽的態度提出機械的人生觀，在那一面算是最徹底的，非丁在君、胡適之所及。——機械的人生觀是否合理，且不必多辯，須知這種話是和「命定主義」一鼻孔出氣的，「萬事有個造化主安排定」、「八字從娘胎裏帶來」……殊不知人類這個怪物，最是不安本份，不管他們力量做得到做不到，都要去碰碰，……人類之「曲線形的進化史」，都是從這樣子演出來，……，機械人生觀的人們呵，須知機械全是他動的，不能自動。人類若果是機械，還有什麼存在的意義和價值。所以這一派學說，我是不能不反對的。〔註93〕

並重申當前中國不宜採行馬克斯主義的主張，若勉強說中國有階級的分野，也只有「有業階級與無業階級」對立而已。他指出如濁官、軍人、政黨領袖及黨員，地方土棍、租界流氓、受外國宣傳部津貼的學生、強盜（穿軍營制服的在內）、乞丐（穿長袍馬掛的在內），以及其他各種貪吃懶做的人，這些社會現存的惡勢力，稱爲無業階級；如農民（小地主、佃丁）、買賣人（商店專家、夥計）、學堂教習、工人，稱爲有業階級。他認爲當時中國的「階級鬥爭」，只要有業階級戰勝無業階級，便能獲致天下太平了。〔註94〕

在歐遊期間曾爲梁氏倍受頌揚的蘇威埃政權，到了現在被梁氏棄如敝屣，使蘇俄經濟復甦的列寧「新經濟政策」，在他的眼裏也微不足道了：

〔註92〕同前註引書，頁183～184。
〔註93〕〈非「唯」〉，《文集》41，頁83～84。
〔註94〕〈無產階級與無業階級〉，《文集》42，頁1～2。

問蘇俄是不是帝國主義者？我毫不沈吟的答道：他是帝國主義者的
結晶，他是帝國主義的大魔王，……俄國人玩的政治，對內只是專
制，對外只是侵略。……馬克斯便是化身的希臘正教上帝，列寧便
是轉輪再生的大彼得。全俄人民從前是「沙」的腳下草，現在便照
例承襲充當執行委員的腳底泥。中國從前是「沙」的夢想湯沐邑，
現在便是紅旗底下得意的拋球場。

蘇俄本身是共產國家嗎？若是共產的國家，怎麼會「大人虎變，君
子豹變」，翻一個斛斗會變成新經濟政策來，……馬克斯早已丟在毛
廁裏了，因為侵略中國起見，隨意掏出來洗刮一番，充當出廟會的
時候抬著騙人的偶像。……蘇俄的現狀，只是「共產黨人」的大成
功，卻是共產主義的大失敗。〔註95〕

綜而言之，梁啓超認為社會革命是潮流所趨，為二十世紀史唯一的特色，沒
有一國能幸免，只不過早晚不同而已。基本上，梁氏對於社會主義是同情的，
他認為當取其精神，至於方法的運用，則端乎順應本國現時社會的情況。本
此之故，雖然他確信社會主義必須進行，但似非其時，進而從反對階級觀念
和唯物論斷然主張馬克斯主義不合乎中國的需要。

究竟當前中國經濟適用的政策為何？梁氏拒絕了馬克斯主義，他是否有
替代的方策？直到民國十六年，他提出了〈國產之保護及獎勵〉一文，這是
梁氏晚年在逝世前最後的一篇經濟主張，他仍然強調生產，所不同的是他已
經提出了初步的保護政策。

梁氏認為中國生產事業所以不振的原因，在農產方面，主要是由於內戰
頻仍，盜賊充斥，征斂煩苛……等等，救濟之法，全在政治本身，這部份他
暫不細說；在工業部份，其主要病源在於沒有人才，沒有資本、政治的壓迫，
以及帝國主義的壓迫四方面。

第一、關於人才問題，梁氏認為不論新舊人物，都完全沒有運用現代工
業組織的學識和技能，不僅舊官僚、土財主對於他們所主持的事業沒有一毫
計劃和經驗，就是連有學問的新人物也對本國情形隔膜太深，導致動輒扞格，
學非所用，舊的既如彼，新的復如此。人才涸竭如此，所以凡屬新企業，皆
歸於失敗。〔註96〕

〔註95〕 〈復劉勉己書論對俄問題〉，《文集》42，頁 67～68。
〔註96〕 〈國產之保護與獎勵〉，《文集》43，頁 90～91。

第二、沒有資本問題，梁氏根據丁文江的統計，謂中國人的平均生產投資，每人不過兩塊大洋，合起來的資本總額，尚不如西方一兩個托辣斯。另一方面，許多人妄想以少數資本博逾量的利益，而冒險開辦，「半途捉襟見肘」，資本中途不繼。眞正有錢的人要推潤軍閥、潤官僚，他們的錢「除狂嫖大賭以及姨太太少爺小姐們揮霍」外，就會買地皮，或者存放外國銀行供外國人資本吸收轉輸，反而投資在工業生產上還不到千分之一。銀行有錢，却大部份放債給政府，送到外國鎗砲廠買殺人傢伙和轉入潤人們狂嫖大賭費帳簿上去了。在這種情況下，中國沒有資金，何由發展實業？〔註97〕

第三、政治上的壓迫，當時的中國，種種刁難勒索，巧立名目，皆爲的是政府腐敗，中飽私囊。遇有營利事業，便高喊「收歸國有」、「收歸黨有」。有經濟能力與外國資本家分庭抗禮者，「其勢非全國擠他、捶他、磨折他到死不肯干休」。〔註98〕

第四、關於帝國主義的壓迫，梁氏認爲產業的後進國，受先進國的壓迫，其勢本難以自存。後進國惟一的抵抗武器，就是恃國家的庇蔭，從關稅上與其他特種權到加以保護。當前以沒有人才沒有資本的中國，關稅却受條約的束縛，絲毫沒有保護的可能，中國如何能敵得過外國的壓迫？更無法談到實業建設了。〔註99〕

以上是中國工業發展的種種困難，如果人才、資本、政治上的壓迫、帝國主義的壓迫，這四項困難都能克服，必可達到獎勵生產的目標。進一步，梁氏也提出了對保護政策的見解：

> 現在中國的經濟政策，凡有可以保育本國生產事業使之和外國的資
> 本侵略對抗而立於有利之地位者，惟力是視。〔註100〕

所以，他主張在中國工業發展的同時，應該同時進行保護關稅、改正稅則、培養勞資雙方交讓互助的精神、制定工廠法、提高工人的地位、良好的工廠管理，作爲改良調節的方法。〔註101〕

梁氏曾經一度反對當時中國採行資本主義，但是爲了解決現階段中國生產衰頹窘迫的現象及拒絕馬克斯主義，不得不引用資本主義的方法，獎勵生

〔註97〕同前註引文，頁91～92。
〔註98〕同前註引文，頁92～93。
〔註99〕同前註引文，頁93。
〔註100〕同前註引文，頁99～100。
〔註101〕同前註引文，頁97～103。

產，發展實業，做爲中國發展經濟的過渡政策。在進行此政策的同時，也實施國產保護政策，以杜絕資本主義可能帶來的流弊。

第五章　傳統文化的重新體認

第一節　引論——由反孔疑古與再創世界新文明說起

從清末到民初，這個中國重要的轉型期（transformation stage），在空間上來看，是東西文化重疊的時期；以時間上來說，是古今交替的時代。西方器物知識的大量輸入，莫不衝擊中國每個角落，社會因之產生劇變。中國農村封建社會解體，新社會如旭日東昇，舊的思想自然不再適合新社會的需要。在時代的推進下，新、舊文化的扞格，滙集到了「五四」時代，達到了衝突的最高潮。

簡明而論，「五四」在本質上，是由知識份子領導，以學術為首，在思想上突破求新，以求得國家的獨立、個人的自由和中國的現代化。〔註1〕基於此，新知識份子將西方文化、文學、哲學、社會規範以及政治、經濟各種制度，取其優點，引進中國，而且也宣稱中國的舊傳統，無論是哲學、倫理觀念、文化、制度乃至自然科學都必須徹底重估，而以全新的文化來取代它。對於這種廣泛、熱烈的企圖，新知識份子都表現了罕有的熱誠和高度的銳氣。

當時新知識份子對傳統文化的攻擊，乃以儒家為代表。攻擊最力的當推陳獨秀、吳虞，其次是胡適。他們一方面緣於西洋勢力侵入中國後，自給自足的農村日就崩潰，維繫舊社會的儒家傳統也跟著動搖，不足以因應社會的

〔註1〕Tse-tsung Chow, *The May Fourth Movement: Intellectual Revolution in China*（Cambridge: Harvard University Press, 1960）, pp.13-14.

需要；〔註2〕另方面，對五四自由知識份子而言，爭取個人獨立之自由，主要是指，從斷喪個人自由的傳統中國社會與文化中解脫出來。〔註3〕在這種認定下，這兩種原因融合後相互增強，呈現同步發展的關係。在陳獨秀主編的《新青年》雜誌為傳播的工具下，為文對儒家文化的代表——孔子，發出嚴厲猛烈的批判。陳獨秀發表了〈孔子之道與現代生活〉、〈駁康有為致總統總理書〉、〈憲法與孔教〉、〈再論孔教問題〉；吳虞發表了〈吃人的禮教〉、〈禮論〉、〈說孝〉、〈論荀子書後〉、〈儒家主張階級制度之書〉、〈家族主義為專制主義之根據論〉；胡適有〈吳虞文錄序〉。這些都是猛烈批評孔子學說影響最深的文章，陳獨秀與吳虞可謂為這條戰線的兩位健將，其中以吳虞最為激烈。胡適說：

> 吳先生和我的朋友陳獨秀是近年來攻擊孔教最有力的兩位健將。他們兩人，一個在上海，一個在成都，……獨秀攻擊孔丘的許多文章專注重「孔子之道不合現代生活」的一個主要觀念。……吳先生非孔的文章，也是「孔子之道不合現代生活」的一個觀念，他根據孔道的種種禮教、法律、制度、風俗；……證明都根於儒家教條……都是一些吃人的禮教，和坑人的法律制度。他又從思想史的方面指出自老子以來也有許多古人不滿意於這些欺人吃人的禮制。〔註4〕

當時，在陳獨秀主導下，「反傳統」思想的發展導致了一個文化混亂的時期。中國文化的各個方面都被攻擊為具有封建的、黷武的傾向，中國文化的精髓儒家思想，被指為「朽敗」，禮教被稱為「吃人者」。〔註5〕中國思想經過了這次大革命，孔子思想學說起了根本動搖，經傳的尊嚴，古史的威信，也隨之起了動搖，導致了疑古派的產生，此派以顧頡剛、錢玄同為代表。反孔思想的革命，就是疑古思想產生的第一個原因，顧頡剛說：

> 要是不遇見孟真和適之先生，不逢到新青年的思想革命鼓吹，我的

〔註2〕郭湛波，《近代中國思想史》，臺北：墾丁文物社，民國 61 年，頁 433。

〔註3〕林毓生，〈五四時代的激烈反傳統思想與中國自由主義的前途〉，《五四與中國》，臺北：時報文化出版公司，民國 68 年，頁 326～327。

〔註4〕胡適，《胡適文存》，第一集，臺北：洛陽出版社，時間不詳，頁 794～797；並參見陳獨秀，〈孔子之道與現代生活〉，《獨秀文存》，卷 1，上海：亞東圖書館，民國 26 年，頁 113～124。

〔註5〕參見 Richard C. Kagan 著，詹志宏節譯，〈陳獨秀，從反傳統到民族革命〉，《近代中國思想人物論：社會主義》，臺北：時報文化出版公司，民國 69 年，頁 350。

胸中積著的許多打破傳統學說的見解也不敢大膽宣布。〔註6〕

可見古史討論的產生，就是當時時勢的產物。第二個原因，是受了今文學家的影響，古史古書之偽，自唐朝以來，書籍流通，學者聞見亦博，早已致疑，但是處於積威的迷信之下，不容接受懷疑的批評，許多精心的創見也就湮沒於世，直到清末，才打破了這種形勢：

> 清末的古文家依照舊日途徑而進行；今文家便因時勢的激盪而獨標
> 新義，提出了孔子託古改制的問題做自己的託古改制的護符。……
> 長素先生受了西洋歷史家考定的上古史的影響，知道中國古史的不
> 可信，就揭出了戰國諸子和新代經師作偽的原因，使人讀了不但不
> 信任古史，而且要看出偽史的背景，就從偽史上去研究，實在比較
> 以前的辯偽者深進了一層。〔註7〕

錢玄同說：

> 我對於「經」，從 1909 至 1917，頗宗今文家言。我專宗今文，是從
> 看了《新學偽經考》和《史記探源》而起：這兩部書，我都是在 1911
> 才看到的，……康氏之《偽經考》，本因變法而作；崔師則是一個純
> 粹守家法之經學老儒，篤信今文過于天帝。他們一個是利用孔子，
> 一個是抱殘守缺，他們辯偽的動機和咱們是絕對不同的。但他們考
> 證底結果，我却認為精當者居多，此意至今未變。〔註8〕

第三個原因是科學方法的引介，顧氏說：

> 適之先生帶了西洋的史學方法回來，把傳說中的古代制度和小說中
> 的故事舉了幾個演變的例，使人讀了不但要去辯偽，要去研究偽史
> 的背景，而且要去尋出它的漸漸演變的線索，就從演變的線索上去
> 研究，這比了長素先生的方法又深進了一層了。〔註9〕

我們知道，故適在美國留學深受實用主義者（pragmatism）杜威（John Dewey, 1859～1952）的影響，其教授學生自然傳授實用主義的觀念。美國實用主義是由皮爾士（Charles S, Peirce, 1839～1914）創立，經由詹姆士（William James, 1842～1910）與杜威充擴發揚，臻於完備，主張以「實用」為範疇，就是利

〔註 6〕 顧頡剛，〈自序〉，《中國古史研究》，第一集，台北，時間不詳，頁 80。
〔註 7〕 同前註引文，頁 77～78。
〔註 8〕 錢玄同，〈論今古文經學及辯偽叢書〉，《中國古史研究》，第一集，頁 30。
〔註 9〕 顧頡剛，〈自序〉，《中國古史研究》，第一集，頁 78。

用各種具體的體驗來闡明「事實勝於理論」的觀點，講求「實事求是」、「言之有物」。〔註10〕顧氏所謂的「先把世界上的事看成許多散亂的材料，再用了這些零碎的科學方法實施於各種散亂材料上，就歡喜分析、分類、比較、試驗，尋求因果，更敢於作歸納，立假設，搜集證成假設的證據而發表新主張」，〔註11〕這種「試驗」、「辨僞」方法的採用和實用主義的內涵是不謀而合的。

疑古派的工作，在辨僞，而影響最深的，就在辨僞經。六經是籠罩孔子思想學說兩千多年的護符，孔子的學說思想雖然經過了一次革命，但六經的眞象不明，則孔子思想學說仍是根深蒂固；六經雖然已經經過了今文學家的批判，認爲六經不是周公舊典，而是孔子託古改制的作品，但疑古派仍要探究一番。他們的看法爲何？錢玄同說：

> 我很喜歡研究所謂「經」也者，但我還是很「惑經」的。……近來看葉適底《學習記言》，萬斯同底《羣書疑辨》，姚際恒底《詩經通論》和《禮記通論》，崔述底《考信錄》等書，和其他書籍中關於「惑經」底種種議論，乃恍然大悟：知道「六經」固非姬旦政典，亦非孔丘「託古」的著作；「六經」底大部份因無信史底價值，亦無哲理和政論底價值。〔註12〕

錢氏認爲六經是《詩》、《書》、《禮》、《易》、《春秋》各不相干的五部書配成於戰國之末，絕無孔丘刪述或制作六經之事，〔註13〕進一步，他說明了六經的性質：

> 《詩》，是一部最古的總集。其中小部份是西周底詩，大部份是東周底詩。什麼人輯集的，當然無可考徵了。至於輯集的時代，我却以爲在孔丘之前；「詩三百」「誦詩三百」則他所見的已是編成的本子了。……
>
> 《書》，似乎是「三代」時候底「文件類編」或「檔案彙存」，……它並沒有成書。
>
> 《禮》，《儀禮》是戰國時代胡亂抄成的僞書，……《周禮》是劉歆僞造的，《兩戴記》中，十分之九都是漢儒所作的。

〔註10〕參見鄔昆如，《西洋哲學史話》，臺北：三民書局，民國66年，頁710。
〔註11〕顧頡剛，〈自序〉，《中國古史研究》，第一集，頁95。
〔註12〕錢玄同，〈答顧頡剛先生書〉，《中國古史研究》第一集，頁69。
〔註13〕同前註引文，頁69～70。

《樂》，樂本無經。

《易》，原始的易卦，是生殖器時代崇拜底東西，「乾」「坤」二卦即是兩性底生殖器記號。初演爲八，再演爲六十四，大家拿他來做卜筮之用；於是有人做上許多卦辭，這正和現在底「籤詩」一般；……孔丘以後的儒者借它來發揮他們底哲理，有做彖傳的，有做象傳的……配成了所謂「十翼」。

《春秋》，孟軻因爲要借重孔丘，於是選出「《詩》亡然後《春秋》作」「孔子著《春秋》而亂臣賊子懼」的話，……硬說它是「天子之事」。一變而爲《公羊傳》，再變而爲董仲舒之《春秋繁露》，三變而爲何休之《公羊解詁》，於是「非常異義可怪之論」愈加愈多了。後來忽然跑出一個文理不通的穀梁氏來學舌，……至於《左傳》，本是戰國時代一個文學家編的一部「國別史」，即是《國語》，其書與《春秋》絕無關係；到了劉歆，將它改編，加上什麼「五十凡」這類鬼話，算做《春秋》底傳，而將用不著的部份仍留作《國語》。〔註14〕

再看顧氏的見解：

我以爲孔子只與《詩經》有關係，但也只勸人學《詩》，並沒有自己刪《詩》。至于《易》、《書》、《禮》、《春秋》，可以說是與他沒有關係，即使說有關係，也在「用」上，不在「作」上，例如看報不即爲主筆，聽戲不即爲伶人。〔註15〕

以上是錢顧二氏對六經的辨僞。經既不足憑，經中的史事，當然也不足憑，疑古派其次的影響即是辨僞史，顧氏談到他辨僞史的方法說：

我很想做一篇層累地動造成的古史，把傳說中的古史的經歷詳細一說，這有三個意思，第一，可以說明「時代愈後，傳說的古史期愈長」，……周代人心目中最古的人是禹，到孔子時有堯舜，到戰國時有黃帝神農，到秦有三皇，到漢以後有盤古等。第二，可以說明「時代愈後，傳說中的中心人物愈放愈大」，如舜，在孔子時只是一個「無爲而治」的聖君，到堯典就成了一個「家齊而後國治」的聖人，到孟子時就成了一個孝子的模範了。第三，我們在這上，即不能知道某一件事的眞確的狀況，但可以知道某一件事在傳說中的最早的狀

〔註14〕同前註引文，頁76～78。
〔註15〕顧頡剛，〈論詩說及羣經辨僞書〉，《中國古史研究》，第一集，頁56。

況。〔註16〕

他把這種方法，用在中國古代史的研究上，認為不只什麼盤古、三皇、伏羲、神農、黃帝是無有其人，就是連堯、舜、禹也都是後人偽造。〔註17〕中國的歷史在疑古派的辨偽下，只剩下兩千多年，文明進化的過程也為之減短，這是史學上的重大變革。

從陳獨秀、吳虞的反孔到顧頡剛疑古思想的產生，不僅籠罩二千餘年的孔子學說思想被推翻，而數千年相傳的六經典籍，也失掉了權威。加上當時中國正盛行馬克斯主義，年青知識份子為了衝破傳統的束縛和箝制，將所有中國原有的社會組織認為無可救藥，進而更否決了傳統文化的價值。這種情勢正是讓梁啓超為之憂心的：

> ……近來有許多新奇偏激的議論，在社會上漸漸有了勢力，所以一般人對于儒家哲學，異常懷疑，青年腦筋中，充滿了一種反常的思想，如所謂「專打孔家店」，「線裝書應當拋在茅坑裏三千年」等等。此種議論，原來可比得一種劇烈性的藥品，無論怎樣好的學說，經過若干時代之後，總會變質，攪雜許多凝滯腐敗成份在裏頭，……因此，須有些大黃芒硝一類暝眩之藥瀉他一瀉，……但要知道，藥到底藥，不能拿來當飯吃，若因為這種議論新奇可喜，便根本把儒家道術的價值抹煞，那便不是求真求喜的態度了，現在社會上既然有了這種議論，而且很佔勢力，所以應當格外仔細考察一回。〔註18〕

又說：

> 我們批評一個學派，一面要看他的繼續性，一面要看他的普遍性。自孔子以來，直至於今，繼續不斷的，還是儒家勢力最大，自士大夫以至台輿皂隸普遍崇敬的，還是儒家信仰最深。〔註19〕

所以，研究儒家哲學，也就是研究中國文化，梁氏認為應該以持平公正的態度找出它的優缺之處，優點繼續發揚，缺點將之修正，〔註20〕必然可以重新建立傳統文化的價值與信心。

〔註16〕顧頡剛，〈與錢玄同先生論古史書〉，《中國古史研究》，第一集，頁60。
〔註17〕同前註引文，頁65。
〔註18〕梁啓超，《儒家哲學》，臺北：中華書局，民國58年，頁6。
〔註19〕同前註引文，頁6～7。
〔註20〕同前註引文，頁7。

　　另一方面，就儒家文化傳統而論，梁氏自清末以來始終沒有與其背離。早年，他一面倡言三世之義，一面引證孔子的言行以爲輔佐，作爲求變的例證，在這個時期，孔子對梁而言，具有政治上的意義。梁氏流亡日本後，沈浸在西方的學說思想中，援引進化、自由、民權的思想介紹給當時的中國，但是並未對儒家的道德思想體系全然排斥。在《新民說》裏，梁氏對於公德與私德間所做的基本區分，很明顯的，他在私德的選擇上，無疑是趨近於中國傳統的。稍後的光緒三十一年（1905），梁氏在所寫的〈德育鑑〉裏，又重新宣揚了儒家思想唯心式的倫理道德觀。民國二年，梁氏爲熊希齡「第一流人才內閣」起草的〈政府大政方針宣言書〉中，主張以孔教爲教化之本，宜禮致耆賢，徵考大獻，制爲通禮，以齊民俗。以上種種的舉證，皆證明梁氏是一直依從中國儒家傳統的。直到民國八年歐遊期間，目睹歐洲物質文明的殘破，潛伏的唯心意識立即浮現，及與歐洲一些唯心派哲學家晤談後，他們也確認西方物質文明破產，亟謀以東方文明爲補救（參看第三章第二節），加上馬克斯主義者的相逼以及反孔疑古思想的產生，他護衛儒家文化以保全中國命脈的心態堅決底定。在《歐遊心影錄節錄》中，他先肯定了中國不亡，繼之提出「盡性主義」，做爲個體發展的方式，進而促成國家的強固：

> 國民樹立的根本義，在發展個性，《中庸》裏頭有句話說得好：「唯
> 天下至誠，爲能盡其性，我們就借來起一個名，叫做盡性主義」，……
> 是要把各人的天賦良能，發揮到十分圓滿。就私人而論，必須如此，
> 才不至成爲天地間一贅疣，人人可以自立，不必累人，也不必仰人
> 鼻息；就社會國家論，必須如此，然後人人各用其所長，自動創造
> 進化，合起來便成強固的國家，進步的社會。〔註21〕

確立國家的生存強固後，再求思想的徹底解放。無論中國舊思想或西洋新思想都要虛心研究，放膽批評，不爲其所束縛。進而主張每個國民抱持著尊重愛護中國傳統的誠意，用西方研究方法加以研究探討後，以西洋的文明來擴充中國的文明，中國的文明補助西洋的文明，將二者化合成了一個新文化系統，向外擴充宣揚，造成世界的新文明。〔註22〕

　　梁氏回到國內後，把對於儒家哲學的樂觀信念和再造世界新文明的責任諄諄告誡青年學生，先求各人高尚其人格，再以豐富精勤的舊學基礎，而於

〔註21〕梁啓超，《歐遊心影錄節錄》，頁24～25。
〔註22〕同前註引文，頁27～28；頁35～38。

外來文化亦有相當的了解，從事於傳統文化的發明整理，則必可擔當再造世界新文明的大業。〔註 23〕緣於此，梁氏或興辦學校、或整理國故，為將來培養熱心茲業的青年，期能為世界文明盡責任。

第二節　國故的整理

　　在反孔疑古聲中，整理國故的運動也在同時進行。歐戰結束前後，歐洲部份學者對中國文化發生仰慕之情，使原已對中國文化喪失信心的學者重新又對中國文化發生興趣，於是開始了舊籍的研究和闡發工作。加上當時新文學運動的興起，需要從國故中去尋找文學的傳統，以充實新文學的內涵，而西方的研究精神與方法適時的傳入，學者很自然地就用到國故的整理上，不僅用之於歷史的研究上，也可以重新估定或發現中國文學的價值。〔註24〕

　　整理國故運動由胡適首開風氣，自他的《中國古代哲學史大綱》於民國八年出版後，中國舊思想真像畢露，眉目為之一新，觀念為之一變，影響所及，國學研究的聲浪大起。〔註25〕繼之而起的有梁啓超、馮友蘭、湯用彤等。在整理的過程中，許多對於古代史事與思想的解釋與論述，煥然一新，系統井然，國故賴以存留。

　　梁啓超從光緒二十一年（1895）起，直到民國六年底（1917）辭去段祺瑞內閣的財政總長止，這段時期中，一直著眼於政治，所為文字也大致以此為中心而議論。在學術研究上，惟史學研究最引人注意。光緒二十七年（1901）所寫的〈中國史敘論〉以及次年所寫的〈新史學〉，對史學觀念的革新，可謂無出其右者。民國後踵此而繼者有《中國通史》、《中國歷史研究法》及其補編。如果以民國七年為分界點，前此，梁氏是一個以聲情激越的文字影響中國近代深遠的政論家；而後，他重新審視中國傳統文化，或就了他學術上的發皇期，留下令人珍視的學術成果。在此，先將其晚年學術著作做一整理條述：

民國七年

　　載於《專集》者計有：〈太古及三代載記〉、〈紀夏殷王業〉、〈春秋載記〉、〈戰國載記〉、〈地理及年代〉、〈志語言文學〉、〈志三代宗教禮學〉，為《中國通史》

〔註23〕《丁編，梁譜》，頁 635。
〔註24〕張玉法，《中國現代史》，上冊，頁 310。
〔註25〕郭湛波，《近代中國思想史》，頁 446。

的一部份。

民國八年

民國九年

《墨經校釋》、《清代學術概論》、〈老子哲學〉、〈孔子〉、〈老孔墨以後學派概觀〉。

民國十年

《墨子學案》、《中國歷史研究法》。

民國十一年

《屈原研究》、《歷史統計學》、《先秦政治思想史》。

民國十二年

〈國學入門書要目及其讀法〉、〈治國學的兩條大路〉，對於舊著《中國歷史研究法》之修補及其修正，〈戴東原哲學〉。

民國十三年

《中國近三百年學術史》、《桃花扇注》、《明清之交中國思想界及其代表人物》、《近代學風之地理的分布》。

民國十四年

民國十五年

《中國歷史研究法補編》、〈荀子正名篇〉、〈中國考古學之過去與將來〉、〈先秦學術年表〉、〈莊子天下篇釋義〉、〈荀子評諸子語彙辭〉、〈韓非子顯學篇釋義〉、〈尸子廣澤篇呂氏春秋不二篇合釋〉、〈淮南子要略書後〉、〈論六家要旨書後〉、〈史記中所述諸子及諸子書最錄考釋〉、〈漢志諸子略考釋〉、〈漢志諸子略名書存佚真偽表〉、〈王陽明知行合一之教〉。

民國十六年

《中國文化史》、《圖書大辭典簿錄之部》、《中國圖書大辭典金石門叢帖類初稿》、《儒家哲學》、《古書真偽及其年代》。

民國十七年

《辛稼軒年譜》

其次，將梁氏在整理國故時期對於儒家文化內涵的詮釋，作進一步的紹述。

民國十一年，梁啓超對蘇州學生聯合會所作的「為學與做人」演講，將

孔子所說的「知者不惑、仁者不憂、勇者不懼」的智、仁、勇三達德做爲教育學生的道德信條，〔註 26〕並主張在研究國學的時候，除了用客觀的科學方法研究文獻的問題，更應該用內省和躬行的態度去研究德性的學問。他認爲儒家深含知行合一、天人合一，以人爲中心的精神，努力保有這份「家私」必可救西方哲學裏形而上學的偏私。〔註 27〕

民國十二年，在〈國學入門書要目及其讀法〉所列的百數十書目中，儒家典籍佔了絕大部份，梁氏尤對《論語》、《孟子》極力推崇：

> 《論語》爲二千年來國人思想之總源泉，《孟子》自宋以後勢力亦相埒，此二書可謂國人內的外的生活之支配者。故吾希望學者熟讀成誦，即不能，亦須翻閱多次，務略舉其辭，或摘記其身心踐履之言以資修養。〔註 28〕

其後在〈要籍解題及其讀〉中對《論語》、《孟子》有了更高的頌揚：

> 《論語》一書，除前所舉可疑之十數章外，其餘則字字精金美玉，實人類千古不磨之寶典。蓋孔子人格之偉大，宜爲含識之儔所公認，而《論語》則表現孔子人格唯一之良書也。……《論語》之最大價值，在教人以人格的修養，……要之，學者苟能將《論語》反覆熟讀若干次，則必能睪然有見於孔子之全人格，以作自己祈嚮之準鵠。
>
> 〔註 29〕

至於《孟子》，他認爲在文化史上，有特別貢獻者有二：一爲高倡性善主義，二爲排斥功利主義，並謂「《孟子》爲修養最適當之書，於今日青年尤爲相宜」。〔註 30〕其方法乃是學習孟子的「砥礪廉隅、崇尚名節、進退辭受取與之間峻立防閑」，「氣象博大，獨來獨往，光明俊偉，絕無藏內」，以及「意志堅強、百折不回」的精神，則一生做人基礎穩固，而且向上，至老不衰。〔註 31〕

民國十六年，梁氏提出了〈學校讀經問題〉，謂其自昔認爲讀經難，頗袒不讀之說，現在雖然仍覺不易，但是從各方面研究，漸覺不讀不可，根本原

〔註 26〕 〈爲學與做人〉，《文集》39，頁 104～110。

〔註 27〕 〈治國學的兩條大陸〉，《文集》29，頁 110～118。

〔註 28〕 梁啓超，〈國學入門書要目及其讀法〉，收入《國學研讀法三種》，臺北：中華書局，民國 57 年，頁 1。

〔註 29〕 梁啓超，〈要籍解題及其讀法〉，收入《國學研讀法三種》，頁 3～4。

〔註 30〕 同前註引文，頁 7～8。

〔註 31〕 同前註引文，頁 8。

因在於：

> 經訓爲國民所寄，全國思想之源泉，自茲出焉，廢而不讀，則吾儕
> 與吾儕祖宗之精神，將失其連屬，或釀國性分裂消失之病。〔註32〕

接著，該年《儒家哲學》一文發表後，梁氏認爲中國幾千年來的文化就是儒家哲學，他對儒家哲學的信念達到最高價值的認同。

　　由以上種種的舉證，可以了解在梁氏爲文著書整理國故的同時，也一面以文字、演講，廣泛的向青年學生推崇儒家哲學的內在精神，俾便達到「尊孔讀經」的目的，從而賦予儒家哲學活潑的生命，得以延續而長新；復次，梁氏本深於中國舊傳統，雖然沒有新的研究方法，整理國故的功夫不若胡適，但是後世學者或懲其失，或繼其功，繼續努力國故整理的工作，而其對於清代學術思想的整理與中國史學觀念的創新，又非他人所可比及。

第三節　儒家倫理文化的再肯定

　　在「五四」高聲叫囂「全盤西化」聲中，同時進行的整理國故運動，和梁啓超從新審理儒家文化的心態，其動機皆可謂之爲根源於民族精神的維護。倘若回溯於日本明治維新時期，可以發現一個有趣的現象，自1868年以後日本政府有力的推動西化浪潮，至1887年而達於高峯。其時，在這種氣氛下，以維護國粹爲職志的團體也同時形成。在知識方面的鬥士，首推三宅雪嶺與志賀重昂，志賀將國粹與「民族精髓」的意義聯爲一體，他主張小心地、選擇性地處理外來文化，以免損及民族生存之鑰的國粹。〔註33〕

　　保存國粹就能強國的觀念，立即吸引了在日本的中國知識份子，連當時處西方思想影響最甚時期的梁啓超，亦不能爲免。他於光緒二十八年（1902）時曾謂「養成國民，當以保國粹爲主義，當取舊學磨洗而光大之」，〔註34〕這是梁氏對於國粹觀念的首次出現。然而保存固有文化抑或先求國家富強，的確使梁氏陷入兩難的矛盾中。日後，雖然在黃遵憲的影響下，放棄使用國粹的這項稱謂，先致力於西方思想學說的宣介，但是對於保存傳統文化的志趣仍未稍減。

〔註32〕〈學校讀經問題〉，《文集》43，頁80。
〔註33〕Martin Bernal 著，劉靜貞譯，〈劉師培與國粹運動〉，《近代思想人物論：保守主義》，臺北：時報文化出版公司，民國69年，頁93～95。
〔註34〕《丁編，梁譜》，頁161。

到了民國初年，梁氏對於傳統文化的關懷，旁及深入於道德傳統的廻護。民國元年，梁氏在《庸言報》發表的〈國性篇〉中強調，國家的生命依存於「國性」的強度。所謂「國性」，是由國語、國教、國俗所構成。雖然中國立國五千年，有豐富的「國性」，但是在國人的輕棄與懷疑中，民族所賴以生存的共同信仰與行為準則已漸為腐蝕。梁氏積極呼籲國人保存「國性」，他指出，一個國家如果沒有共同的道德傳統以資倚憑，則無法生存下去。〔註35〕民國二年時，梁氏進一步主張以孔教為教化之本，明顯的，在他心目中贊同以儒家道德價值來界定中國共同信守的道德傳統。易而言之，維護儒家文化與「國性」的保存實乃互為因果與相輔相成的。

梁氏秉持夙昔廻護傳統文化的基本心態，至「五四」時代，在全面反傳統的運動中，不辭掉首重新體認傳統文化價值。就他對於儒家哲學的評估而言，究明倫理文化上的意義更甚於學術層面的探討。筆者曾經在本章第一節中論證，梁氏為抵制由反孔疑古思想所導致的新奇偏激言論，是其重新評估儒家哲學的意義所寄，所以，藉著儒家倫理文化的功能促使社會的安定與秩序，是梁氏的首求目標。〔註36〕

儒家道術，偏重於士大夫的個人修養，這是為一般人所鄙薄的觀念。梁氏素持中堅階級（elite）的觀念，他認為社會秩序端賴於社會中的領導人物建構與造就而成，關係全國的安危治亂及人民的幸福疾苦至大，所以講求個人道德的實踐，使「人人有士君子之行」，並無值非議之處。〔註37〕其次，他指出，中國注重人與人的關係，中國一切學問，無論那一時代，那一宗派，其趨向皆歸此一點，尤以儒家最博深切明，所以儒家最專注於培養健全人格，再將之鍛鍊精純，擴大及於普遍，便可由「格物、致知、誠意、正心、修身」的修己內聖功失臻至「齊家、治國、平天下」的安人外王境界。〔註38〕

就梁氏對儒家哲學所界定的中心觀念而言，他指出自我道德上的培養必須和社會互為關聯影響；自我的道德修養不僅是個人尋求的目標，也是達成大同世界的一個起點。道德典範的移風易俗功能是梁氏強化儒家文化價值的有力據點之一。再者，梁氏認為儒家講道德實踐，與一般宗教家不同，偏於

〔註35〕〈國性篇〉，《庸言》，卷1期1，頁1～6。
〔註36〕梁啓超，《儒家哲學》，頁6。
〔註37〕同前註引文，頁9。
〔註38〕同前註引文，頁2～3。

倫常方面，說明人與人之間的相處之道，一般人的行動，受其影響極大。所以儒家哲學的信仰與否，可以導向風俗習慣的污隆高下。而東漢風俗最好，乃是因爲完全受儒家道術的支配；兩晉風俗最壞，因爲受儒家以外的學說影響。〔註39〕

　　在此一時期中，梁氏對於儒家學說的中心思想——「仁」，提出重要而迥異乎前的見解。他曾在流亡日本前期所寫的《新民說》中，認爲儒家言「仁」，多爲他人設想，個人反爲之束縛而不得自由發展，若爲「新」民，則必須放棄「仁」的思想；而此時，梁氏謂以「仁」爲人生觀的中心，這是孔子的大發明，孔子所以偉大，全在於此。〔註40〕

　　既然儒家言道言政，皆植本於「仁」，梁氏在《先秦政治思想史》中，對「仁」提出了詳盡的詮釋。梁氏首先界定「仁」有二涵意，一爲「仁者人也」，則「仁」者，人格之表徵；二爲「仁，相人偶也」，若非人與人相偶，則「人」之概念不能成立。所以，人格者，以二人以上相互間之「同類意識」而始表現者也，則亦必二人以上交相依賴，然後人格始能完成。〔註41〕

　　進一步，梁氏指出即因儒家一切學問，專以「研究人之所以爲人者」爲其範圍，所以特別重視「仁」。故而孟子言「仁也者，人也，合而言之道也」；荀子言「道，仁之隆也。……非天之道，非地之道，人之所以道也」。可見儒家所確信「人能弘道，非道弘人」，而推以「人之所以道」爲第一位。質而言之，則儒家捨人生哲學外無學問，捨人格主義下無人生哲學。〔註42〕

　　儒家的政治對象在「天下」，然則何爲致之？梁氏指出爲求天下的均、平，其道在「絜矩」，即所謂能近取譬。易言之，也就是同類意識的擴大。而「意識圈」乃以吾身爲中心點，隨其環境之遠近以爲強弱濃淡。所以，愛類觀念，必先發生於其所最親習，由其所愛「及其所不愛」，由所不忍以「達於其所忍」，而有所謂「老吾老，以及人之老；幼吾幼，以及人之幼」、「欲立立人，欲達達人」。明乎此義，則知儒家之政治思想，與今世歐美最流行之數種思想，乃全異其出發點，彼輩獎勵人情之析類而相嫉，吾儕則利導人性之合類而相親。〔註43〕

〔註39〕同前註引文，頁 15。
〔註40〕同前註引文，頁 19。
〔註41〕梁啓超，《先秦政治思想史》，臺北：中華書局，民國 57 年，頁 67～68。
〔註42〕同前註引書，頁 69。
〔註43〕同前註引書，頁 71。

　　最後梁氏強調，若人人將其同類意識擴充到極限，以完成所謂「仁」的世界，即是達到儒家理想的政治境界 —— 大同之治。

　　總之，就梁啓超重新體認傳統文化而言，他舉出儒家思想中具有普遍通屬性質的「仁」爲出發點，先求個人的人格實現，再以之擴充到修身、齊家、治國、平天下的境界。在梁氏已然認定儒家文化就是中國文化的大前提下，他對於儒家之倫理價值的肯定與保存中國的文化本質，基本上，乃彼此相續相連。

第六章　結　論

　　梁啓超之多變、善變，固然是「流質易變」的性格使然，惟其適值清末民初的「學問飢餓」時代，[註1] 感於國事扤陧、生民憔悴，加上梁氏感情充沛而「太無成見」，在冥思枯索中，思想自然隨著外力的影響而轉變，不惜以「今日之我與昨日之我」挑戰。然而，在屢變屢遷的過程中，梁氏的內心深處實則隱含一貫服膺的基本信念，綜觀梁氏一生行事作為，莫不以現存政治實體的安危為念，促使現存中國的安定與發展，正是他的真正憂念與終生之愛。嘗言：「吾心愛國如焚，需飲冰止之」，所以無論任何思想或手段，只要能達到他畢生關注的目標，均成為其援引的對象，也因之形成他屢變屢遷的契機造因。

　　梁啓超早年的學知目標，是經由八股科舉考試謀取出仕任官，與一般傳統士子並無二致。直到光緒十六年（1890），梁氏十八歲，受學於康有為，始重新開啓了一個新的天地。

　　康有為承繼劉逢祿、龔自珍等之常州學派而來，成為近代今文經學的歸趨大成者，將維新變革的理想注入經典，發明新理創新經義，以三世三統闡明改制進化之義。梁氏進一步將「三世之義」據為求變的理論基礎，並引孔子、孟子的思想作為輔佐，投射到當時中國的困境上，推衍出他早期民權說的有力論證。至光緒三十三年（1897），梁氏主持湖南時務學堂，借《公羊》、《孟子》以發揮民權的政治理論，並揭露種族革命的思想，要之，仍在其師思想的範疇中祖述其說。

〔註 1〕 梁啓超，《清代學術概論》，頁 99～100。

　　光緒二十五年（1899），戊戌變法失敗後，梁氏逃亡日本。適值該國明治
維新後，西方文化形成日本社會的支配思想，介紹西洋文明的書籍隨處可見。
梁氏在廣泛的涉獵吸收後，西學大進，思想爲之一變，將西方富強的極則：
民權、自由、進化思想提昇到絕對的信仰層面；西哲盧梭、孟德斯鳩、達爾
文的學說思想成爲他言論上新的援引依據。復次，在社會達爾文主義進化觀
的影響下，「群」的意識漸次增強，關懷的層面也趨向以集體主義式的政治價
值（Collective Political Values）爲取決準則。所以當時推引的觀念多以爭取個
人權利爲始，而以集體的政治利益爲終。爲了實踐民主共和的理想，他積極
宣揚民權自由思想，倡行破壞主義，主張激進革命，以權利、自由、進取、
冒險……諸說爲「新」民的條件，期能塑造自由的、民族的、行動的「新民」，
作爲產生民主共和政府的動力。

　　光緒二十九年（1903），梁氏自美洲遊歷返歸日本後，美國選舉制度的舞
弊、羅斯福（Theodore Roosevelt, 1858～1919）的中央集權政策，使他對於「民
主共和」制度深爲失望；目睹海外華人的懶惰、落後，他相信中國人只有族
民資格與村落思想，缺乏行使民權自由的能力。而在帝國主義的儧伺下，國
家生存權的確爲當務之急，爲了解救從國家觀點而言的中國，他引用國家主
義者伯倫知理、波崙哈克的思想，產生了國家至上的觀念，民族主義的思想
亦由此具體成型。自此，梁氏斷然捨棄革命、共和，採行英國式的君主立憲
爲新的政治主張，緩進溫和的改革方式，成爲他終生信守不渝的原則。

　　民國成立後，梁氏翻然改圖，順從輿情，轉而擁護民主共和制度，一面
聯合國內的中堅階級（即 elite 優異份子），組織進步黨，促使政黨政治的推行；
一面聯袁携段，謀取實際的政治作爲，籲求立憲政治的貫徹實踐。孰料，在
民初的殘餘舊勢力排擠下，加上與國民黨的意氣之爭，政治抱負難以施展而
遭失敗。

　　民國七年的歐遊之行，予梁啓超思想上產生另一番激變。第一次世界大
戰後歐洲的凋敝殘破與馬克斯主義造成的信仰風潮，梁氏在洞然深入的觀照
後，他提出了儒家哲學的唯心思想作爲彌補西方物質文明的疏漏缺失，與駁
斥馬克斯主義唯物史觀的利器。尤其自「五四」運動以來，在全面的反傳統
運動中，儒家文化尤爲眾矢之的，遭受前所未有的猛烈攻擊，反孔疑古的思
想趨勢興起，迫使梁氏不辭掉首重新審視傳統文化的價值。在一片整理國故
聲中，梁氏奮臂而起，肯定了以孔子、孟子爲主導的儒家哲學就是中國文化

的眞髓，並以之作爲再造世界新文明的動力泉源。

至於梁啓超對於儒家傳統所抱持的態度，這是廣爲梁氏思想研究者所疑思討論的。西方學者李文孫（Joseph R. Levenson）曾言：梁氏一度在知識層次上遠離傳統而視所有人文價值來自西方。〔註2〕對於這項指謂，張灝先生就曾經提出不同的辯證，他指出梁氏流亡日本之後，在其所著的《新民說》中，明示所謂「新」，一方面是淬厲其所本而新之，另一方面則採補其所本無而新之。這種態度上的取決，也就明顯表示他對於傳統和西方文化價值之間持選擇性的綜合態度。所以也造成他在《新民說》中對於「公德」與「私德」的引介上所做的基本區分：在「公德」的取決上，他取譬西方；而於「私德」的紹述裏，則趨近於傳統。

筆者認爲，梁啓超在傳統理念的「三世之義」時期，他徵引孔子、孟子的思想言行作爲求變的例證與倡導民權理論的護符。儒家的代表人物孔、孟二人，對此時期的梁氏而言，具有政治上的意義。及至流亡日本以後，在盛倡破壞主義的同時，雖然他認爲孔學已多不適用於當時中國，反對立孔教爲國教，但是並非表示他對儒家文化價值全然否定，而是唯恐立孔教爲國教後，在獨斷錮弊中妨害知識的傳播與發展，將阻礙中國的進步與改革，所以主張教不必保也不可保。在稍後所寫的〈德育鑑〉裏，他重申儒家思想唯心主義式的倫理道德觀。民國成立以後，他又主張以孔教爲教化之本。直到民國八年歐遊期間，梁氏目睹歐洲戰後物質文明的破產，潛伏的唯心意識立即浮現，復因馬克斯主義者的相逼，以及反孔疑古思想的興起，深刻激發了他對儒家文化的護衛心理。雖然他重新提出的辯解是偏執空泛與理性平情兼而有之的，但均是他深切關懷的。所以，梁氏無論在任何時期從未與儒家傳統遠離，在某些觀念的取決上，他仍然是依從傳統的。若就其一生的行事作爲而言，梁氏在思想與行動上的交互體現，顯示出他在深沈的中國危機中，一種儒家良心的實踐精神。直言之，可謂爲梁啓超與中國儒家傳統深密依從的最佳辯證。

梁啓超由傳統的士人角色出發，而以經營天下爲職志，職其一生，皆以生民國家安危爲念。在他的反省與思辨過程中，中國由近代進入現代，十足的反映出知識份子在時代的變局下，內心世界的徬徨與新中國的難產。至今，國人對於傳統與西化的別擇、各式主義的迎拒、乃至於知識份子在現代中國

〔註2〕 Joseph R. Levenson, *Liang Ch'i-ch'ao and the Mind of Moderm China*（Cambrideg: Harvard University Press, 1953）, pp.84～87.

的角色與使命，仍然爭駁不一，似難將息。由此觀之，則梁啓超所以異於同時期知識份子的可貴之處，即在於他能突破時代及自我的囿限，對時局注入一番前瞻與先驗的體認與關懷。

徵引及參考書目

一、中文部份

（一）史料與專書

1. 丁文江編，《梁任公年譜長編初稿》（上、下冊），臺北：世界書局，民國61年。

2. 胡適，《胡適文存》（全四冊），臺北：洛陽圖書公司，時間不詳。

3. 陳獨秀，《獨秀文存》（全四冊），上海：亞東圖書館，民國26年。

4. 梁啓超，《梁任公近著》，第一輯，上海：商務印書館，民國15年。

5. 梁啓超，《新大陸遊記節錄》，臺北：中華書局，民國46年。

6. 梁啓超，《自由書》，臺北：中華書局，民國48年。

7. 梁啓超，《新民說》，臺北：中華書局，民國48年。

8. 梁啓超，《清代學術概論》，臺北：中華書局，民國49年。

9. 梁啓超，《飲冰室文集》，臺北：中華書局，民國49年。

10. 梁啓超，《飲冰室專集》，臺北：中華書局，民國49年。

11. 梁啓超，《清代學術概論》，臺北：中華書局，民國49年。

12. 梁啓超，《盾鼻集》，臺北：中華書局，民國50年。

13. 梁啓超，《先秦政治思想史》，臺北：中華書局，民國51年。

14. 梁啓超，《歐遊心影錄節錄》，臺北：中華書局，民國55年。

15. 梁啓超，《墨子學案》，臺北：中華書局，民國55年。

16. 梁啓超，《國學研讀法三種》，臺北：中華書局，民國57年。

17. 梁啓超，《戊戌政變記》，臺北：中華書局，民國58年。

18. 梁啓超，《儒家哲學》，臺北：中華書局，民國 58 年。

19. 梁啓超，《中國近三百年學術史》，臺北：中華書局，民國 59 年。

20. 康有爲，《康南海自訂年譜》，臺北：文海出版社，民國 61 年。

21. 康有爲，《康南海文集》，臺北：文海出版社，民國 55 年。

22. 譚嗣同，《譚瀏陽全集》，臺北：文海出版社，民國 51 年。

23. 蘇輿，《翼教叢編》，未詳出版地，光緒 30 年。

24. 丁文江、張君勱等，《科學與人生觀論集》，臺北：問學出版社，民國 66 年。

25. 王爾敏，《晚清政治思想史論》，臺北：華世出版社，民國 67 年。

26. 白蕉，《袁世凱與中華民國》，臺北：文海出版社，民國 55 年。

27. 余英時，《歷史與思想》，臺北：聯經出版社，民國 66 年。

28. 余英時，《民主革命論》，臺北：九思出版社，民國 68 年。

29. 李劍農，《中國近百年政治史》（上、下兩冊），臺北：商務印書館，民國 46 年。

30. 李守孔，《中國近代史》，臺北：三民書局，民國 66 年。

31. 李守孔，《民初之國會》，臺北：正中書局，民國 66 年。

32. 李恩涵等，《近代中國知識份子與自強運動》，臺北：食貨出版社，民國 61 年。

33. 吳康，《柏格森哲學》，臺北：商務印書館，民國 55 年。

34. 周策縱等，《五四的信息》，臺北：仙人掌雜誌社，民國 66 年。

35. 周策縱等，《五四與中國》，臺北：時報文化出版公司，民國 68 年。

36. 周策縱，《五四運動史》，楊默夫編譯，臺北：龍田出版社，民國 69 年。

37. 周陽山等編，《近代中國思想人物論》（全五冊），臺北：時報文化出版公司，民國 69 年。

38. 金耀基，《中國現代化與知識份子》，臺北：時報文化出版公司，67 年。

39. 柏格森原著，張東蓀譯釋，《創化論》，臺北：先知出版社，民國 65 年。

40. 郭湛波，《近代中國思想史》，臺北：墾丁文物社，民國 61 年。

41. 郭廷以，《中華民國史事日誌》（第一冊），臺北：中央研究院近代史研究所，民國 68 年。

42. 陶菊隱，《北洋軍閥統治時期史話》，北京：三聯書店，1957 年。

43. 陶菊隱，《近代佚聞》，臺北：文海出版社，民國 62 年。

44. 張朋園，《梁啓超與清季革命》，臺北：中央研究院近代史研究所，民國 58 年。

45. 張朋園，《立憲派與辛亥革命》，臺北：中央研究院近代史研究所，民國58年。

46. 張朋園，《梁啓超與民國政治》，臺北：食貨出版社，民國67年。

47. 張玉法，《清季的立憲團體》，臺北：中央研究院近代史研究所，民國60年。

48. 張玉法，《中國現代史》（上、下兩冊），臺北：東華書局，民國66年。

49. 黃遠庸，《遠生遺著》，臺北：文海出版社，民國55年。

50. 楊幼烱，《中國立法史》，臺北：中國文化事業股份有限公司，民國49年。

51 鄔昆如，《西洋哲學史話》，臺北：三民書局，民國66年。

52. 劉以芬，《民國政史拾遺》，臺北：文海出版社，民國55年。

53. 鄭學稼，《中共興亡史》（上、下冊），臺北：著者自印，民國67年。

54. 蕭公權，《中國政治思想史》（第六冊），臺北：中華文化出版事業委員會，民國43年。

55. 顧頡剛編，《中國古史研究》（第一集），臺北，時間不詳。

（二）當時報紙雜誌

1. 《庸言》，卷1期1至卷1期3，臺北：文海出版社，民國60年。

2. 《改造》（原名《解放與改造》），卷2期8至卷3期4，膠卷。

（三）期刊論文

1. 王德昭，〈黃遵憲與梁啓超〉，《近代中國思想人物論：晚清思想》，臺北：時報文化出版公司，民國69年。

2. 史靖，〈紳權的替繼〉，《皇權與紳權》，上海：觀察社，民國37年。

3. 余英時，〈五四運動與中國傳統〉，《五四研究論文集》，臺北：聯經出版社，民國68年。

4. 呂實強，〈儒家傳統與維新〉，《近代中國思想人物論：晚清思想》，臺北：時報文化出版公司，民國69年。

5. 汪榮祖，〈梁啓超新史學試論〉，《近代中國思想人物論：民族主義》，臺北：時報文化出版公司，民國69年。

6. 李國祁，〈中國近代的民族思想〉，《近代中國思想人物論：民族主義》，臺北：時報文化出版公司，民國69年。

7. 林毓生，〈五四時代的激烈反傳統思想與中國自由主義的前途〉，《五四與中國》，臺北：時報文化出版公司，民國68年。

8. 許冠三，〈康南海的三世進化觀〉，《近代中國思想人物論：晚清思想》，臺北：時報文化出版公司，民國69年。

9. 郭正昭，〈達爾文主義與中國〉，《近代中國思想人物論：晚清思想》，臺北：時報文化出版公司，民國 69 年。

10. 張朋園，〈黃遵憲的政治思想及其對梁啓超的影響〉，《中央研究院近代史研究所集刊》，期 1，民國 58 年。

11. 張朋園，〈進步黨──兼論清末民初溫和型知識份子的來龍去脈〉，《中國現代史專題研究報告》，輯 1，民國 60 年。

12. 張朋園，〈清末民初的知識份子，(1898～1927)〉，《思與言》，卷 7 期 3，民國 58 年。

13. 張朋園，〈從民初國會選舉看政治參與──兼論蛻變中的政治優異份子〉，《國立台灣師範大學歷史學報》，期 7，民國 68 年。

14. 張朋園，〈進步黨之結合與權力分配〉，《中國民國史料研究中心十週年紀念論文集》，民國 68 年。

15. 張朋園，〈社會達爾文主義與現代化──嚴復、梁啓超的進化觀〉，《陶希聖先生八秩榮慶論文集》，民國 68 年。

16. 張玉法，〈民初政黨的調查與分析〉，《中央研究院近代史研究所集刊》，期 5，民國 65 年。

17. 張灝著，張熾箋譯，〈改革與革命：梁啓超對政治和傳統的態度〉，《近代中國思想人物論：民族主義》，臺北：時報文化出版公司，民國 69 年。

18. 程文熙，〈張君勱先生之言行〉，《張君勱先生七十壽慶紀念論文集》，民國 45 年。

19. 黃進興，〈梁啓超的終極關懷〉，《史學評論》，第二期，臺北：華世出版社，民國 69 年。

20. 楊肅獻，〈梁啓超與近代中國民族主義〉《近代中國思想人物論：民族主義》，臺北：時報文化出版公司，民國 69 年。

21. 費孝通，〈中國社會變遷中的文化結癥〉，《鄉土重建》，上海：觀察社，民國 37 年。

22. 羅炳綿，〈梁啓超對中國史學傳統研究的創新〉，《清代學術論集》，臺北：食貨史學叢書，民國 67 年。

23. Guy Alitto 著，林鎮國節譯，〈梁漱溟──以聖賢自許的儒家殿軍〉，《近代中國思想人物論：保守主義》，臺北：時報文化出版公司，民國 69 年。

24. Martin Bernal 著，劉靜貞譯，〈劉師培與國粹運動〉，《近代中國思想人物論：保守主義》，臺北：時報文化出版公司，民國 69 年。

25. Richard C. Kagan 著，詹宏志節譯，〈陳獨秀：從反傳統到民族革命〉，《近代中國思想人物論：社會主義》，臺北：時報文化出版公司，民國 69 年。

26. 胡平生，〈梁、蔡師生與護國之役〉，台灣大學歷史研究所碩士論文，民國 54 年。

27. 李永熾，〈福澤諭吉社會思想之研究〉，台灣大學歷史研究所碩士論文，民國 55 年。

28. 林能士，〈清季湖南的新政運動（1895～1898）〉，台灣大學歷史研究所碩士論文，民國 59 年。

二、西文部份

1. Chang, Hao. *Liang Ch'i-ch'ao and Intellectual Transition in China, 1890-1907.* Cambridge: Harvard University Press, 1971.

2. Chow, Tse-tsung. *The May Fourth Movement: Intellectual Revolution in China.* Cambridge: Harvard University Press, 1960.

3. Huang, Philp C. *Liang Ch'i-ch'ao and Modern Chinese Liberalism.* Seattle:University of Washington Press, 1972.

4. Levenson, Joseph R. *Liang Ch'i-ch'ao and the Mind of Modern China.* Cambridge: Harvard University Press, 1953.

5. Schwartz, Benjamin I. *In search of Wealth and Power: Yen Fu and the West.* Cambridge: The Belknap Press of Harvard University Press, 1964.

附錄一：試論班昭《女誡》的女性倫理觀

一、前　言

　　周代宗法社會，以男子為親族中心，各種權力的機制與運轉，亦以男子為主軸，婦女的地位與性別角色，在既有的成規之下即被忽略，因而確立了「男主女從」、「男外女內」的兩性價值觀。

　　先秦的經典，如《周禮》、《儀禮》、《禮記》，有關於婦德、婦職、婚姻禮俗、兩性關係的論述，頗為詳備，其用意皆在申明婦女居於「從屬」的地位，閨閤中的教育與規範，亦皆以「婦順」達致「正位於內」為鵠的。《儀禮·喪服傳》即明言：

> 婦人有三從之義，無專用之道，故未嫁從父，既嫁從夫，夫死從子；
> 故父者，子之天也，夫者，妻之天也。(《儀禮注疏》卷三〇)

《禮記·昏義》謂：

> 婦順者，順於舅姑也，和於家人，而後當於父，以成絲麻布帛之
> 事。……是以古者婦人先嫁三月，祖廟未毀，教於公宮，祖廟既毀，
> 教於公室，教以婦德、婦言、婦容、婦功。教成祭之，牲用魚，芼
> 之以蘋藻，以成婦順也。(《禮記注疏》卷六一)

由此可見，女子因「三從」之義，終其一生在為女、為妻、為母的角色上，無日不居於「從屬」的地位，且須經由「婦德、婦言、婦容、婦功」四方面的訓練，在家室之內扮演好為「婦」的角色。

　　觀乎《禮經》上關於婦女的記載，所謂「三從」、「男外女內」的說法，已是周代社會上傳統的觀念，所以周代婦女的生活、地位與角色，無論在權

利義務、行為禮教上，都已受到相當的拘束。〔註1〕此後，隨著時代的更易，禮教漸趨嚴密，對婦女禮法的約束也隨之加重，但對「女性倫理觀」的論述仍很散漫、浮泛，就是劉向的《列女傳》，也不過羅列一些事實，做婦女生活的標準，〔註2〕直到東漢，班昭作《女誡》，才系統的標舉婦女「四行」之目，並對其再加以規範性之申論。〔註3〕

《女誡》七篇，全書在說明三從之道和四德之儀，以婦人卑弱做為貫通這些道理的基本觀點。陳東原先生指出，班昭《女誡》實為系統的把壓抑婦女的思想編纂起來，使其成為鐵鎖一般的牢固，套上了婦女們的頸子的創始者。〔註4〕

然而，由史書記載觀之，班昭卻以其絕異才慧在當朝續成《漢書》，出入宮廷教導皇后貴人、與聞政事，〔註5〕其行止可謂迥異於其《女誡》所範限的女性角色，實耐人尋味。

為此，本文試圖探究的是班昭在其時代背景中，針對當時的禮俗，在《女誡》中所架構的「女性倫理觀」之意涵究為何？又將如何從其《女誡》所範限的女性角色去看待其一生行止？

二、兩漢禮法的變遷：由寬泛到嚴苛

漢初禮制，大抵因襲秦故，禮法觀念寬鬆，及至漢武帝獨尊儒術，罷黜百家，儒學成為官方意識形態的代表，透過政治的推展，儒學意涵轉化成為制度與規範，導致禮法轉趨嚴密，社會形態亦隨之產生變化。

由史料觀之，迄東周末，婦女「從屬」的地位已確立無疑，及至西漢大儒董仲舒衍發陰陽觀念以言「君尊臣卑」的同時，他也把此觀念帶入人事關係中，導出夫為陽，妻為陰，陽尊陰卑的理論：〔註6〕

> 君臣、父子、夫婦之義，皆取諸陰陽之道。君為陽，臣為陰；父為

〔註1〕見鄭愛蘭，〈周代婦女的婚姻與生活〉，台灣大學歷史研究所碩士論文，1995。
〔註2〕見陳東原，《中國婦女生活史》，臺北：商務印書館，1978，頁47。
〔註3〕見梅家玲，〈依違於婦德與才性之間：《世說新語‧賢媛篇》的女性風貌〉，發表於「神話、傳說與歷史——先秦兩漢魏晉南北朝的婦女與兩性」學術研討會，臺北，1996。
〔註4〕同註2，頁47～48。
〔註5〕見《後漢書》（中華點校本），卷八四，〈列女傳〉，頁2784～2785。
〔註6〕見鮑家麟，〈陰陽學說與婦女地位〉，《中國婦女史論集續集》，臺北：稻鄉出版社，1991，頁39。

陽，子爲陰；夫爲陽，妻爲陰。陰道無所獨行。其始也，不得專起；
其終也，不得分功，有所兼之義。……妻兼功於夫，陰兼功於陽，
地兼功於天。〔註7〕

成帝時，編校《列女傳》的劉向，即已全盤接受董仲舒的陽尊陰卑理論，〔註8〕
到東漢時，班固著《白虎通》謂：「陰卑不得自專，就陽而成之」，倡三綱之說，
標舉「夫爲妻綱」，言及「夫者，扶也，以道扶接也；婦者，服也，以禮屈服也」，
〔註9〕至此，婦女的地位不僅居於「從屬」，且是「卑賤」了。

男女「尊卑」的價值觀既形成，隨著禮法的加重，夫妻關係必不平等，
加諸於婦女的禮法自較男子爲嚴謹，我們從兩漢之間婚姻關係中的禮法變
遷，即可窺見其貌。

漢代婚姻關係中，最明顯的不合禮法觀念的即爲「婚娶不論行輩」的現
象，〔註10〕以西漢惠帝娶外甥女爲妻一例，即未見大臣上書諫責，至東漢，
卻有荀悅從人倫大義上加以攻擊：

夫婦之際，人道之大倫也。……姊子而爲后，昏於禮而黜於人情，
非所以示天下作民則也。群臣莫敢諫，過哉。〔註11〕

至若「男女之防」，漢初承續先秦遺風，未爲嚴謹，據《漢書‧地理志》
所載，鄭衛之地，男女之聚會頻仍，聲色俗淫，燕地甚且「賓客相過，以婦
待宿，嫁娶之夕，男女無別，反以爲榮，後稍頗止，然終未改。」〔註12〕此外；
在職份上，亦無內外之別，呂后嘗耕耨田中，鮑宣與其妻共挽鹿車歸鄉里，提
甕出汲，鄉邦稱道。〔註13〕此等行爲，有違禮法。至宣帝，黃霸整治穎川，「男
女異路」，已被視爲治績。〔註14〕哀帝時，「亂男女之別」，已成爲「輕辱爵位，
羞污印韍，不可忍聞」之惡，足可遭致免除官爵。〔註15〕至王莽時代，「男女

〔註7〕董仲舒，《春秋繁露》（四部備要本），卷一二，〈基義篇〉，頁6上。

〔註8〕同註6，頁41；參見劉向，《說苑》（四部叢刊初編），卷一八，〈辨物〉，頁83。
「陽者，陰也之長也。……其在民則夫爲陽而婦爲陰。其在家則父爲陽而
子爲陰。其在國則君爲陽而臣爲陰。故陽貴而陰賤，陽尊而陰卑，天之道也。」

〔註9〕班固，《白虎通德論》（四部叢刊初編），卷九，〈嫁娶〉。

〔註10〕見劉增貴，〈試論漢代婚姻關係中的禮法觀念〉，《中國婦女史論集續集》，臺
北：稻鄉出版社，1991，頁3～5。

〔註11〕荀悅，《漢紀》，《國學基本叢書》本，卷五，頁41。

〔註12〕見《漢書》（中華點校本），卷二八下，〈地理志〉，頁1561～1652，頁1665、1657。

〔註13〕同註10，頁8。

〔註14〕《漢書》，卷八九，〈循吏傳〉，頁3632～3633。

〔註15〕《漢書》，卷九二，〈游俠傳〉，頁3711～3712。

異路」更成爲具體法令；若不遵行，以象刑赭幡污染其衣：

> 唐尊爲太傅……出現男女不異路者，尊自下車，以象刑赭幡污染其
> 衣。莽聞而說之，下詔申敕公卿思與厥齊。〔註16〕

由此可見，宣帝以後，至少在律令中，已表示出男女之別漸趨嚴格。〔註17〕

　　再者，由漢代婚姻關係來看，明顯呈現夫妻地位懸殊的事實，除了一夫多妻的盛行，在法律上，夫犯罪時，妻在法律上負雙重連坐之責（於夫家爲妻子，於父家爲同產）。如夫、父犯法，妻、子以匿之，但妻、子若犯法，夫、父不可匿之，甚至尚有夫可以賣妻之例。〔註18〕除此之外，就漢代封侯一項而言，列侯之妻稱夫人，列侯死，子復爲列侯，及得稱太夫人，夫死而子不侯則不得稱太夫人。故此，或以夫貴，或以子顯，婦人確實從夫從子。至於以七出之條而出妻之例，在兩漢社會亦隨處可見。〔註19〕足證，兩漢時代不僅男子地位高，且夫權亦明白確立。

　　隨著禮法漸趨嚴密，貞節觀念亦有明顯變遷。早在秦時，始皇刻石，倡導男女絜誠，遵順禮教，然其所倡者，乃男女雙方，非惟要求女子而已。〔註20〕至漢，則要求女子片面持守貞節，宣帝神爵四年（58B.C.），詔賜貞婦順女帛。〔註21〕東漢安帝又有旌表貞婦之事：

> 凡有孝子順孫，貞女義婦，讓財救患，及學士爲民法式者，皆區其
> 門，以興善行。〔註22〕

由此可知，東漢已褒揚獎勵貞順婦女。據劉增貴先生的統計，兩漢節烈婦女見諸記載者有五十四人之多，其中西漢只佔二人，其餘皆屬東漢，可見東漢禮法較嚴。〔註23〕

〔註16〕《漢書》，卷九九下，〈王莽傳〉，頁4164。
〔註17〕以上討論詳見劉增貴，〈試論漢代婚姻關係中的禮法觀念〉，《中國婦女史論集續集》，臺北：稻鄉出版社，1991，頁9～10。劉增貴，《漢代婚姻制度》，臺北：華世出版社，1980，頁15～16。
〔註18〕同註10，頁11～13。
〔註19〕同註17，劉增貴，前揭文，頁13～16。劉增貴，前書，頁21～24。李貞德，前揭文，頁25～26。
〔註20〕見《史記》（中華點校本），卷六，〈秦始皇本紀〉，頁243。「始皇三十七年會稽刻石云：『飾省宣義，有子而嫁，倍死不貞。防隔內外，禁止淫佚，男女絜誠，夫爲寄豭，殺之無罪，男秉義程，妻爲逃妻，子不得母，咸化廉清。』」
〔註21〕見《漢書》，卷八，〈宣帝紀〉，頁264。
〔註22〕《後漢書》，卷八，〈百官志〉五，頁3624。
〔註23〕同註10，頁18。

儒學於漢世之移風易俗可見一斑。西漢士庶之分尚不明顯，元、成之間，儒學漸盛，門第觀念逐漸形成。至東漢，大族勢力更爲興盛，其門風家學自是深受儒學濡染，競以尊經崇義，砥礪名節相尚。

三、班氏家族之功業與門風

班昭先世，本屬南人，秦皇以後，始移北方，以畜牧起家，但其後此家族在東漢朝卻以知學能文著名。曾祖況，成帝時爲左曹越騎校尉；伯祖仲爲侍中，能勸學；仲祖斿，與劉向校書秘府，家有賜書；昭祖穉，漢哀帝時爲廣平相；伯父嗣，貴老嚴之術，顯名當世。〔註24〕祖姑班婕妤，亦頗負盛名，並有文才，每進見上疏，依則古禮。〔註25〕

昭父彪，字叔皮，性情深沈穩重，喜好古事，年二十餘，更始失敗，曾先後依就隗囂、竇融，後以才華過，爲光武帝召見入，舉司隸茂才，拜徐令，以病免，後數應三公之命，輒去。〔註26〕

彪才高好述作，專心史籍之間。武帝時，司馬遷著《史記》，但自太初年間以後的史事，闕而不錄，後有好事者頗或綴集史事，然而多是鄙俗之作，不足以踵繼其書。彪乃繼採前史遺事，傍貫異聞，作後傳數十篇，因斟酌前史而譏正得失。〔註27〕

兄固，年九歲時，即能屬文，及長，博貫載籍，九流百家之言，無不窮就，性寬和容眾，不以才能高人，諸儒以此慕之。〔註28〕

班固在當朝最爲時人看重的爲其修史之志業。其認爲漢紹堯運，以建帝業，至於六世，司馬遷才追述漢朝功德，私作本紀，編於百王之末，置於秦皇、項羽之列，而漢武帝太初以後的歷史，闕而不錄，所以採撰前記，綴集所聞，潛精積思二十餘年，著成《漢書》。「當世甚重其書，學者莫不諷誦焉」。〔註29〕

固自爲郎後，便爲明帝親近，甚受皇帝倚重，對當時朝政有一定之影響作用。「時京師修起宮室，浚繕城隍，而關中耆老猶望朝廷西顧」，「乃上〈兩

〔註24〕《漢書》，卷一百上，〈敘傳〉，頁 4197～4206。
〔註25〕《漢書》，卷九七下，〈外戚傳〉，頁 3983～3984。
〔註26〕見《後漢書》，卷四十，〈班彪列傳〉，頁 1323～1324。
〔註27〕同前註，頁 1324。
〔註28〕同註 26，頁 1330。
〔註29〕同註 26，頁 1334。

都賦〉，盛稱洛邑制度之美，以折西賓淫侈之論」。〔註30〕到東漢章帝即位後，班固愈加得寵：

> 及肅宗雅好文章、固愈得幸，數入讀書禁中，或連日繼夜，每行巡狩，輒獻上賦頌，朝廷有大議，使難問公卿，辯論於前，賞賜恩寵甚渥。〔註31〕

在對應北匈奴之策方面，班固亦曾獻議於上：

> 臣愚以宜依故事，復遣使者，上可繼五鳳、甘露致遠人之會，下不失建武、永平羈縻之義。〔註32〕

且於永元初年，在大將軍竇憲出征匈奴時，被任命為中護軍，而得以參贊軍機。〔註33〕

次兄超，為人有大志，不修細節，內孝謹，居家勤苦，不恥勞辱，有口辯，涉獵群書。嘗投筆喟歎，欲效傅介子、張騫立功異域，以取封侯。〔註34〕

永平十六年，奉車都尉竇固出擊匈奴，以超為假司馬，將兵別擊伊吾，與匈奴戰於蒲類海，多所斬獲，固以為能，遣超與郭恂同使西域，超至鄯善，會吏士三十六人，出奇策，斬殺匈奴使者，備遭艱辛，卒底定西域，使西域五十餘國悉皆納質內屬，封定遠侯。〔註35〕

綜合以上記載，班昭父兄或以文才昭著而顯名當世，或以武功彪柄而受賞封侯，足可證明班氏父子對當朝之文治武功有佐輔之功。此等與朝廷深厚良好的關係，實為日後班昭出入宮廷「以才用世」，提供了絕佳的表現機會。再由其兄「博貫載籍」、「窮就九流百家之言」、「孝謹勤苦」觀之，可知班氏門風家學深受儒家影響。是故，班昭雖深居閨內，其所受之教育勢必深受儒學思想所濡染薰陶，從儒家思想所建構的「婦女觀」自亦深植其心。

四、《女誡》的女性倫理觀：試探究班昭行止的內在意義

如前所述，儒家的婦女觀原本是由男性主導而來，但班昭卻以女性的聲音來助長，著成《女誡》來訓誡婦女為家族倫理而獻身，因此，其中所呈現

〔註30〕同註26，頁1335。
〔註31〕同註26，頁1373。
〔註32〕同註26，頁1374。
〔註33〕同註26，頁1385。
〔註34〕同《後漢書》，卷四七，〈班梁列傳〉，頁1571。
〔註35〕同前註，頁1572～1582。

的「女性倫理觀」的意涵是值得思索的。

《女誡》一共七篇，一卑弱、二夫婦、三敬慎、四婦行、五專心、六曲
從、七和叔妹，全文共一千六百字，述作之由，班昭云：

> 男能自謀矣，吾不復以爲憂也。但傷諸女方當適人，而不漸訓誨，
> 不聞婦禮，懼失容它門，取恥宗族。〔註36〕

由此，可看出，班昭面對以男人爲文化中心的機制，清楚明白女子唯有藉婦
禮始可「自謀」，且不致讓家門失容取恥。既然如此，女子當何爲呢？

班昭首先強調女子地位卑弱，繼而主張柔順、執勤、齊敬，做爲貫通全
篇的基本觀點：

> 古者生女三日，臥之床下，弄之瓦塼，而齋告焉。臥之床下，明其
> 卑弱，主下人也。弄之瓦塼，明其習勞，主執勤也。齋告先君，明
> 當主繼祭祀也。三者蓋女人之常道，禮法之典教矣。〔註37〕

於是，在此理論架構下，《女誡》全篇反覆陳明的不外乎是女子居於卑下，當
如何以順從的態度事奉丈夫，以成就夫婦之義：

> 敬順之道，婦人之大禮也。夫敬非他，持久之謂也。夫順非他，寬
> 裕之謂也。持久者，知止足。寬裕者，尚恭下也。夫婦之好，終身
> 不離。房室周旋，遂生媟黷。媟黷既生，語言過矣。語言既過，縱
> 恣必作。縱恣必作，則侮夫之心生矣。此由於不知止足者也。夫事
> 有曲直，言有是非。直者不能不爭，曲者不能不訟。訟爭既施，則
> 有忿怒之事矣。此由於不尚恭下者也。侮夫不節，譴呵從之；忿怒
> 不止，楚撻從之。夫爲夫婦者，義以和親，恩以好合。楚撻既行，
> 何義之存？譴呵既宣，何恩之有？恩義俱廢，夫婦離矣。〔註38〕

> 夫不賢，則無以御婦；婦不賢，無以事夫。夫不御婦，則威儀廢缺；
> 婦不事夫，則義理墮闕。〔註39〕

就此二段看來，夫婦之間的「義理」、「恩義」之存俱皆由妻子以知足、恭下
成就而來，實與先秦儒家「夫婦有義」的「義」之界定明顯不同。彼時，「夫
婦有義」的「義」是適宜、恰如其分、應當如此等多重意義，也就是雙方各

〔註36〕同註5，頁2786。
〔註37〕同註5，頁2787。
〔註38〕同註5，頁2788～2789。
〔註39〕同註5，頁2788。

盡義務、各守職份的意思，還要求義務和職份做到恰當適度，符合「中庸」之道。〔註40〕反觀，班昭所強調的是妻子應不分是非曲直的盡服從事奉丈夫的義務，此亦足以證明至東漢時期，夫婦倫理已由「夫婦有義」演進至「夫為妻綱」的事實，夫與妻所呈現的僅只是專制與服從的關係。

既然，「夫為妻綱」，為得意於夫主，班昭指出就須以「曲從」、「謙順」來事奉舅姑、親和叔妹：

> 舅姑之心，豈當可失哉？物有以恩自離者，亦有以義自破者也。夫雖云愛，舅姑云非，此所謂以義自破者也。然則舅姑之心奈何？固莫尚於曲從矣。〔註41〕

> 婦人之得意於夫主，由舅姑之愛己也；舅姑之愛己，由叔妹之譽己也。由此言之，我臧否毀譽，一由叔妹，叔妹之心，復不可失也。……然則求叔妹之心，固莫尚於謙順矣。〔註42〕

以是，班昭再次強化了「順婦」之道，實乃維持和諧的夫婦關係最好的方法。

至於四德之儀，班昭進一步做規範性之申論：

> 女有四行，一曰婦德，二曰婦言，三曰婦容，四曰婦功。夫云婦德，不必才明絕異也；婦言，不必辯口利辭也；婦容，不必顏色美麗也；婦功，不必工巧過人也。清閑貞靜，守節整齊，行己有恥，動靜有法，是謂婦德。擇辭而說，不道惡語，時然後言，不厭於人，是謂婦言。盥洗塵穢，服飾鮮潔，沐浴以時，身不垢辱，是謂婦容。專心紡績，不好戲笑，絜齊酒食，以奉賓客，是謂婦功。〔註43〕

由此可知，《女誡》不唯對女性「應該」具備的言行予以正面標示，也清楚說明了種種「不必」的表現，因而抹殺女性種種才智言行的可能性，其對女性的範限之嚴，遠甚於前代。〔註44〕

至於三從之道，班昭把重心完全置於「從夫」一環，重述《儀禮》「夫有再娶之義，婦無二適之文，故曰夫者天也」之理，且根據「婦行四德」為基礎，進一步推衍出「專心正色」之理，訓誡婦女存記於心，以免「禮義有愆，

〔註40〕見杜芳琴，《女性觀念的衍變》，河南：人民出版社，1988，頁55～56。
〔註41〕同註5，頁2790。
〔註42〕同註5，頁2791。
〔註43〕同註5，頁2789。
〔註44〕同註3。

夫則薄之」。〔註45〕

　　觀乎上述，班昭教導婦女以「貞靜謙順」「卑弱曲從」的態度刻意討好夫主，成就夫婦恩義，除彰顯了「夫尊妻卑」地位確立的事實外，是否也是君臣關係中尊卑地位的具體而微的呈現？

　　事實上，儒家學說的最大特點就是以人倫、政治、道德一體化，帶有濃厚的政治倫理色彩，它用制定好的一套完整的禮來規範上下等級秩序、國家禮儀制度；用仁義忠孝的道德說教和人倫準則來綱紀君臣、父子、夫婦、兄弟、友朋等關係，意在以尊壓卑、以長制幼。〔註46〕

　　前已論及，班昭身處獎勵經學的時代，其門風家教飽受儒學影響，加上其出入宮廷之勤，必閑熟諳習君臣之道，所以《女誡》所揭示的「爲婦之道」實無異於「爲臣之道」，亦可謂之爲是一種政治倫理的呈現。

　　再者，若就班昭在《女誡》中建構的女性倫理觀來檢視其個人行止，究竟是否矛盾？

> 扶風曹世叔妻者，同郡班彪之女也，名昭，字惠班，一名姬。博學高才。世叔早卒，有節行法度。兄固著《漢書》，其八表及天文志未及竟而卒，和帝詔昭就東觀藏書閣踵而成之。帝數召入宮，令皇后諸貴人師事焉，號曰大家。每有貢獻異物，輒詔大家作賦頌。及鄧太后臨朝，與聞政事。以出入之勤，特封子成關內侯，官至齊相。
> 時《漢書》始出，多未能通者，同郡馬融伏於閣下，從昭受讀，後又詔融兄續繼昭成之。〔註47〕

歸納上文，班昭「博學高才」，有「節行法度」，續成《漢書》，爲皇后、諸貴人所師事，與聞政事，勤出入宮廷，馬融從其受讀《漢書》。在才學上，非惟未受到限制，反而有適切的發顯；在職份與活動空間上，亦非僅是範限於家庭；在地位上，更是受到當朝皇室的尊重。

　　然而，細微觀之，班昭在體制提供其機會之下，得以展現高才，成就諸多作爲，但在其深受朝廷皇室尊重之際，班昭依然「母師典訓」，有「節行法度」，熟諳「謙讓之風」，〔註48〕實謹守儒家禮法所加諸於婦女的分際，亦達

〔註45〕同註5，頁2790。
〔註46〕同註40，頁29。
〔註47〕同註5，頁2784～2785。
〔註48〕同註5，頁2785。「永初中，太后兄大將軍鄧騭以母憂，上書乞身，太后不欲許，以問昭。昭因上疏曰：『……。妾昭得以愚朽，身當盛明，敢不披露肝膽，

到人臣服務體制的功能。是故,其在當朝,所扮演的雖是「政治角色」,然而其諸多作為,是否可視之為以女子角色的心理從事男子之事?與其在《女誡》中所範限的女性角色其實並無矛盾。

五、結　論

中國社會演進至中古時代,已由封建體制轉向編戶齊民,但封建社會的倫常禮法並未隨之消失,宗法社會裡的父權意識型態依然成為婦女的禁制。

自漢武帝「尊經崇儒」之後,儒學的意涵成為漢制的主導力量,兩漢禮法亦因此由寬泛轉趨嚴苛,東漢更是崇儒與表彰氣節的時代,班昭出身於士族名望之家,又何能別出於儒家婦女觀的拘限?

班昭《女誡》所呈現的女性倫理觀仍不脫傳統婦德觀的風貌,但更強化拓深婦女在家庭的從屬地位和服務性質,對婦女原來在宗法社會中應守的「三從之道」與「四德之儀」,視為是女性在以男性為文化中心的機制中所能掌握的「自謀」之道,而婦事夫的曲從卑下,亦隱然是君臣關係的投射。

觀其一生行止,所扮演的角色與活動空間並不範限於「家室」之中,但在其才高名重與述作授業的同時,依然「母師典訓」,有「節行法度」,未曾逾越儒家禮法所加諸於婦女的分際,可謂之為雖「才明絕異」,但未以才妨德,且能以才用世,應朝廷之請續成《漢書》,出入宮廷教導上層婦女,此正服膺了在傳統父權文化的政治運作中,女性服務男性社會的旨歸,顯示出班昭在心理的自我認知上,並未突破其《女誡》中對女性角色的範限,反而說明了其與傳統深密依從的關係。

徵引書目

一、文獻史料

1. 《儀禮》,十三經注疏本,臺北:藝文印書館,1979。
2. 《禮記》,十三經注疏本,臺北:藝文印書館,1979。
3. (漢)董仲舒,《春秋繁露》,四部備要本。

以效萬一。妾聞謙讓之風,德莫大焉,故典墳述美,神祇降福。……。今四舅深執忠孝,引身自退,而以方垂未靜,拒而不許;如後有毫毛加於今日,誠恐推讓之名不可再得。緣見逮及,故敢昧死竭其愚情。自知言不足采,以示蟲螘之赤心。』太后從而許之。於是騭等各還里第焉。」

4. （漢）司馬遷，《史記》，北京：中華書局，1959。

5. （漢）劉向，《說苑》，四部叢刊初編。

6. （漢）班固，《漢書》，北京：中華書局，1962。

7. （漢）班固，《白虎通德論》，四部叢刊初編。

8. （漢）荀悅，《漢紀》，《國學基本叢書》本。

9. （劉宋）范曄，《後漢書》，北京：中華書局，1965。

二、近人著作

1. 李貞德，〈西漢律令中的家庭倫理觀〉，《中國歷史學會史學集刊》，19（1987），頁 1～53。

2. 杜芳琴，《女性觀念的衍變》，河南：人民出版社，1988。

3. 陳東原，《中國婦女生活史》，臺北：商務印書館，1978。

4. 梅家玲，〈依違於婦德與才性之間：《世說新語‧賢媛篇》的女性風貌〉，發表於「神話、傳說與歷史——先秦兩漢魏晉南北朝的婦女與兩性」學術研討會，臺北，1996。

5. 劉增貴，〈試論漢代婚姻關係中的禮法觀念〉，《中國婦女史論集續集》，臺北：稻鄉出版社，1991，頁 1～36。

6. 劉增貴，《漢代婚姻制度》，臺北：華世出版社，1980。

7. 鄭愛蘭，〈周代婦女的婚姻與生活〉，台灣大學歷史研究所碩士論文，1995。

8. 鮑家麟，〈陰陽學說與婦女地位〉，《中國婦女史論集續集》，臺北：稻鄉出版社，1991，頁 37～54。

附錄二：《大同書》中的性別烏托邦

一、前　言

　　清季思想家康有爲的論著豐富，而《大同書》在其中是一部十分特殊的作品，書中的烏托邦思想引發學者高度的興趣與熱烈的探討。惟研究的重心多在考證其成書年代、究明其思想特質與層次，[註1] 對於書中有關婦女解放思想的部分雖有論列，但未能深入。就康有爲思想的全面瞭解而言，猶爲缺憾。

　　晚清女權論述，基本上是在救中國的強烈企盼中展開。如何使婦女身強體健，生養活潑健壯的子女以強國強種，是導引知識份子開始注意婦女問題的契機所在。[註2] 伴隨國事日亟，性別議題在家國建構的模擬與演述中成爲

〔註1〕重要論著有：李澤厚，《康有爲譚嗣同思想研究》，上海：人民，1958，頁102
　　～136；湯志鈞，《康有爲與戊戌變法》，北京：中華，1984，頁96～171；湯志
　　鈞，《改革與革命的情懷──康有爲與章太炎》，臺北：商務，1991，頁88～145；
　　湯志鈞，《康有爲傳》，臺北：商務，1997，頁353～402；馬洪林，《康有爲大
　　傳》，遼寧：人民，1988，頁443～486；蕭公權著，汪榮祖譯，《康有爲思想研
　　究》，臺北：聯經，1988，頁383～560；鍾賢培，《康有爲思想研究》，廣東：
　　高等教育，1988，頁70～105；陳慧道，《康有爲《大同書》研究》，廣東：人
　　民，1994；臧世俊，《康有爲大同思想研究》，廣東：高等教育，1997；汪榮祖，
　　《康有爲》，臺北：東大，1998，頁117～135。Chang Hao, *Chinese Intellecturals
　　in Crisis: Search for Order and Meaning*（Berkeley: University of California Press,
　　1987）pp.56～65.
〔註2〕甲午戰敗，知識份子在亡國滅種的危機感籠罩下，基於強國強種的考慮而重視
　　婦女問題，於是倡導反纏足與興女學，作爲解放婦女身體和提高智力的途徑，
　　達到生養健壯國族的目的。參見林維紅，〈婦女與救國：清末到五四女權思想
　　的發展〉，《幼獅月刊》353，1982，頁28～29；林維紅，〈清季的婦女不纏足

必然的探討，關切時局的知識份子，均曾對此熱切關注，衍發議論。其中，維新派代表人物康有爲，有別出於同時代知識份子的思考面向，他基於現實關懷與對婦女的同情提出反纏足、興女學主張，也進而超越現實，在其論著《大同書》中建構出未來理想世界的性別烏托邦，頗爲引人興趣。

近年來，王樹槐先生曾據康有爲的相關資料，撰述〈康有爲對女性及婚姻的態度〉一文，該文主要探討康有爲與母親及姊妹之間的親情友愛，及其對女性的同情和解救之法。〔註3〕其中雖援引《大同書》爲論證，但據之闡發而論述的層面主要是偏重於婦女的纏足、不學、婚姻之苦，和解決這些痛苦的方法。然而筆者認爲《大同書》中論及中西社會對女性的性別規範與壓迫，尚不僅此，猶有再進探討的空間。再者，在「去形界」、「去家界」的理念之下，康有爲所想像建構出的性別烏托邦之意涵爲何？此外，《大同書》中的女權思想在近代婦女解放運動中的歷史位置何在？這些都是筆者深感興趣，思圖辨析探討的。本文即以《大同書》爲觀察中心，參研史料，輔以前人的研究證據，進行討論。

二、《大同書》的終極關懷

晚清變局，中國傳統舊體制在西力的入侵和夾擊中逐日崩解，欲變革時局以救亡圖存成爲傳統知識份子的熱切想望。然而他們在尋求救時濟世的良方之過程中，卻落入了思想的困局，他們既不滿意古老中國的落後與嚴重失序，也不滿意當時西方事物對中國的衝擊與影響；雖痛恨西化，卻又想向「西方」取萬靈丹，學習西方最「科學」、最「進步」的主義。在這種兩難心態的夾纏中，知識份子冥思苦索，力圖脫困，追尋烏托邦的思潮成爲清季知識份子思想上的一個出口，康有爲亦是從中取徑者之一。〔註4〕

運動〉，《中國婦女史論集》第三集，臺北：稻鄉，1993，頁200～201；呂美頤、鄭永福，《中國近代婦女運動（1840～1921）》，河南：人民，1990，頁71～91；張朋園，〈梁啓超的兩性觀：論傳統對知識份子的約束〉，《近代中國婦女史研究》2，1994，頁52～54；游鑑明，〈近代中國女子體育觀初探〉，《新史學》，7：4，1996，頁131～132；洪曉惠〈晚清女性政治文本的性別與家國〉，清華大學中文研究所碩士論文，1997，頁45～55。
〔註3〕王樹槐，〈康有爲對女性及婚姻的態度〉，《近代中國婦女史研究》2，臺北：中央研究院近代史研究所，1994，頁27～49。
〔註4〕詳參王汎森，〈劉師培與清末無政府主義運動〉，《大陸雜誌》，90：6，1996，頁1。

《大同書》成書於 1901～1902 年之間，惟早在 1884 年康有爲即已初演大同之旨，康氏在《大同書·題辭》中說：

> 吾年二十七，當光緒甲申（1884 年），清兵震羊城，吾避兵居西樵
> 山銀塘之檜園之澹如樓，感國難，哀民生，著《大同書》。〔註5〕

梁啓超說：

> 先生演禮運大同之義，始終其條理，折衷群聖立爲教說，以拯濁世，
> 二十年前略授口說於門弟子，辛丑（1901）壬寅（1902）間避地印度，
> 乃著爲成書，超屢乞付印，先生以今方爲國競之世，未許也。〔註6〕

足見，康有爲懷抱著大同之願，二十年後始告完成。

對於這個問題，蕭公權即認爲，康有爲在 1878～84 年之間，經過研讀儒家經典、佛典、中國制度、西書之後，得以獨立思考，已奠定其社會思想初基。1885～87 年撰述的《實理公法》和《康子內外篇》兩部書中，所提出的思想綱要，即具有關懷道德價值與社會關係的特質。其時，雖然他尚未建立烏托邦之說，但其烏托邦理論的基石已然奠立。1888 年，康氏要求政府注意變法，遂暫時中止玄想理論的追求。自此以後直到戊戌之秋，日益捲入變法運動。變法失敗後，流亡海外，才得以重續前此中斷的思想路線。1900 年，推翻慈禧太后失敗後，康氏改革的希望破滅，遠避檳榔嶼和大吉嶺三年，從容思索人生和社會，再拾重釋儒學之業。1902 年，在印度大吉嶺完成烏托邦理想的建構——即《大同書》。〔註7〕

值得注意的是，《大同書》的大同思想雖源出於儒家，但其實質內容不僅與儒家的價值觀相左，而且挑戰整個中國文化傳統。〔註8〕梁啓超即將康之《大同書》的影響比喻爲「火山大噴火也，其大地震也」。〔註9〕康有爲也深知若此，

〔註5〕見康有爲，《大同書》卷首，錢定安編，《民國叢書》，第三編：7（哲學·宗教類），上海：上海書店據中華書局 1935 年版影印，1991 年。康有爲亦說：「吾二十七歲，著《大同書》創議行大同者」見康有爲，《共和平議》卷一，收入蔣貴麟主編，《康南海先生遺著彙刊》，臺北：宏業，1976，頁 1。

〔註6〕康有爲，《南海先生詩集》，梁啓超手寫本，臺北：中華藝苑，1965，頁 1。《大同書》成書問題曾引發學者爭論，經仔細考證，咸認同梁說。討論分見蕭公權、李澤厚、湯志鈞、Chang Hao，前揭書。

〔註7〕蕭公權據《康有爲自編年譜》（以下簡稱《自編年譜》）、《南海先生年譜續編》提出這些看法。前揭書，頁 386～387、410～411、483。

〔註8〕汪榮祖，前揭書，頁 118。

〔註9〕梁啓超，《清代學術概論》，臺北：商務，1967，頁 80。「有爲第二部著述，曰《孔子改制考》，其第三部著述，曰《大同書》；若以《新學僞經考》比颶風，

惟恐未到時機披露內容,「陷天下於洪水猛獸」,故「祕不以示人」。〔註10〕直到1913 年,才在《不忍》雜誌上刊載前三部。

對康有為來說,據亂、升平、太平的三世說,是一個漸進的過程,不可躐等。人類社會必須經過一個漫長的發展過程,始能臻至大同世界。〔註 11〕所以「有為始終謂以當小康以救今世,對於政治問題,對於社會道德問題,皆以維持舊狀為職志」。〔註 12〕他要學習的是孔子的「其志雖在大同,而其事只在小康」。〔註 13〕是故,康氏自清季以來,一方面致力於現實層面的改造,投身維新變法運動;一方面懷想著未來世界的建構,演述大同烏托邦的圖像。

康有為的大同烏托邦思想,所要解決的不只是中國苦難,也要盡除西方世界的缺失;他揭露中國社會深層結構中的惡質層面,也批判歐美資本主義的弊端。其所關切的,絕非止於中西文化及其融和,而是放眼全人類的禍福,欲建立一個全人類都感到滿足的理想世界。〔註 14〕此層關懷,其意涵具有明顯的世界化傾向,這種思想上的信念,已是康氏 1885～87 年間所撰《實理公法》一書的主題,並延續成為 1902 年成書的《大同書》之中心論旨。〔註15〕

則此二書者,其火山大噴火也,其大地震也。」

〔註10〕梁啓超說:「有為雖著此書,然祕不以示人,亦從不以此義教學者。謂今方為"據亂"之世,只能言小康,不能言大同;言則陷天下於洪水猛獸。其弟子最初得讀此書者,惟陳千秋梁啓超;讀則大樂,銳意欲宣傳一部分;有為弗善也,而亦不能禁其所為;後此萬木草堂學徒多言大同矣。」「啓超屢請印布其《大同書》,久不許。」同前書,頁 136、137。又張伯楨亦說:「其稿祕不肯示人」,《南海康先生傳》,收入沈雲龍主編,《近代中國史料叢刊》第二輯,臺北:文海,1973,頁 131。

〔註11〕康有為說:「生當亂世,道難躐等,雖默想太平,世猶未昇,亂猶未撥,不能不盈科乃進,循序而行。」《禮運注・序》,《康南海先生遺著彙刊》冊9,頁131。亦說:「據亂則內其國,君主專制世也;昇平則立憲法,定君民之權世也;太平則民主大同之世也。孔子豈不欲直至太平大同哉,時未可則亂反甚也。今日為據亂之世,內其國則不能一超直至世界大同也;為君主專制之舊風,亦不能一超至民主之世也。」康有為,〈答南北美洲諸華商論中國可行立憲不可行革命書〉,《康有為政論集》,湯志鈞編,北京:中華,1981,頁 476。

〔註12〕梁啓超,《清代學術概論》,頁 84。

〔註13〕康有為,《禮運注》,頁 19～20。

〔註14〕汪榮祖,前揭書,頁 123。康有為在《大同書・題辭》中即說:「大同猶有道,吾欲度生民。」

〔註15〕根據蕭公權研究指出:「晚清知識份子對西方文明的衝擊大致有三種反應。保守派不認為中國傳統有何問題,且完全厭惡效法西學。另一極端派是認為中國傳統一無是處,要無條件地西化。在這兩派之間有兩群人,一大群人感到「中國之學」有些問題,乃建議一部分的西化;而一小群人認為中西之別僅

康氏這份世界化傾向的關懷將從何基點推展？康有為在《孟子微》中將"不忍之心"視為人類進化的動力：

> 不忍人之心，仁也，電也，以太也，人人皆有之，故謂人性皆善。
> 既有此不忍人之心，發之於外即為不忍人之政。若使人無此不忍人
> 之心，聖人亦無此種，即無從生一切仁政。故知一切仁政皆從不忍
> 之心生，為萬化之海，為一切根，為一切源。一核而成參天之樹，
> 一滴而成大海之水。人道之仁愛，人道之文明，人道之進化，至於
> 太平大同，皆從此出。〔註16〕

"不忍之心"，就是康有為認為達成太平大同之世的契機，發乎此，其何能逃脫憂患之世的天下眾生：

> 吾既為人，吾將忍心而逃人，不共其憂患焉？……生於大地，則大地
> 萬國之人類皆吾同胞之異體也，既與有知，則與有親。……吾為天遊，
> 想像諸極樂世界，想像諸極苦之世界，樂者吾樂之，苦者吾救之，吾
> 為諸天之物，吾豈能捨世界天界，絕類逃倫而獨樂哉？〔註17〕

是以，為人類謀取的即在去苦求樂：

> 夫人道只有宜不宜，不宜者苦也，宜之又宜者樂也。故夫人道者，
> 依人以為道。依人之道，苦樂而已，為人謀者，去苦以求樂而已。
> 無他道矣。〔註18〕

又說：

是表面的，因此變革過的政治、經濟、教育制度不是西化，而是世界化——不過是把中國文化提昇到世界共同的水平。康有為社會思想的一面，以及其一生中某些時刻，可歸入上述最後一小群人之中。」「《實理公法》中所述大都來自他閱讀西書後所獲致的歐洲思想，他是從1879年開始搜閱西書的。西方對他的影響似未產生仇外感，而為戊戌變法時政敵所具有的。不過，康氏不承認他自由採用的進口思想是外來的，而是屬於普及有效的真理。……康氏在此並不關心保存或維新中國傳統，而是要建立超越地域或國界的社會思想。他不是要把西方價值注入中國傳統，而是要拋棄一些中國價值於普及價值之外。他真正相信有效的原則是放諸四海而皆準的。在他看來，"世界化"並不是一種方法上的設計，而是一種思想上的信念——此一信念成為著名的《大同書》（1902）的中心論旨，以及他的社會思想的方針。」前揭書，388～389、406。

〔註16〕康有為，《孟子微》卷二，收入《康南海先生遺著彙刊》，冊5，頁5。
〔註17〕《大同書》，頁3～4。
〔註18〕同上書，頁5。

人道者，因天道而行之者也。有以發揮舒暢其質則樂，窒塞閉抑其
欲則鬱。〔註19〕

所以，暢發人欲即是樂，閉抑人欲則爲苦。據此觀點，康有爲檢視人間種種
制度，指出「始爲相扶植保護之善法者，終爲至抑壓至不平之苦趣，於是乎
則求樂免苦之本意相反矣。印度如是，中國亦不能免焉。歐美略近升平，而
婦人爲人私屬，其去公理遠矣，其於求樂之道亦未至焉。」〔註20〕

那麼趨近公理與追求快樂的方法爲何？他認爲人生有六苦，但「總諸苦
之根源，在九界」，所以救苦之道，「即在破除九界」。〔註21〕

九界的第一界是「國界」，國界之分，是導致戰爭的基本因素。二是「級
界」，各民族內有階級之分，造成不平等現象。三是「種界」，各色人種之不
同，有歧視之苦。四是「形界」，乃男女之別，明婦女雖「同爲人之形體，同
爲人之聰明」，卻受壓迫之苦。五是「家界」，家庭是私心的根由，最易妨礙
社會進化。六是「產界」，私有財產造成不均，易起爭奪。七是「亂界」，指
一切不平、不通、不同、不公的制度。八是「類界」，人類與其他動物之別。
九是「苦界」，「以苦生苦，傳種無窮無盡，不可思議」。

由康有爲指稱的九界所含蓋的層面看來，實讓人讚歎其思慮之宏闊與縝
密，不僅檢視與批判了世界上所有的制度和價值觀，也關切到人類與其他物
種間的和諧關係。直而言之，康有爲寫《大同書》的目的，就是以"不忍之
心"的人道主義精神，爲天下蒼生破除九界諸苦，另立公平、合理、富庶、
極樂的美好世界。

三、爲女子鳴不平——婦女的冤苦

基本上，康有爲在《大同書》中對婦女問題的關切與探討，是基於建構
未來的大同烏托邦理想世界而展開，惟值得特別注意的是，太平世始於男女
平等，終於眾生平等，〔註22〕所以戊部〈去形界保獨立〉的探討與主張至爲
重要。康氏夙昔平日對母姊鄰婦生活的體認，去國離鄉對西方婦女生活的觀
察，是他感知婦女生活的基礎。他痛切體會到婦女同具人之形體與聰明，卻

〔註19〕同上書，頁 27。
〔註20〕同上書，頁 10～11。
〔註21〕同上書，頁 52～53。六苦是指：一爲人生之苦，二爲天災之苦，三爲人道之
　　　苦，四爲人治之苦，五爲人情之苦，六爲人所尊尚之苦。
〔註22〕《大同書》，頁 446。

是被壓迫的弱者：

> 抑之、制之、愚之、閉之、囚之、繫之，使不得自立，不得任公事，
> 不得爲官，不得爲國民，不得預議會，甚且不得事學問，不得發言
> 論，不得達名字，不得通交接，不得預享宴，不得出觀游，不得出
> 室門，甚且斫束其腰，蒙蓋其面，刖削其足，雕刻其身，遍屈無辜，
> 遍刑無罪。〔註23〕

指出婦女不僅在身體與心靈上受到拘制，且公領域亦遭致範限，不得有嶄露
頭角的機會。然而舉世以來的仁人義士不但袖手旁觀，且視爲當然，無人爲
其訟直與援救，實天下最奇駭不平之事。爲此，康氏彰明其著書之目的即在
爲「過去無量數女子呼彌天之冤」、「同時八萬萬女子拯沉溺之苦」、「未來無
量數不可思議女子，致之平等大同自立之樂焉」，使女子達到與男子一切同之
的地步，以符天理人道之公平。〔註24〕

　　進一步，康有爲一一剖析寰宇古今待女子不平之處。在女子被剝奪參與
公領域方面，康有爲指出選舉考職，女子皆無緣參與，以致「萬國卿相，盡
是男兒；舉朝職官，未見女子」。然則證諸歷史，女子中才華學行勝於同儕男
子者斑斑可考。屏棄女子任官受事，是置其於犬馬之地位，有失孔子無禁婦
女爲吏之義。且久而久之，積漸成俗，女子不復有膺得爵賞、謀求仕進的非
份之望，也失卻鑽研知識、窮理審德的進取動力，而安於卑微愚賤。〔註25〕
康氏反思以爲「興學選才，設科拔秀，惟能是與，豈在形骸」，他痛切指責：
「國家所禁優倡皀隸，乃不許試清試；女士麗茲彤筦，豈倡優之是比？而並
擯之歟！且學校作人，凡人皆作，女子亦人也，豈鳥獸不可與同群哉！」這
實是抑人才而塞文明，背天理而逆公理的行爲。〔註26〕

　　康有爲認爲人有與生俱來的天賦人權，也是一種不可讓渡的權利：

> 人者，天所生也，有是身體，即有其權利，侵權者謂之侵天權，讓

〔註23〕同上書，頁193。
〔註24〕同上書，頁193～194。
〔註25〕同上書，頁194～197。康有爲列舉超拔傑出女子之例：「敬姜之德行，豈不勝
　　　　於世祿之季孟而足備卿士；班昭之才學，豈不勝紈袴之梁不疑而足備尹長；
　　　　洗夫人、秦良玉之威鎮百蠻，豈不勝於驕蹇之莊賈、趙括而足任將帥；辛憲
　　　　英之清識，豈不勝於昏之曹爽而足參謀議；宋若憲之經學，豈不勝於閹宦之
　　　　魚朝恩而足任師儒；李易安之記誦詞章，豈不勝於沒字碑之竇參而足爲文學
　　　　侍從。推之各國女才，當亦有同，羅蘭、蘇菲亞，懦厄其著也。」
〔註26〕同上書，頁197～199。

> 權者謂之失職。男與女雖異形,其為天民而共受天權一也;人之男
> 身,既知天與人權所在而求聞國政,亦何抑女子攘其權哉,女子亦
> 何得聽男子獨擅其權而不任其天職哉![註27]

又說:

> 竊謂女之於男,既同為人體,同為天民,亦同為國民。同為天民,
> 則有天權,而不可侵之。同為國民,則有民權,而不可攘之。女子
> 亦同受天職,而不可失,同任國職,而不可讓焉。[註28]

申明人人都有參與國家之事的權利義務。他主張公事之任,惟才是與;貴賤
平等,人人有分。但事實卻是女子縱有奇才,不得發憤展佈,無權預議荷任
國家之事,僅為一家一姓育子女主中饋,這實為男子侵天界奪人權,自私其
同形黨而造成的結果。[註29]

此外,康氏的天賦人權說亦涵攝自立自由之權。他追索婦女失落自立之
權的原因,一則在於太古挾強凌弱的餘孽:女子體少短弱,托庇於強男的保
護;或因強暴搶掠挾其相從。二則從夫之俗:女子一嫁則永歸夫家,惟夫所
之焉。從夫之後,幾不得自為人,甚至夫得而笞掠之,鬻賣之。幾若一嫁之
後,幾與奴同,即以奴論。他由此感嘆婦女何罪何辜?只不過以形體微異,
而終身屈抑服從於人,乃至垂老無一日自由。因而呼吁應打破學問言語、宴
會觀游、擇嫁離異種種方面對婦女的縛束與禁制,還婦女自由。[註30]

康氏尤為譴責婦女不得婚姻自由,認為對婦女傷害最大,甚且造成婦女
在私領域的空間裡,落入為囚、為刑、為奴、為玩具四種悲慘的境地。他嚴
厲批判父母為子女擇婚之不當,並列舉鄉里親族中許多婚姻不幸的婦女為例
證。他認為狀貌、技藝、文采、事為,人各有所好,若強和之,將會終身抱
恨。[註31]若是童幼定姻、指腹為婚,所造成的後果則更為慘劇,因為:

> 一則人有幼年明慧孝謹,而長大昏愚縱浪者。更有橫逆顛狂之性,
> 幼少未露者。其或少有父母之教,而粗知義方;後喪父兄,而賭飲

[註27] 同上書,頁 199。
[註28] 同上書,頁 200。
[註29] 同上書,頁 200~203。「公事之任,惟才是與,凡人得知。乃若都邑會館鄉曲
　　　　公所,人人有分,得以議事。自道路壇廟,水旱饑荒,祭祀會同,凡民得與
　　　　焉。傳簽而集眾,公舉以任事,本無貴賤,凡百平等。」
[註30] 同上書,頁 203~206。
[註31] 同上書,頁 207。

嫖吹，任性蕩產者。……又有幼年美秀，而長大醜惡；又有幼年強

健，而長大被疾，至肢體殘缺，或肺癆就死者。……又有幼年家富，

而長大中落者。甚至夫家田園將盡，幾於行乞，而女家富貴日盈，

文采日盛，以此而嫁爲賣菜備乞丐婦者。不嫁則不義，嫁則何以爲

生？〔註32〕

所以，里巷之間，皆是觸目可傷的例子。至於女子未嫁而守貞，夫死孀守之
寡婦的痛苦更引康有爲哀惋憫恤，他斥之爲迂儒不通人道生生之理，只是好
爲高義，相與撫翼激張以成風俗所致，實爲荒謬！〔註33〕

　　康有爲認爲中外社會都存在壓抑婦女的嚴重問題，但相較之下，歐美女子
可出入交遊宴會，已近乎升平，中國尚未能如此，印度則較中國尤甚。〔註34〕
康氏試圖從歷史根源探討中國婦女爲囚的原因，他指出，「緣古者男女大亂之
俗，於是以正父母之故，不得不矯而禁之。於是禮始於謹夫婦，爲宮室，先在
別內外。內言不出，外言不入。」所以女子終身深居閨闥，不出中庭，謹守閨
範禮防。〔註35〕致使婦女的身心無從強健開拓，知識難有長進，其惡果更有損
於國種：

婦女爲生人之始，傳種所自。而不健則弱無血色，無學則蠢若鹿豕，

不開拓則無生人意趣，大損大眾之傳種。而爲一男子守，以苦無量

數之婦人，壞不可思議之人種，其害可數哉！〔註36〕

進一步，他指出中國社會的敗俗惡習對婦女身心摧殘的事實，除鑿耳懸環與

─────────────

〔註32〕同上書，頁 208～209。
〔註33〕同上書，頁 209、239～241。康有爲對寡居處境的悲慘有深刻入情的觀察和了
　　　解：「吾鄉觸目所見，皆寡妻也。半巷皆是貧而無依，老而無告，有子不能養，
　　　無子而爲人所欺。槁砧獨守，燈織自憐。冬寒而衣被皆無，年豐而半菽不飽。
　　　吾鄉居夜歸，聞杵鏗然；五更未已，舉巷相應。」
〔註34〕同上書，頁 210～212。「印度之抑女尤甚，雖極貧賤，必有紅布數尺，以蔽其
　　　首面，出行則以手持之，目僅見足，曳踵圈豚，蓋目爲布蔽，不見前面也。
　　　間有操作，一見男子，輒復蔽面，故終日以右手執操作之物，左手牽蔽面之
　　　布者。尤甚焉，全身全面皆有布掩，僅露雙目，而眉間布縫以小鎖扃之，夫
　　　持其鑰，惟夫命乃開；身有窮褲，扃鎖亦同，皆惟夫持鑰。此則獄吏之持重
　　　囚，不若是矣。印中婦既孀守，則獨處高樓，去其下梯，繩縋飲食，如此終
　　　身。此則歐美殺人之罪，終身監禁者，不過此矣。印度富貴家女，有看演劇
　　　者，以布帷之，時穿小孔，僅露雙目，外人不得見焉。凡此相待，非幽囚而
　　　何？」
〔註35〕同上書，頁 211。
〔註36〕同上書，頁 212。

細腰之俗外，纏足尤為最嚴重的毒害：

> 數歲之女，即為纏足。七尺之布，三寸之鞋。強為折屈，以求纖小。
> 使五指折捲而行地，足骨穹窿而指天。以六寸之膚圓，為掌上之掌
> 握。日夕迫脅，痛徹心骨；呼號艱楚，夜不能寐。自五歲至十五歲，
> 每日一痛。及其長大，扶壁而後行，跪膝而後集。敝俗所化，窮賤
> 勉從。以茲纖足，躬執井臼，或登梯而曬衣，或負重而行遠，蹣跚
> 踔踽，顛覆傷生，至若兵燹倉皇，奔走不及，縊懸林木，顛倒溝壑，
> 不可勝算。無道之敝俗，至斯已極。〔註37〕

康氏能如此深切寫盡纏足之苦害，實因其目擊群妹深罹其苦所得體認。他私
竊哀之，決意廢除此俗。光緒二十一年，其弟康廣仁在其影響下，創辦粵中
不纏足會，從者甚眾。康氏在戊戌變法時亦奏請禁纏足，雖未施行，但已移
天下風氣。〔註38〕

　　媳婦如家奴，康有為也指證歷歷：「吾國號稱禮法之家，則翁姑而外，夫
與兄弟姐妹食，莫不立旁侍膳，而進食撤食，乃餕其餘者。若夫破柴汲水，
洗滌食器，是非奴而何？其他掃除門庭，縫飪衣服，乃至洗沐按摩鹽衣，甚
至供食，又皆隨意役使，有同隸役，夫皆坐受，是非奴而何？」甚且「呼叱
詈罵，刻薄賤惡，過於奴婢者矣！」〔註39〕繼之，他指出，即便男子極為愛
寵女子，亦只不過視其為「愛玩」，與「豢鳥栽花」無異。況且男子既有視女
子為玩具的心態，就會在乎其美否，則淫心邪念、爭奪傾殺，就會由此而產
生。〔註40〕

　　在嚴厲批判專制中國對婦女的壓迫之後，值得注意的是：康有為大聲疾
呼婦女需學，比男子尤為迫切。原因何在？他說：

> 蓋生人之始，本於胎教，成於母訓為多。女不知學，則性情不能陶
> 冶，胸襟不能開拓，以故嫉妒褊狹，乖戾愚蠢，鍾於性情，扇於風
> 俗，成於教訓。而欲人種改良，太平可致，猶卻行而求及於前也。

〔註37〕同上書，頁213～214。
〔註38〕同上書，頁214。康有為的不纏足主張首先落實於其女同薇，此後諸女及姪女
　　　　均不纏足。1883年，約集同鄉區諤良（曾遊美洲，其家亦不纏足）創不裹足
　　　　會草例，實為由或不纏足會之始。見康有為《自編年譜》，「光緒九年（1883）
　　　　二十六歲」條。另參林維紅，〈清季的婦女不纏足運動〉，頁204；王樹魂，前
　　　　揭文，頁40。
〔註39〕同上書，頁215～216。
〔註40〕康氏認為晉孫秀之奪綠珠，唐明皇之奪玉環，即為著例。同上書，頁220。

> 且人求獨立，非學不成。無專門之學，何以自營而養生。無普通之
> 學，何以通力而濟眾。無與男子平等之學，何以成名譽而合大群，
> 何以充職業而任師長。故以人類自立計，女不可無學；以人種改良
> 計，女尤不可不學。〔註41〕

這段話強調婦女為學不僅自營濟眾，襄助人類自立，並可生子優良，改善人種。康氏認為當世界競爭優勝劣敗之時，把人類的一半人口置於無用之地，是彌天憾事，況婦女之中，奇才甚夥，豈可坐棄人才？

他認為女子對人類社會文明的發展有創造之功，因為「男子日出獵獸，山林所產，皆有定數，既不易得，自無暇為制器之事。婦女家居暇豫，心思靜逸，踵事增華，日思益進。」所以推論「火化熟食」、「中饋之事」、「範金合土」、「織縫之事」、「蠶桑之業」、「移巢形以為堂構」、「編草為席，削木為几，合土為盂，窪土為杯」、以及「結繩造字」、「簀桴土鼓，漸進而截竹裁桐，編絲穿孔，分析音節」，甚而「圖寫禽獸，極造草木，描象人物，模範山水」，均是婦女所為。只不過男子在農耕定居之後，不待逐獸，趁閒暇之時，在女子創造事物的基礎上製作器物，推而廣之，以女子之主的地位，攘竊其名。〔註42〕所以，康氏肯定人之尊卑，在才智之高下，不在形體之長短，而世人獨以短體抑女，是不合公理。〔註43〕

明顯的，雖然康有為言及婦女問題的層面含蓋中西社會，但由上觀之，其重心俱在中國。康氏試圖從歷史根源、生理差異找尋婦女被壓迫的原因，但他認為社會制度本身是其根源，特別是中國封建社會的吃人禮教使壓抑婦女的行為合理化。〔註44〕他藉由觀察傳統家庭結構中最底層角色的媳婦生活處境，切入了解婦女的婚姻之苦。他深切入微的寫盡中國婦女在男人中心文化的社會機制中，必須從屬於男人的恥辱和痛苦，充滿了人道主義的關懷。

四、解救婦女：由「去形界」到「去家界」──性別烏托邦的建構

解救婦女，康有為依三世之義認為應漸進而行，次第為之，置女子於平等地位，底於大同：

〔註41〕同上書，頁221。
〔註42〕同上書，頁225～228。
〔註43〕同上書，頁228～231。
〔註44〕參見臧世俊，前揭書，頁98～99。

治分三世，次第救援。囚奴者，刑禁者，先行解放，此爲撥亂。禁交接宴會出入游觀者，解同歐美之風，是謂升平。禁仕官選舉議員公民者，許依男子之例，是謂太平。此孔子之垂教，實千聖之同心，以掃除千萬年女子之害，置之平等，底之大同。〔註45〕

方法上，在公領域的參與和學習權利方面，其基準「與男子無別」，他說：

今未能驟至太平，宜先設女學，章程皆與男子學校同。

學問有成，許選舉應考，爲官爲師，但問才能，不加禁限。其有舉大統領國，亦許選舉爲之，與男子無別。

女子中有願充公民員，荷國務者，聽其充補。其才能學識，足爲議員者，聽其選舉。一切公議之事，皆聽充會員，預公議，與男子無別。〔註46〕

甚且，康有爲主張男女衣飾當同，他批評古往今來男女異服，除別異形體，以爲防禁的設想外，也是供玩樂之用；故男子素樸，女子華采。他引證美國百姓服色從同，未有不利於治道，且更彰明男女平等。然而爲申明太平世獨立自由之義，衣服瑰異，並無損公益，可聽人自爲。不過康有爲強調惟「公會禮服，男女皆從同制，不得異色」，他認爲泯滅形色的區分，自然就無體制之別，此後女子爲師長吏君，執職任事，不致再遭異視，即完成大同旨歸。〔註47〕

爲還婦女獨立自由，康有爲主張刪除所有從夫限禁，落實法律，保護女子爲獨立人之資格；刵刑身體之舊俗，全數嚴禁；女子二十學問有成，悉除防閑出入內外之禮。〔註48〕但釜底抽薪之計，是落實婚姻自由，始能彰顯兩性獨立平等之義。康氏主張男女婚姻聽任自擇，立約爲憑；去夫婦之舊名，無尊卑高下之分。他說：

男女婚姻，皆由本人自擇。情志相合，乃立合約，名曰交好之約，不得有夫婦舊名。蓋男女既皆平等獨立，則其好約，如兩國之和約，無輕重高下之殊。若稍有高下，即爲半主，即爲附庸，不得以合約名矣。既違天賦人權平等獨立之義，將趨於尊男抑女之風，政府當

〔註45〕同上書，頁 245。
〔註46〕同上書，頁 246。
〔註47〕同上書，頁 245～248。
〔註48〕同上書，頁 246～247。

嚴禁之，但當如兩友之相交而已。〔註49〕

但因人性不同，又人情之見異思遷，男女合約，當有期限，不得爲終身之約。他認爲據亂之時，夫婦之義專以傳子姓爲目的，及至太平世，男女平等獨立，生人養自公家，不得爲一姓私人，而爲世界天民；男女之事，但以殉人情之懽好，非以正父子之宗傳，若強合終身，必苦難無義。假使眞有永遠懽合者，可頻頻續約，相守終身，所以須定約限。然期限不得過短，則人種不雜，即使多欲，也不毒身。兩人永好，固可終身，若有新交舊懽，聽其更訂續盟。〔註50〕

如此而行，康有爲認爲兩性之間自可消弭隱忍強合與離異絕告之事，「人人各得所欲，各得所求，各遂所歡，各從所好」，並可杜絕淫情奸案的發生。〔註51〕惟值得注意的是康有爲在其婚姻自由的主張中有項重要的但書：

女子未入學，及學問未成，不能領卒業憑照者，不能自立，須仰夫養者，不用此權。〔註52〕

換言之，兩性聽任自擇的婚姻權利與契約爲憑的交好關係，必待女學完成，人格獨立，始能享得此項權利。康氏的顧念在於：舊俗尚多，驟改必多不變；女子足備學問才識，始能自立。且女子欲求得獨立，益務嚮學，則必人才日增，豈非美事一椿？若這些條件不具，是「妄引婦女獨立之例，以縱其背夫淫欲之情，是大亂之道也」，他不願自任其咎，強調此項思考專爲將來進化計，未至其時，不得謬援此例。〔註53〕

在中國社會裡，婚姻是形成家族以及維繫家族的重要憑藉，其目的在於延續宗族，而不在男女之愛欲。在儒家看來，女性的全部價值，可以由兩句話來概括：一、「男女居室，人之大倫」（《孟子‧萬章上》）二、「飲食男女，人之大欲存焉」（《禮記‧禮運》）。簡而言之，一是「人倫」的價值，一是「人欲」的價值。正統儒家主張以「倫」制「欲」，納「欲」於「倫」。〔註54〕若

〔註49〕同上書，頁248。

〔註50〕男女交好之約，長不過一年，短必滿一月。立媒世之官，凡男女合婚者，隨所在地，至媒氏官領取印憑，訂約寫券，於限期之內，誓相懽好。同上書，頁249～252。

〔註51〕康有爲謂奸淫之案遍於古今，蓋因人情有所不能禁之故，故防淫愈嚴，而淫風愈盛。「不若去堤與水，自無漲潰之虞。今世既大同，人人各得其欲，苟兩相愛戀，即兩訂約盟，既遂其欲，復夫何奸？」同上書，頁252。

〔註52〕同上書，頁253。

〔註53〕同上註。

〔註54〕根據杜芳琴的研究指出，儒家婚姻觀念和家庭倫理觀念的衍化過程是以「性」

以此看來，康有為對兩性婚姻的見解，可謂大膽。「去夫婦之舊名」，使婦女無法獲得名分取得「人倫」價值的地位，經由「夫婦」之倫建立家庭的途徑亦不存在，其實這正是康氏的意圖，他在《大同書》己部〈去家界為天民〉即提出「去家」的主張。

康有為並不否定家庭的價值，在實際的生活裡，他也極為親愛其家人，家庭關係良好。〔註55〕據蕭公權研究指出：他深信在生民之初，並無家庭；因那時男女雜交，猶如孤狗，兒童只知母，而不知父，沒有後日父權家庭的痕跡。到後來由於一些男子對他們的伴侶特別喜愛，乃用強力佔有，而漸有婚姻制度。夫妻關係建立之後，才有父子關係，以至於家庭和家族制度的出現。〔註56〕

康氏承認據亂之世乃因中國族制繁盛，人口得以冠於萬國。肯定家庭是人類相保的良法：養生送死，捨父子夫婦無依；有父母的子女，食息得時，疾病得依；父子之愛與私，人類得由傳種繁衍。〔註57〕對於父母鞠勞顧復的恩德，他指出子女克盡孝道是最好的回報，可惜中國人的孝道淪為空義，罕有立行者。人難於事父母，易於撫兒女。子女是由父母分己身而來，愛之是天性，況嬰孩童幼，笑啼遊戲，極為可愛。然而子女除常因私心和經濟困難，吝於奉養父母而難盡孝道外，其最重要的原因於「意見迥多不同」〔註58〕。

因此，在他的眼中，中國傳統社會強合家人而居，只是困苦嫌怨的寫照：

> 國有太平之時，而家無太平之日。其口舌甚於兵戈，其怨毒過於水
> 火。名為兄弟姐姒，而過於敵國；名為婦姑叔嫂，而怨於路人。……
> 其富貴愈甚者，其不友孝愈甚；其禮法愈嚴者，其困苦愈深；其子
> 孫婦女愈多者，其嫌怨愈多；其聚居同爨愈盛者，其怨愈盛。〔註59〕

除此，他指出家庭最可拒斥之處：是自私的溫床，罪惡的根源，其繼續存在

入「倫」，再由「倫」入「綱」。以「性」入「倫」的過程大致經歷了三個階段：重夫婦之倫、重上下次序之倫、重大家庭內緒倫，夫婦是「人倫之始，王化之基」，而婦女的人倫價值必須透過婚姻程序，按丈夫的「名分」入夫家宗族得以實現。參見《女性觀念的衍變》，河南：人民，1988，頁32、38～44。另參郭淑芬，〈馮夢龍《情史類略》之「才女」形象研究〉，清華大學中文研究所碩士論文，1998，頁129。
〔註55〕參見蕭公權，前揭書，頁5～15、422～424；王樹槐，前揭文，頁28～30。
〔註56〕引自蕭公權，前揭書，頁422。
〔註57〕《大同書》，頁259～264。
〔註58〕同上書，頁273～276。
〔註59〕同上書，頁278～279。

將是社會公共利益的阻礙，也是人類進步的阻礙。因為立家相收，必自私其家，勢必思富家傳後，但若欲富不得，就會興發詭謀欺詐之事，危害社會；人人自私其子、其妻，自無愛護教養他人之子之心，婦女但依夫而食，養成依賴之心，人格難於獨立。況且風俗不齊，教化不一，家自為俗，則傳種多惡，而人性不能善。人之生長，不皆驅於學校鎔鑄陶冶，則成無化半教之民。對康氏而言，充滿種種惡質的家庭，是阻礙臻至太平世的大害，勢必「去家」才可。〔註60〕

既欲去家，可有良法解決人之安頓？康有為認為人皆天所生，人人直隸於天，而獨立政府是人人所共設，自當由公政府當公養人來公教之、公恤之。〔註61〕如何公養？設人本院、公立育嬰院、懷幼院。如何公養？設公立蒙學院、小學院、中學院、大學院。至於公恤，則是設公立醫疾院、養老院、恤貧院、養病院、化人院。簡而言之，人道之生育、教養、老病、苦死，其事皆歸於公，養生送死俱是政府的責任。〔註62〕

五、結　論

基本上，康有為《大同書》的終極關懷是擴充"不忍之心"的人道主義精神，為天下蒼生破除九界，去苦求樂，以臻於太平；其追求進程，始於男女平等，終於眾生平等。因之，康有為在《大同書》中對婦女問題的關懷與探討，即立基於此而展開。

雖然康氏言及婦女的層面含蓋中西社會，但其重心俱在中國。他一一舉證，痛陳婦女的冤苦。他指出婦女同具人之形體與聰明，卻成為被壓迫的弱者，不僅在身體與心靈受到拘制，落入為囚、為刑、為奴、為玩具的悲慘境地；且公領域亦遭致範限，不得有嶄露頭角的機會。他尤為關切婦女的不學之害與纏足之苦，於是疾呼婦女需學與反纏足，以謀求生子優良，改善人種。若論婦女受壓迫的原因，康氏追索認為其根源是社會制度本身，尤其是中國社會的吃人禮教，使壓迫婦女的行為合理化。

至於解救婦女之道，康氏提出「去形界」「去家界」的主張，解放婦女，還

〔註60〕同上書，頁280～288。
〔註61〕同上書，頁290。
〔註62〕同上書，頁290～291。人本院：「凡婦女懷妊之後，皆入焉，以端生人之本。胎教之院，吾欲名之曰人本院也，不必其夫贍養。」化人院：「凡人之死者入焉。」

其平等自由，完成性別烏托邦的建構。其理想境界在於：婦女藉由「去形界」「與男子無別」，打破婦女在傳統社會「男外女內」理念下的出入限制，〔註63〕得參公領域之事；毀棄婚姻制度，男女交好，立約為憑，但殉人情之懽好，非以正父子之宗傳，解除婦女在父權社會中膺負的「廣繼嗣」天職；〔註64〕「去家界」之後，由公政府承擔家庭責任，消弭婦女因性別分工而須擔負的家事之責。

然細微思之，性別烏托邦的實質意涵令人質疑：女子受學、任事、服飾與男子同之無別，就能超越道德教化的藩籬，還復婦女獨立自主的人格？提升其社會地位與價值？事實上，男女「形界」之所以二分強固，已然如康氏指出由文化建構而來，對於深植內化於婦女的倫常禮教，若不能提出崩解的具體方法，如何可能「去男女之形界」「保婦女以獨立」？其次，「但以殉人情之懽好」以「各得所欲」，固然康氏謂其是站在「情」的基礎上遂其「欲」，但若以男女交好憑約的約期底限，短為一月來看，不禁讓人質疑其情感內涵，究其實質，是看重婦女的「人欲」價值。

我們發現在康有為的思考架構裡，只提及女子當何為，而未言及男子，即是認定女子當以男子為基準，是故強調婦女在外在形式上與男子同一。這種抹消、壓縮性別之間與個體之間的主體性與個別差異性，是否可稱為另一種「性別」壓迫？有選擇性的自由才是真正的自由，婦女的選擇性在那裡？

若從近代婦女解放思想的發展脈絡來看，康有為的女權思想，有其承傳與開創，但也有其局限。近代意義的婦女解放思想，在明清之際，已開始萌動，當時的思想家多從關懷、同情的立場，抨擊束縛婦女的觀念，提出男女平等、婦女參政、婦女婚姻自由、反纏足、女子文學的主張；〔註65〕馮夢龍的「情教」

〔註63〕所謂內、外之別，根據《禮記‧內則》：「男不言內，女不言外」，「男子居外，女子居外」的說法看來，不僅是事業上的分工，也是居住範圍的區別。參見劉靜貞，〈女無外事？——墓誌銘中所見之北宋士大夫社會秩序理念〉，《婦女與兩性學刊》4，1993，頁23。

〔註64〕參見李貞德，〈超越父系家族的藩籬——台灣地區「中國婦女史研究」（1945～1995），《新史學》，7：2，1995，頁141～142；〈漢唐之間醫書的生產之道〉，《中央研究院歷史語言研究所集刊》，67.3，1996，頁577～578。

〔註65〕參見李國彤，〈明清之際的婦女解放思想〉，《近代中國婦女史研究》3，臺北：中央研究院近代史研究所，1995，頁143～152。另陳東原在《中國婦女史》中亦討論清代俞正燮與李汝珍對纏足與守貞的批判。台北：商務，1978，頁

說已由情的角度出發提出對「理」的批判，試圖以內在於「人欲」的情破除世間人倫道德的虛矯。〔註66〕這些對婦女問題的思考面向，我們從上述康有爲的思想中，清晰可辨其餘緒。至於開創方面，及至五四時期，知識份子特別大聲譴責傳統道德價值以及女子貞操，不可不謂受康氏影響。〔註67〕

　　康有爲對婦女的關懷及其性別建構，最終落實於「與男子無別」的標準；「興女學」、「反纏足」的主張，承載建構民族國家的意涵。其著眼點都欠缺從女性觀點思考，可謂是其女權思想的局限。然若要論此，亦不得不說是時代與個別經驗所導致的有限認知，即便是晚清最早擺脫性別角色限制的秋瑾，在建構女性意識的過程裡，也曾發出「苦將儂強派做蛾眉，殊未屑！身不得，男兒列，心卻比，男兒烈」的悲嘆，並逐步揚棄女性化的服飾打扮，著男裝，全盤認同男性角色。〔註68〕康氏爲一男子，要突破自身經驗限制，認知婦女主體意識，又談何容易。平實來說，康有爲在晚清思想家中，可謂是少數對女性困境具有警醒觀照與深刻洞察的男性。

引用書目

一、文獻史料

1. 秋瑾，〈滿江紅〉，《秋瑾集》，上海：古籍，1979。
2. 康有爲，《大同書》，錢定安編，《民國叢書》第三編：7，《哲學‧宗教類》，上海書店據中華書局 1935 年版影印，1991。
3. 康有爲，《共和平議》，收入蔣貴麟主編，《康南海先生遺著彙刊》冊 13，臺北：宏業，1976。
4. 康有爲，《禮運注》，《康南海先生遺著彙刊》冊 9。
5. 康有爲，《孟子微》，《康南海先生遺著彙刊》冊 5。
6. 康有爲，《康有爲自編年譜》，樓宇烈整理，北京：中華，1992。
7. 康有爲，《南海先生詩集》，梁啓超手寫本，臺北：中華藝苑，1965。
8. 康有爲，《康有爲政論集》，湯志鈞編，北京：中華，1981。

248～257。
〔註66〕王鴻泰，《三言二拍的精神史研究》，國立台灣大學文史叢刊之 94，1994，頁100～102。
〔註67〕蕭公權，前揭書，頁 422。
〔註68〕秋瑾，〈滿江紅〉，《秋瑾集》，上海：古籍，1979，頁 101。另參顧燕翎，〈女性主義者秋瑾〉，《婦女與兩性學刊》創刊號，1990，頁 29～34。

9. 梁啟超，《清代學術概論》，臺北：商務，1967。

10. 張伯楨，《南海康先生傳》，收入沈雲龍主編，《近代中國史料叢刊》第二輯，臺北：文海，1973。

二、近人論著

1. 王樹槐，〈康有為對女性及婚姻的態度〉，《近代中國婦女史研究》2，1994。

2. 王汎森，〈劉師培與清季的無政府主義運動〉，《大陸雜誌》，90：6，1996。

3. 王鴻泰，《三言二拍的精神史研究》，國立台灣大學文史叢刊之94，1994。

4. 李澤厚，《康有為譚嗣同思想研究》，上海：人民，1958。

5. 汪榮祖，《康有為》，臺北：東大，1998。

6. 杜芳琴，《女性觀念的衍變》，河南：人民，1990。

7. 呂美頤、鄭永福，《中國近代婦女運動（1840～1921）》，河南：人民，1990。

8. 李貞德，〈超越父系的藩籬——台灣地區「中國婦女史研究」（1945～1995）〉，《新史學》，7：2，1995。

9. 李貞德，〈漢唐之間醫書中的生產之道〉，《中央研究院歷史語言研究所集刊》，67.3，1996。

10. 李國彤，〈明清之際的婦女解放思想〉，《近代中國婦女史研究》3，1995。

11. 林維紅，〈婦女與救國：清末到五四女權思想的發展〉，《幼獅月刊》353，1982。

12. 林維紅，〈清季的婦女不纏足運動〉，《中國婦女史論集》第三集，臺北：稻鄉，1993。

13. 洪曉惠，〈晚清女性政治文本的性別與家國〉，清華大學中文研究所碩士論文，1997。

14. 馬洪林，《康有為大傳》，遼寧：人民，1988。

15. 張朋園，〈梁啟超的兩性觀：論傳統對知識份子的約束〉，《近代中國婦女史研究》2，1994。

16. 陳東原，《中國婦女史》，臺北：商務，1978。

17. 陳慧道，《康有為《大同書》研究》，廣東：人民，1994。

18. 郭淑芬，〈馮夢龍《情史類略》之「才女」形象研究〉，清華大學中文研究所碩士論文，1998。

19. 湯志鈞，《康有為與戊戌變法》，北京：中華，1984。

20. 湯志鈞，《改革與革命的情懷——康有為與章太炎》，臺北：商務，1991。

21. 湯志鈞，《康有為傳》，臺北：商務，1997。

22. 游鑑明，〈近化中國女子體育觀初探〉，《新史學》，7：4，1996。

23. 劉靜貞，〈女無外事？──墓誌銘中所見之北宋士大夫社會秩序理念〉，《婦女與兩性學刊》4，1993。

24. 臧世俊，《康有爲大同思想研究》，廣東：高等教育，1997。

25. 蕭公權著，汪榮祖譯，《康有爲思想研究》，臺北：聯經，1988。

26. 鍾賢培，《康有爲思想研究》，廣東：高等教育，1988。

27. 顧燕翎，〈女性主義者秋瑾〉，《婦女與兩性學刊》創刊號，1990。

28. Chang Hao, *Chinese Intellecturals in Crisis: Search for Order and Meaning*（Berkeley: University of California Press, 1987）

熊十力《新唯識論》研究
——以《新唯識論》所引發儒佛之爭爲進路的探討

林世榮　著

作者簡介

林世榮，中央大學中文所博士，現為龍華科大通識中心副教授。著有《熊十力《新唯識論》研究》、《熊十力春秋外王學研究》、《熊十力與「體用不二」論》，及單篇論文〈朱熹《周易本義》發微〉、〈程朱「復其見天地之心乎」說研究〉、〈李光地《周易折中》發微〉、〈李光地《周易折中》屯六二「乘馬班如，匪寇婚媾」研究〉等十數篇。

提　　要

　　熊十力由佛返儒，平章華梵，其《新唯識論》乃融儒佛而折衷於《易》之作，對佛學儒學可謂皆作了一終極意義之探究，從而挺立出道德主體性，在近代思想史上實有重大意義。而由此所引發之儒佛論爭，無疑地豐富思想界甚多，且使宋明以來即已存在之儒佛問題，有一新的接觸與溝通。本文即欲由此一進路以探討儒佛兩家是否有融通之道，從而彰顯出《新唯識論》之理論得失及其時代意義。

　　第一章導論，略述寫作緣由與全文之大概，以利爾後各章之順遂開展。第二章論熊氏對佛學理論之反省，因覺其不足，故由佛家入又由佛家出，而終歸於儒。第三章論《新唯識論》之理論建構，以明熊氏即破即立，其翕闢成變，即用識體之「體用不二」論是如何展開的。第四章論佛學界對熊氏之反駁，藉此不只可從反面看熊氏，更可見雙方之著重點所在。第五章結論，綜合前面所論，歸為幾點結論，就其大端再略加評述。

　　經由以上之探討，從而得知儒佛兩家難以溝通（至少在熊氏當時是如此）；唯識理論未為圓融；《新唯識論》誠然有其創見，而其論證則嫌簡略；而其時代意義，無疑地乃熊氏以全幅真精神，再次挺立了道德主體性，並為當代新儒家奠立了一典範。

目次

第一章 導 論

第一節 研究動機與目的

　　清末民初可謂乃中國數千年來未曾有之一大變局，在政治社會上面臨轉型期，在思想文化上更面臨嚴重之挑戰，而當代新儒家即在此境遇中應運而生，並形成一學派，顯然在思想史上已佔有一席之位。所謂當代新儒家乃相對於先秦儒家、宋明新儒家而言，自孔子以來至今，儒學傳統大致即可分爲此三期。〔註1〕雖分爲三期，但其間乃互相關連，一脈相承，過去影響著現在，現在承續著過去，故皆同爲儒家，而所強調者，大致皆以修己安人之學，內聖外王之教，爲其淑世濟民之主張。不過，因所處時代不同及外在思潮衝擊之故，尤其在文化演進過程中，兩次異文化的侵入，更使得三者有所不同。第一期時，尚未有異文化進入，其所面對的乃自身內在問題，亦即周文疲弊，禮壞樂崩；而經由先秦儒家之努力，亦能完成其任務，從而肯定人性之應然價值根源，並奠定以道德主體性爲本的義理規模。至第二期，其所面對的除儒學本身不振外，更因印度佛學之異文化進入，與老氏並行，而在此佛老盛行之衝擊下，人倫瀕於頹喪；而經由數百年之融合吸收，再經宋明新儒家之努力，亦能由抗衡進而消化之，再次挺立心性之學，向形上思想更推進一步，

〔註 1〕張灝氏〈新儒家與當代中國的思想危機〉（收入氏著《幽暗意識與民主傳統》，聯經出版事業公司，民國 78 年 5 月，初版，台北），王邦雄師〈從中國現代化過程中看當代新儒家的精神展開〉（收入氏著《儒道之間》，漢光文化事業股份有限公司，民國 74 年 8 月，初版，台北）及林安梧氏〈當代新儒家述評〉（收入氏著《現代儒學論衡》，業強出版社，民國 76 年 5 月，初版，台北），皆作如是說，此說法可謂已是思想史上不爭之共識。

並著實建立一套修養工夫論。

　　至今第三期，當代新儒家所面對的異文化乃是西洋文化，在西潮東漸下，所面臨的文化解體之危機，無疑較前二期更爲嚴重。此文化解體之危機，誠如張灝氏所言乃是一「意義危機」，而此「意義危機」乃由於中國正陷入一種因「道德迷失」、「存在迷失」及「形上迷失」凝聚而成之嚴重的「精神迷失」。當代新儒家面對此危機，爲欲克服此「精神迷失」，其所極力作的即是一種「意義的追求」。〔註2〕當代新儒家所從事之「意義的追求」，乃一返本開新的文化重建運動，在此運動中，第一個最富開創性且最有影響力者，則非熊十力（後簡稱熊氏）莫屬，其《新唯識論》（後簡稱《新論》）不只對儒學甚至對佛學，皆可謂作了一終極性之意義探究，其所揭櫫之「體用不二」論，確然已於思想史上留下刻痕，而影響著後人。〔註3〕

　　然熊氏《新論》乃通過佛學而透顯儒家，尤其是透過唯識學以彰顯其理論，此則有其因緣。蓋近代佛教之復興可謂乃思想史上一件大事，而唯識學之再興無異於即是整個佛教思想之發展，因十宗中，只唯識宗形成強大之哲學思潮，不僅佛教中人、在家居士，連儒家學者亦多研習者。此唯識學之再興，形成一潮流，自有其內因外緣，〔註4〕而此潮流之發展演變，據陳榮捷氏所言則可分爲三波，即「歐陽竟無所復興的唯識學，太虛的法相唯識學，以及熊十力的新唯識學。」〔註5〕然歐陽的唯識學，雖志在復興唯識本義，然並

〔註2〕參見張灝氏〈新儒家與當代中國的思想危機〉頁85～86。

〔註3〕當代新儒家之代表人物，除熊氏外，尚有梁漱溟、張君勱、唐君毅、牟宗三及徐復觀等諸氏，此中熊、梁、張可謂開創先驅，唐、牟、徐則爲中堅人物。由於熊之《新論》最富理論建構，深具開創性，且唐、牟、徐三者又皆爲熊之弟子，故第一個最富開創性且最有影響力者，當屬熊氏。林安梧氏亦曰：「就理論的構造而言，熊十力先生是當代新儒學系統建構的開山祖，他的《新唯識論》儘管仍然在儒佛論爭的過程中有所擺盪，未得妥貼，但他所開啓的存有論、知識論、及實踐方法論都成爲當代新儒家的重大資產，它標示出一條承接宋明儒學，而又超克宋明儒學的新儒學之路。」（《熊十力體用哲學之詮釋與重建》頁4，國立臺灣大學哲學研究所博士論文，民國80年5月，台北）。

〔註4〕關於唯識學再興之內因外緣，據霍韜晦氏〈中國近代唯識宗再興的機運〉一文（收入氏著《絕對與圓融》，東大圖書股份有限公司，民國78年11月，再版，台北），在外緣方面，有時代背景，學術研究方向的改變及來自日本學者的助緣三點；在內因方面，有一、唯識宗在東西文化對壘中的兩重身份，二、唯識宗的學理能夠與現代學術相應，三、唯識宗的學理能夠獨樹一幟，四、唯識宗的學理究竟。

〔註5〕陳榮捷氏《現代中國的宗教趨勢》頁121，廖世德譯，文殊出版社，民國76

未曾發明己說，亦未曾重建傳統的唯識論，甚至不曾有此方面之著作；〔註6〕而太虛雖號稱法相唯識學，然其一生事業之重心，乃在整個佛教之復興與改革，對於各宗各派仍是一體提倡，其意在「綜合」，而又傾向於眞常系。以上二人皆無專門著作，亦不成一家之言；而此潮流至第三波，即熊氏的新唯識學，其《新論》不只是專門著作，且成一家之言，才形成一思想宗派，不僅對當時有所啓迪，且其影響與日俱增，對當代而言實具重大意義。

但可怪的是身爲唯識學再興運動第三波的熊氏，其《新論》並非是純粹的唯識思想。在此三波中，可以說歐陽的唯識學才是唯識正宗，而太虛的法相唯識學，雖以唯識爲立場，然其意在融攝唯識、華嚴與天台，綜合各宗，而趨向於折中精神；至於熊氏，雖出身歐陽門下，然其新唯識學，不僅不是順著歐陽或太虛之進一步言，反而是歧出。說他是歧出，是以其不合且反對唯識本義而言；若以思想演進，依了義不依不了義言，則又難以說孰歧出孰非歧出。然總之，熊氏思想唯在反面意義上才算是佛教思想之一部分，因其思想雖由佛教而來，但對之卻持批判態度，而非維護之。若從正面意義言，熊氏亦自認非佛教徒，而是新儒家，其《新論》乃由佛返儒，融儒佛而折衷於《易》之作，對儒學之振興與發展，厥功甚偉，而成當代新儒家之開山祖。若從此方面言，即使是歧出，則又自有其重大意義在。

然即使熊氏《新論》有其重大價值，繼承之而加以發揚者不乏其人；但熊氏通過轉化佛學而建設其儒學規模，乃是掘發佛學中可資利用之深層意蘊，是者取之，非者棄之，而爲其理論奠基，若從純學術立場看，是否客觀公允而不失主觀？且熊氏以儒學改造、取代佛學，誠然有其創造性，然此創造性究屬正面或負面？〔註7〕關於此兩點，皆非本文所欲探究者，因《新論》之價值不在此，且即使其不客觀且屬反面，亦無損其價值，而若因此以其不值探究，則更是不智之舉！

或許，可以如此問，熊氏所建立之「體用不二」論，如從內在義理之邏

年11月版，台北。

〔註 6〕陳榮捷氏言歐陽對唯識宗的貢獻不在此，而在「他爲內學院佛經流通處所出版的古典佛經所寫的許多序論。在這些序論裏面，他的解說、調查、分類，其結果具有長久的價值。另外，在他的演講以及學術刊物上，也可以看到他的貢獻。他是在這樣的方式上來復興唯識哲學的。」（前揭書頁142）。

〔註 7〕傅偉勳氏即認爲「熊十力以『儒家完全取代佛教』的片面性思想創造，便是一個負面的例子」，見氏著《批判的繼承與創造的發展》頁8，東大圖書股份有限公司，民國75年6月，初版，台北。

輯性言，若直接由儒家著手，尤其從《大易》入手，而無須由佛學轉手，仍是可以建立，〔註8〕因此，熊氏假手佛家已是一重葛藤，而吾人研究之，若亦於此纏繞，豈不是又一重葛藤，何不單就其儒學而捨其佛學部分，來得簡易明確？此雖似如理，然卻不甚了了。因熊氏由佛家轉手，已是無可變更之事實，已成歷史之已然，無論如何，皆不可抹煞此一事實；且即使「體用不二」論，無須由佛家轉手，直接由《大易》即可導出，但熊氏若無佛學薰陶此一因緣，亦未必悟得《大易》生生不息，體用不二之說。可見義理上之邏輯性，仍須有歷史上之偶然性，甚至必然性，因緣和合，而後有理論之完成。更重要的是，熊氏《新論》一出，即引起佛教中人全面反擊，因此而引發儒佛論爭，竟成近代佛學上一大公案，至今餘波盪漾，根本問題雖未得解決，然由此而來的雙方辯論之內容，無疑地豐富近代思想界甚多，且使宋明以來即已存在之儒佛問題，有一新的接觸與溝通，而即使未能完全溝通，至少亦可豁顯問題癥結之所在。以上即本文研究之動機也。

　　而探究《新論》欲使其得一公平評價，既絕不可脫離此一演變過程，而將其單獨探討；更不可以應然之理論斷其優劣，而替代實然之事實。若不將《新論》置於此歷史脈絡中，截其來龍，割其去脈，只於《新論》身上繞，則易因立場之異而成一偏之失，是者是之而非者非之。歷來研究熊氏者，大抵著重《新論》之內在理論之邏輯演繹，雖亦論及此一演變過程，然終嫌簡略，不夠全面。

〔註8〕熊氏晚年著作如《體用論》、《明心篇》及《乾坤衍》，仍是發揮《新論》「體用不二」之思想，但已大量刊落佛學內容，而《乾坤衍》更是只由《大易》言「體用不二」，而無資乎佛學，可見不由佛家轉手，仍是可以言「體用不二」。又此等晚年著作是否與《新論》思想仍為一貫，或已有所變化，尤其《體用論》（學生書局，民國76年2月版，台北）書前〈贅語〉有「此書既成，新論兩本俱毀棄，無保存之必要」（頁5），「今得成此小冊，故新論宜廢」（頁6）數語，更啟人疑慮，頗值商榷。翟志成氏著〈論熊十力思想在1949年後的轉變〉（載《哲學與文化》第一五卷第三期，民國77年3月，台北），認為熊氏於《新論》中堅持的是「體用不二而有分」，在《體用論》等書中則只講明「體用不二」，而不再持「體用有分」；且對本體之界定，前後期亦大不相同。林家民氏則著〈熊十力內聖學後期轉變說之商榷〉（載《哲學與文化》第一五卷第一二期，民國77年12月，台北）以質翟氏，認為並無大變化。林安梧氏亦認為熊氏之學只是小轉變，而未有大更革，見《熊十力體用哲學之詮釋與重建》頁12（註18）。劉述先氏著〈對於熊十力先生晚年思想的再反思〉（載《鵝湖》第二○一期，民國81年3月，台北）亦認為無大變化。筆者亦認為熊氏於前後期用辭定名容或不一，但思想內容並無多大不同，基本論旨仍是不變。

本文即是欲由此一觀點以探究《新論》，不只注重義理內容，更將其置於思想演進過程中，亦即以義理內容爲經，通過歷史考察爲緯來探討之。不只熊氏自己正面現身說法，亦使佛學界反面之說法得以呈顯，如此正反兩面兼顧，可免一偏之失，且較能突出《新論》之價值及其時代意義。而由此觀點以探究《新論》，或可較客觀地得知《新論》之出現，不只在近代佛學思想界，甚至在儒學思想發展上之意義，及兩家論爭焦點所在與有否融通之道，而《新論》之理論得失及其價值所在，當可更爲顯明。此即本文研究之目的也。

第二節　寫作方法及其展開

《新論》之產生既有其歷史背景，尤其是通過佛家唯識學，以彰顯自家思想，然此亦並不意謂《新論》即無有獨創性。相反地，從理上言，《新論》所提揭之「體用不二」論，即使不由佛家轉手，亦可由儒家自身導出，此由熊氏晚年著作《體用論》、《明心篇》、《乾坤衍》諸書即可見出；固然此乃從理上言，算不得準，然從事上言，《新論》既已由佛家轉手，但其所提揭之理論，仍是有其不受外在影響，而自己精心建構之理論系統。因此，本文既著重將《新論》置於一思想演進脈絡中以探討之，以義理內容爲經，以歷史考察爲緯，故寫作之方法即循此內在義理性與外在歷史性並重，交互爲用；亦即以「觀念系統」與「思想史」兩條進路兼而並用的寫法。

所謂「觀念系統」的進路，乃就此思想家之思想本身言，專對其內部理論作系統性探討，以建構出其理論體系；此「觀念系統」的進路乃「本質意義」的解析，只視觀念之間之關係爲何而已，著重於此思想之本質是什麼；亦即是將此家思想孤立隔絕地看，視其爲一獨立之存在，而不論其與外在環境之關係及其未來之影響。所謂「思想史」的進路，即是不將此家思想孤立隔絕地看，視其爲一獨立的存在，而應將其置於思想發展變遷之過程中，以觀其來龍去脈；此「思想史」的進路乃「發生意義」的探討，著重於此思想是如何發生；亦即是著重於根據歷史條件、時代背景，以探討此家思想爲何產生，其與過去或當時其他思想之關聯，及其未來之影響等。〔註9〕雖說有此兩種進路，而研究哲學者，實應兩條進路兼而有之，方不致顧此失彼。研究

〔註9〕關於「觀念系統」的進路，即「本質意義」的探討，與「思想史」的進路，即「發生意義」的探討，王邦雄師有詳細說明，見《儒道之間》頁43～50。

《新論》自亦可採此方式，而其實，當將《新論》置於以其所引發儒佛之爭爲進路的展開爲研究方向，實即已預設此一兩條進路兼而有之之方式，故本文寫作之方法，即採此兩條進路交互爲用，應是最爲適當。

　　至於本文寫作之展開，即順著時間之推進，一步一步展開。故於此章（第一章）略述寫作緣由，說明研究動機與目的，寫作方法及其展開，及所使用之研究資料。

　　第二章論熊氏對佛學界之反省，因覺佛家之不足，故由佛家入又由佛家出，而終歸於儒。《新論》對佛學之反省，大抵可從三方面述之，故第一節爲對佛學整體之反省，第二節爲對空宗之反省，第三節爲對有宗之反省。其中尤以對有宗之反省，更是《新論》所不得不作之因，故對此之反省亦最多，可再細分爲一、對「三性」說之檢討；二、對「唯識」義之檢討。而對「唯識」義之檢討，則又可細分爲四點，（一）執識爲實之失；（二）種子、現行爲二之失；（三）種子、眞如同爲本體之失；（四）眞如無爲無作之失。

　　第三章述《新論》之理論建構，即其翕闢成變，即用識體之「體用不二」論是如何展開的。由於熊氏立論善於即破即立，破立同時，因此既一面破有宗之唯識義，又一面建立自己所界定意義下之「唯識」，故第一節即對熊氏義下之「唯識」作一釋義。明瞭熊氏義下之「唯識」後，即可進而探索《新論》之理論內容，故第二節即爲《新論》之理論內容。此乃熊氏苦心孤詣而得，又可分爲五點層層分述之，一、肯定本體，體必成用；二、用分翕闢，翕闢成變；三、即用識體，即用即體；四、承體大用，即體即用；五、歸本體證，默然冥會。

　　第四章則論佛學界對熊氏之反駁，藉此不只可從反面看熊氏，更可見雙方之著重點所在。佛學界對《新論》之反駁，可謂精英盡出，人數甚夥，其中尤以劉定權《破新唯識論》（後簡稱《破論》）與印順〈評熊十力的新唯識論〉（後簡稱〈評論〉）最有系統，亦最重要，又恰好分站在唯識系與般若系立場，可謂乃有宗與空宗對熊氏之批評而有所回應也。又太虛〈略評新唯識論〉（後簡稱〈略評〉）、〈新唯識論語體本再略評〉（後簡稱〈再評〉）二文，篇幅雖嫌略少，不如前二者之有分量，但其立場乃本佛法全體而不主一宗一派，雖號稱「法相唯識」，而實以「法界圓覺宗」自居，近於眞常系，頗可代表眞常系對熊氏以《大易》來改造有宗唯識義，企圖融合儒佛之看法。故此章即順此三系立場之反駁，即可得一全面了解，而各系各以一人代表，爲免

葛藤枝蔓故也。〔註10〕因其發表先後，故第一節論劉定權《破論》，可分四點述之，一、熊氏誤解「唯識」之處；二、熊氏「本體論」之誤；三、熊氏「翕闢論」之誤；四、熊氏「能習分」之誤。第二節論太虛〈略評〉、〈再評〉二文，可分三點述之，一、熊氏爲一「新賢首學」；二、《新論》襲名未當；三、計護法「能習挹」之失。第三節論印順〈評論〉，可分五點述之，一、儒佛之辯；二、空有之辯；三、體用性相之辯；四、心物之辯；五、體證之辯。

上二、三、四三章，乃本文重點所在，故於此三章內皆隨文論其得失。

第五章則是結論，綜合前三章所疏解，歸結爲幾點結論，就其大端再略加評述，故第一節論儒佛兩家難以溝通，第二節論唯識理論未爲圓融，第三節論《新論》之理論得失；最後則對《新論》之評價與影響，作一評述，故第四節論《新論》之價值與影響。

以上即本文展開之次序，亦爲全文之綱領也。

第三節　研究資料說明

由於《新論》不只一本，有〈文言本〉、〈語體本〉及〈刪簡本〉三種，故本文所謂《新論》到底以何本爲主，實有說明之必要。

熊氏早年學唯識之學於南京支那內學院，服膺無著、世親──護法──玄奘、窺基一系之唯識家義，於一九二二年任教北大，即出版《唯識學概論》，大抵根據護法一系之舊說。後漸覺其不妥，屢易其稿，一九二六年之《唯識學概念》，不滿舊師故訓是式，而另標新猷，較前本內容已大有改變，可謂乃熊氏走出舊學而自創宗義之一里程碑。而一九三〇年之《唯識論》，則更清楚地說出其哲學之梗概，內容已近於《新論》，可視爲一未定稿。至一九三二年，始刪定成書，即《新論》〈文言本〉。一九三八年，復依原本而改用語體文重述之，是爲〈語體本〉。一九五一年，又將〈語體本〉刪簡改寫，是爲〈刪簡本〉。〔註11〕

雖有三本，但思想一貫，愈後愈成熟精練；然雖一貫，卻又互有小異。〈文

〔註10〕關於佛教界對熊氏之反駁，其大致情況，及何以以此三人代表大乘三系之立場，詳後第四章第一節「論戰經過」。

〔註11〕關於《新論》成書之詳細過程，請參閱景海峰氏《熊十力》（東大圖書股份有限公司，民國80年6月，初版，台北）第二章〈「新唯識論」源流探析〉，附錄二〈著作考述〉，附錄三〈學行年表〉。

言本〉成書最早，熊氏思想已畢具於此，然亦因最早，故內容上略顯不夠廣博。〈語體本〉則不論在內容之廣博與思想之深度上，皆遠超過〈文言本〉。〈刪簡本〉則在思想上更趨精練，文字上更爲清新，但篇幅稍嫌短少。此中自以《語體本》最佳，在破敵（佛家）與立己兩面，皆有詳細辯論，最利取證；而〈文言本〉因時間最早，最足表熊氏最初不滿佛學之面貌，且用語精簡，亦可免〈語體本〉繁冗之弊。至於〈刪簡本〉因時間最晚，最看不出熊氏最初反佛歸儒之意。故在此以儒佛之爭爲進路的展開，以探究《新論》，自當以〈文言本〉或〈語體本〉爲佳，〈刪簡本〉則不適合；而〈文言本〉與〈語體本〉又能相輔相成，故本文所謂《新論》，即兼指此二本而言，此二本亦即是本文主要之研究資料。

　　本文雖是對《新論》之研究，然因所採之切入點，乃以《新論》所引發儒佛之爭爲進路的展開，因此第四章論及佛學界對熊氏之反駁時，即須藉助於反駁者之著作，而爲免葛藤枝蔓，故只擬論述有代表性之反駁者，則如前述有劉定權《破論》，太虛〈略評〉、〈再評〉及印順〈評論〉。此等著作雖在《新論》之外，要亦爲探究其於此論爭過程中之重要著作，故與《新論》同是主要之研究資料。至於其餘熊氏之著作，及本文所引用之其他著作，亦是重要之參考資料，不容忽視；因繁多不備載，只於引用時，隨文標示。

第二章　熊氏對佛學理論之反省

　　熊氏幼貧失學，為人放牧，但天性神悟，偶讀陳白沙〈禽獸說〉而心有所動，「頓悟血氣之軀非我也，只此心此理方是真我。」﹝註1﹞其生命形態於此時已可窺見，對生命之真實的存在感受，顯露無遺，實為一儒者形態無疑也。後因時局動盪，並受王船山、顧亭林影響，故棄舉業而從軍，參與革命，但因「黨人絕無在身心上作功夫者」，「皆在悠悠忽忽中過活」，「私慾潛伏，多不堪問」，﹝註2﹞革命只徒增禍亂，並非究竟，而己亦非事功之才，故轉而求之於學術，以其能從根本導人群於正見。因念佛家無我之精神，正可克制私欲，且其義理深妙，體大思精，故即至南京支那內學院問佛法於歐陽竟無，專研唯識，至是始接觸佛家大乘之學，後又心契於空宗，並於天台、華嚴與禪宗等皆有涉及。

　　然因生命形態有別，佛家出世之法趨寂滯滅，對有生命真實存在感受的熊氏而言，猶枘鑿不相應。熊氏因而返求諸己，忽有所悟於《大易》，於生生不息之仁更能契會，爰是由佛返儒，思以孔門剛健不已，生生不息之仁，以濟佛家歸於寂滅之失。而於其所專研之唯識，由最初之服膺無著世親之學，宗主護法，據其義以造論，而後則漸漸懷疑，以至於不滿，而終至於反駁，故將其所造纔及半部之論，盡數毀棄，而欲自抒所見以繩正之，乃為《新論》。「新」之云者，明異於舊義，即唯識學也。觀其對佛學之反省，可從三方面述之：（一）對佛學整體之反省，（二）對空宗之反省，（三）對有宗之反省。

﹝註1﹞　熊十力《十力語要初續》頁203，洪氏出版社，民國71年10月，初版，台北。
﹝註2﹞　熊十力《十力語要》（後簡稱《語要》）卷三頁504，洪氏出版社，民國72年12月，再版，台北。

尤以對有宗之反省，乃《新論》所出之本，亦其不得不出之因也。

第一節　對佛學整體之反省

佛學源自印度，自釋迦說法以來，其間演變甚繁，據呂澂《印度佛學思想概論》，將印度佛學分爲原始佛學、部派佛學、初期大乘佛學、小乘佛學、中期大乘佛學及晚期大乘佛學六階段。後傳至中國，除繼承之，更發揚之，且自創天台、華嚴及禪宗，玄思妙想，可謂至矣！各宗各派思想容或有所殊異，然中國佛學基本上可視爲印度佛學之發展，於其根本立場，自有一定程度之保存，故整體觀之，自有共通之根本理論及基本意向。

其根本理論，不外四諦、緣起法及三法印，而又以緣起法貫串其餘二者，不只爲最普遍之原則，亦可說是佛法中之最上第一。蓋釋尊由觀察人生而知人生乃「純大苦聚集」，悟得諸行無常、諸法無我，無常無我，故一切法皆因緣和合，無有自性，既非如婆羅門者之以一切法皆由梵天神我轉化來，亦非如外道六師所謂乃許多元素湊合而成，而是因果相互依存，互爲條件之緣起法。眾生因不了緣起，直外向求，故有種種苦集，不能解脫，釋尊爲之開演此緣起法，令知一切法因是緣起，「此有故彼有，此生故彼生」，因而眾苦集起，而流轉於生死，此即流轉門；亦因是緣起，故「此無故彼無，此滅故彼滅」，因而眾苦息滅，故能解脫生死，此即還滅門（解脫門）。此緣起法乃佛出世亦如此，佛不出世亦如此，一切依緣起而生死流轉，依緣起而涅槃還滅。如能眞實了知此緣起法，則約四諦言，雖有苦、集二諦染法，而亦有滅、道二諦淨法，若能確實修行正道，即可得解脫；約三法印言，亦可離諸行無常、諸法無我，而至涅槃寂靜。佛家重在修行，諸多理論，即使八萬四千法門，亦無非欲人於修證中了脫生死，離此岸而達彼岸，即渡生死海而至涅槃寂靜之地，回復原初人人所具佛性，方可永離苦海。

此根本理論，從修證上言，即可以「離苦得樂」一語以蔽之。而離苦得樂，即欲「離」今世之「苦」，而「得」來世之「樂」，故必悉求「出世」，而出世實已預含一基本意向，即「否定世界」。亦即佛家雖亦建立「心性」之論，然其心性之論，乃透過「緣起性空」而遮撥自性，而歸於「性空」，此是遮詮地說；若表詮地說，即雖無自性，但以「空」爲性，由此而言「空性」或「空理」（亦即「眞如」或「如性」），然此空性、空理乃抒義字，即抒緣生法之義，

而非實體字，故不可以此空性爲本體或實體。即使後來天台宗之言「性具」，《大乘起信論》與華嚴宗之言「性起」，六祖《壇經》之言「自性能生萬法」，雖皆可令人誤以爲乃本體論的實體之生起論，但其實並非如此。〔註3〕因佛家乃「無我論」者，即使是作爲輪迴之主的「作者」，亦只是一「業感緣起」下之殘餘勢力，展轉流變，實非有一獨立之存在者，故佛家不承認有本體，一切畢竟歸於涅槃寂靜，僅爲一靜歛之自由，故對世界探捨離態度，即否定世界。自小乘諸派至大乘諸宗，皆是如此。蓋其以世界乃無明所生，眾生爲業識所縛，世界之所以成，乃無明妄動之結果，故眾生唯一大事，即以離此岸往渡彼岸爲究竟，而於此世界中則無實現之價值，且其亦無意於此世界中有何建立，故必否定世界，悉求出世。

　　熊氏對佛學整體之反省，即最不滿其觀空出世，對其出世法抨擊最力，此蓋其由佛返儒之根本原因也。《語要》卷二〈再答張東蓀〉云：

> 儒家與印度佛家，同爲玄學。其所不同者，一主入世，一主出世而已。……唯佛主出世，故其哲學思想，始終不離宗教。儒主入世，故其哲學思想，始終注重倫理實踐。哲學不是求知，而是即知即行。所謂體神化不測之妙於庸言庸行之中，此儒術所以爲可貴也。（頁179）

熊氏從精神立足點上分判二家，一入世、一出世；出世則歸於宗教，向外悉求，中無所主，易趨消極；入世則重於人倫，向內反求，即知即行，健健不息。重人倫者則必重死生，「生，事之以禮；死，葬之以禮，祭之以禮。」（《論語》爲政第二）重宗教者則必懼死生，必求不受輪迴之苦，而悉求出離。故儒佛入世出世之別，亦即爲對死生看法之有異故也。《語要》卷四云：

> 佛家雖善言玄理，然其立教本旨，則一死生問題耳。因怖死生，發心趣道，故極其流弊，未來之望強，現在之趣弱。治心之功密，辨物之用疏。果以殉法，忍以遺世。淪於枯靜，倦於活動。（頁615）

此一死生問題，實亦即輪迴觀念也。熊氏曰：「佛氏出世法之完整體系，實以輪迴信念爲其骨髓。」〔註4〕蓋佛家之所以懼死生，乃因深信「三世輪迴」之

〔註3〕 參見牟宗三氏《佛性與般若》上冊頁93～95，學生書局，民國78年2月，五版，台北。

〔註4〕 理論上，輪迴必設定有一超萬有之上之主體，以作生死流轉之主，此主體實即神我之別名，換湯不換藥，故熊氏以其乃是前門謝絕天神（大自在天），後門延進神我，而此神我乃以「小己」爲體，與所謂「萬法實體」根本不相容，

說，若今生不斷生死，證成佛道，則必再次輪迴，永無出離之期，再受人世之苦。故其以今生既已受苦，已是事實，難可挽回，而來世則希望無窮，故寄希望於未來，一心只在趣道，以至忘懷世事，於人生日用，無「備物」、「成物」、「開物成務」之功，毫無創化之機，遂流於枯靜寂滅。此不論大乘小乘、空宗有宗皆如此。因其懼輪迴、怖死生，故否定當前世界，悉求出離，於人生日用，隱存呵毀，而無生生不息之機，其甚者，必至如《新論》所云：

> 若如無著一派之學，眾生從無始來，唯是有漏流行，根本無有寂覺可說。乃教之專靠聞熏以造命，毀生人之性，莫此爲甚，吾何忍無辨耶！〔註5〕

熊氏以佛家由欲對輪迴觀念、死生問題作一消解，而趨於出世，以至於「毀生人之性」，此其最受批評者也。因其所以懼輪迴、怖死生，實因其中無所主，自己不能肯定自己，而要靠外來之「正聞熏習」，如是則證不證道，成不成佛，純屬偶然，自己全作主不得，則人人皆有之「佛性」，亦成「無何有」之物矣！人之所以爲人之根源性，喪失殆盡，蕩然無存，其不爲「毀生人之性」則爲何？

而熊氏之所以深懼「毀生人之性」，實有淵源可尋。蓋熊氏自幼深受傳統文化影響，並富民族思想，〔註6〕雖失學，仍念茲在茲，於革命，亦未敢或忘，且與日俱增。縱其問法於歐陽，雖因「有人世之悲」，實乃「深感吾黨人絕無在身心上作工夫者」，故思從根救起；此皆其幼年所受有以致之也。故終覺佛家虛幻，淪爲無常，不足挺立人心。爰是反求自心，默然神會，而有契於六經，尤歸宗《大易》。自是起變，棄佛返儒，由消極無爲之出世一變而爲精進健動之入世。儒佛二家之別，既如此之大，故熊氏「何忍無辨耶！」而《新論》之不得不作也。

以上乃熊氏從大體上對佛學之看法，其實此亦是自佛法東來後，一般人

與三法印之「諸法無我」亦相對立。佛家言「無我」，又言業報、輪迴，必有一生命主體，理論上較難自圓其說，故熊氏極力批評之。

〔註5〕 見熊著《新唯識論》（熊十力論著集之一）頁 590，文津出版社，民國 75 年 10 月出版，台北。此書計收有熊氏早年著作《心書》，及《新唯識論》〈文言本〉、〈語體本〉，《破破新唯識論》，並附劉定權《破新唯識論》等著作，並有〈略談有宗唯識論大意〉、〈答問難〉、〈答謝幼偉〉等諸文附錄於後。後凡引及以上諸著作者，皆以此書爲準，並簡稱《論著集》。

〔註6〕 參見《語要》卷三〈黎滌玄記語〉頁 502～505，《語要》卷一〈王漢傳〉頁 156～167 諸文。

共同之看法。佛家一面言一切皆是緣起而有，無自性可言，故否認有自我存在，一面又言輪迴，雖無輪迴之主的作者，但卻有業力作用在；如此，既無自我作者之存在，然又肯定有業力作用在，則業力作用又無所依附，豈非自成矛盾？而最要者，由欲解脫出離而希求出世，以至否定今世，於此世界無有作為，此在儒家「天行健，君子以自強不息」觀念下，更有毀生人之性之虞。在熊氏觀來，儒佛之別即是見不見體之別，佛家雖見體，但終究不肯定之，故從否定面言之，而儒家則從正面肯定，人人皆有良知良能，有為者於當下目前努力，即能成堯舜。熊氏由佛返儒，以儒者自居，自是以儒家立場，故言佛家不見體，而佛家若以其立場亦言儒家不究竟，此見體真不真切，究不究竟，實因立場之異，一入世一出世而有以致之，此亦是歷代儒佛兩家問題癥結所在，而至今未解決者。

　　其實此中最可注意者，即佛陀悟道成佛初成正覺時，所悟得之法乃是不可思議，言詮不及之最勝義妙境，但因眾生智慧不及，無法領受，只好對機說法應病與藥，為破眾生執著而離苦得樂，度生死海至涅槃岸，故只說此緣起法等，因此，此緣起法等是否佛陀成正覺所悟之法，抑或一時權宜之法？〔註7〕然不論如何，此等法對破眾生執著離苦得樂而言，則屬究竟，因其既是釋尊金口所說，且釋尊於圓寂前告阿難說，於其圓寂後當以法與戒律為師，而法則以「四依四不依」為準，即依法不依人，依了義經不依不了義經，依義不依語及依智不依識，此緣起法等既是佛法之根本理論，一切理論皆由此生，故此等法自是了義，自為究竟；然亦因此，則八萬四千法門中，不只緣起法等少法為究竟，其餘釋尊所未言者，如能合乎「四依四不依」之準則，亦未嘗不為竟究。故釋尊於當時為破眾生執著，說緣起法，而成一無我論者，此亦應機教化而已，而後代因時機不同，如與中土儒道合流之真常系，已言及如來藏，清淨心及自性，亦不可以其非佛所說法，即謂之不究竟，而此等語雖非實體字，乃是抒義字，然實已漸傾向於預設有一本體。故佛家立不立

〔註 7〕 印順亦曰：「佛法源於佛陀的正覺。佛的應機說法，隨宜立制，並不等於佛的正覺。但適合於人類的所知所能，能依此而導入於正覺。」（《說一切有部為主的論書與論師之研究》序頁 2，正聞出版社，民國 70 年 12 月，三版，台北）傅偉勳氏亦曰：「由於釋迦牟尼悟道成佛（即初成正覺）的體驗內容屬於不可思議、言詮不及的最勝妙境，我們無論如何猜測，都不可能還出原原本本的真實面目。」（見〈關於緣起思想形成與發展的論釋學考察〉頁 172，載《中華佛學學報》第四期，民國 80 年 7 月，台北）。

體，實是佛學理論內部一大問題，頗值商榷。

今亦只可就釋尊所說法而論，至於其所未說而究屬於不可思議言詮不及者，則存而勿論可也。因此，佛家終是緣起論者，無我論者，著重於用，即使眞常系諸宗亦是強調由用見性，如天台言功用，華嚴言力用，而禪宗言作用見性，更臻於極至，然終究不立本體；而熊氏以其生命體驗之眞實感，肯定人生，肯定世界，故必肯定本體，此本體即人人之本體，亦即宇宙之本體，故對佛家不言本體，而其用不由體發，則成無體之用，必至否定世界，以至毀生人之性，此則熊氏所無法贊同者。

第二節　對空宗之反省

熊氏於《語要》卷一〈答客問〉略述佛學流變云：

> 佛家思想之演變，雖極複雜而久長，然扼要言之，不妨假定雜阿含等四阿含爲元始佛家思想。大空龍樹提婆，大有無著世親，均爲後來新興的佛家思想。吾嘗據雜阿含等，以求元始佛家思想，而謂是期思想只是人生論。及大空大有分途成熟，大有便進而談宇宙論，
> 空宗頗談本體論，此皆爲新興的佛家思想云。（頁36）

若將印度與中國佛學合而觀之，大致可分：釋尊所說之法，是爲原始佛學；釋尊滅後，弟子分爲上座部與大眾部，是爲部派佛學，可視爲由小乘至大乘之過渡期；及至龍樹、提婆宣說「空」義及「中觀」，是爲大乘空宗；其後無著、世親興，矯空宗之弊，建立「唯識」之學，是爲大乘有宗；此外又有宣說「眞常心」之經典者，如華嚴、天台等，則屬大乘之另一系。熊氏認爲佛家思想一層深一層，由人生論而本體論而宇宙論，範圍愈益寬廣，空宗深於本體論，有宗善言宇宙論。故對佛學作一整體反省之餘，更深論空有二宗，是否的當？

熊氏於空宗總覺其滯寂趨滅，易使人生歸於消極；雖然如此，但熊氏起初對於空宗之言「空」義，深入般若實相，含無限甚深妙意，則心契不已。

「空」之一義爲佛家之共同觀念，然至龍樹依《般若經》立論，始有嚴格界說。空宗之思想，可以《中論》中「三是偈」一偈表之，即：

> 眾因緣生法，我說即是空，亦爲是假名，亦是中道義。（觀四諦品二
> 四）

「眾因緣生法」即是緣起義，「我說即是空」即指空性，《中論》以緣起釋空性，凡因緣所生之一切法皆無獨立實在性，而說爲空性，故空宗乃「緣起性空」論者。然緣起與空性並非對立，而是緣起即空性，空性即緣起，從依緣而起言，名爲緣起，從現起而本性空言，名爲空性，兩者名異實同，是可統一的，而其關鍵即在「無自性」。因緣起故無自性，無自性故說爲空，亦因空無自性，故是從緣起有；緣起與空性即可統一，故說「緣起性空」，而緣起性空即因無自性也。

　　然雖以因緣（緣起）說空性，要亦不可執因緣爲實有，而說爲「不空」。蓋所謂因緣，實非客體意義之實有，乃爲解說諸法之何以成，而說緣起；亦即諸法因無自性，故能因因緣和合而顯現，所以因緣之安立，乃立基於諸法之無自性，而由此解說諸法之爲何顯現；若諸法有自性，即諸法本來即有，則因緣義不成，亦無所謂因緣可說。故離此無自性，即無所謂因緣，因緣亦是有所待，不可將因緣執實，而說爲不空，故《中論》首品即是〈觀因緣品〉，即欲人了此因緣，雖是能生一切法，亦不否定此能生的因緣，然此因緣卻是如幻如化，並非實在，不可執實，亦因其如幻如化，故由此因緣而緣起的，不只遮破自性的緣生，亦顯示一切法本性空寂的不生。因此，由因緣所生之諸法，實非眞實，其不待破而不可執實則明矣！

　　一切法既是因緣所生，即不可能爲「自生」，故無自性，即使爲「他生」，而有「他性」，然此他性亦非自性，因他生亦由其他他生所生，則成無窮過，故亦無自性，此無自性即是空義。然此緣起性空之空性亦不可執實，以爲有一空性可求，因空性「亦爲是假名」，即「空亦復空」，但爲引導眾生，故以假名說，亦即因是假名，才不致復執此空性，此可防執實有空之失。而一切法雖「緣起性空」，故說「一切法空」，此只意謂一切法皆非獨立實在，此乃從勝義諦言，故說「一切法空」；若從世俗諦言，則一切法皆非獨立實在，並非謂其即「無」或「不存在」，一切法亦因「以有空義故，一切法得成，若無空義者，一切則不成」（同上），既不可謂其即無或不存在，則一切法之所以爲一切法，乃因眾因緣和合而有，雖無實性而卻有緣起用，一切法不可離因緣而自存，離此因緣施設，即非實有，故謂之「假名」。亦即「空則不可說，非空不可說，空不空叵說，但以假名說」（觀如來品二二），一切法「但是假名」，都無實性，但皆依因緣而立，故從世俗諦則可謂其爲「施設有」。

　　而離有無二邊，直明一切法之無自性空與但有假名，此即中道義。離有

邊即謂此空性乃抒義字，非實體字，若執爲實體，即成有見，常見，增益見；
離無邊即謂此空性乃就緣生無性言，而非一聞說空，即以一切都無，而成無
見，斷見，減損見。此兩邊皆是邪見，而爲惡取空，若離此兩邊，即是中道
空。此有無乃指客體意義之有無言，蓋一切法既非有，亦非無，因一切法皆
緣起性空、假名施設，既不可說爲有，亦不可說爲無，故須離此兩邊，非有
非無，是謂中道。龍樹立論在於否定一切法有獨立實在性，故不以一切法爲
有，亦不以爲無，因有、無皆非獨立實有，乃以因緣而安立，故無客觀義之
有、無可言。一切法依於無自性空，依空而有之一切法，但有假名，如從世
俗諦言，緣起之諸法，依「此有故彼有，此生故彼生」，亦有其客觀眞實性，
如從第一義諦言，緣起之世俗諸法，無非乃虛妄不實之幻現，若能了此二諦，
即是中道義。其「八不緣起」，即「不生亦不滅，不常亦不斷，不一亦不異，
不來亦不去」（觀因緣品第一），亦是說明此義。

　　而雖分說爲二諦，然在中道緣起之般若空慧觀中，世俗之生滅與第一義
之不生不滅是可等同的，因「若不依俗諦，不得第一義，不得第一義，則不
得涅槃」（觀四諦品二四），眾生於世俗中，若不依俗諦之名相分別，則不能
契入第一義空；而若能了此，即能趣向甚深空義之涅槃，而世間與涅槃是無
有差別，故曰：

> 涅槃與世間，無有少分別，世間與涅槃，亦無少分別；涅槃之實際，
> 及與世間際，如是二際者，無毫釐差別。（觀涅槃品二五）

亦即世間有爲法因涅槃無爲法而假立，而涅槃無爲法亦依世間有爲法而有；
世間有爲法乃虛幻無實，則依之而有之涅槃無爲法亦是虛幻無實，世間與涅
槃同一虛幻，故說「世間即涅槃」。由此悟入之畢竟空性，才是「實相涅槃」，
而此涅槃是如幻如化，不可執實，乃深入諸法之內在，與諸法空性無二無別，
渾然一味，乃境智一如，自他不二，能所雙泯，有無俱寂，超越一切名相差
別，故曰：

> 無得亦無至，不斷亦不常，不生亦不滅，是說名涅槃。（觀涅槃品二
> 五）

此涅槃因非客觀對象，無有實自性之可得可至可斷可常可生可滅，故說爲無
得無至不斷不常不生不滅，是名涅槃。既非客觀對象，即與緣起性空之生滅
法不同，而是涅槃無爲之不生不滅法，不受「因緣所生法」之限制，即「不
受因緣」，偈云：「受諸因緣故，輪轉生死中；不受諸因緣，是名爲涅槃」（同

上），「不受諸因緣」，則所謂涅槃方歸於斷離寂滅，故說「涅槃寂靜」，而此即其所言之最高境界也。然空宗於空「法相」（一切法）後，雖言「法性」（涅槃），然此法性則是如幻如化，而不可執實。

　　熊氏對空宗之了解，大致不差，且多所取資；〔註8〕然卻將抒義字之法性，誤爲實體字，以法性爲本體，其對空宗之反省即基於此認知上，認爲空宗一言以蔽之，即「破相顯性」，《新論》云：

　　　　空宗的全部意思，我們可蔽以一言曰：破相顯性。（《論著集》頁 372）

　　　　空宗的密意，本在顯性。其所以破相，正爲顯性。（同上頁 378）

蓋人皆易執著於法相之有無，不知其乃緣起性空，一切法實無自性可言。而之所以起執，實因知見作祟，知見來自日用生活中，向外馳求，由是起執，執有執無，不知應離有無二邊，方可得其中道。而空宗於此，實能空法相，離有無二邊，而深入法性。故熊氏認爲空宗極力破除法相，正所以顯性。因其認識論，乃著重對治人之知識與情見，知見由日用中熏習而來，向外馳求，非斥駁不可。故破相，即斥駁知見，方可豁然悟入法性。於此方面，相對於有宗，熊氏則較契合印可空宗。

　　顯然熊氏是將性相分爲兩層，而「空」義亦因而有兩個層次之解釋，一、就法相言，是空無義，由對法相之遮撥，空去法相，不執著法相，方見法相乃真實空無的；二、就法性言，乃謂空理，而非空無，因法性非如法相之可空，而是不可空，言法性爲空，乃就其清淨本然言，《新論》云：

〔註8〕熊氏於《新論》略言及空宗二諦說（《論著集》頁 92），而於《體用論》（頁 178～183）更對「三是偈」作一疏釋，皆順著龍樹中道緣起之「二諦說」爲言，而非如天台宗之解爲「三諦說（三即說）」，即第三句「亦爲是假名」，不是謂述第二句之「空」，因若對空作注解而說空亦是假名，「空亦復空」，乃多餘的，說亦可不說亦可，即使不說，亦不至將空執實爲實體；故應是謂述首句緣起法而言，單就緣起法之幻有而說假名。亦即四句一氣讀，連三即，眾因緣生法即是空，亦即是假名有，同時亦即是中道義。依印順之看法，天台宗將「二諦說」說成「三諦說」，則有二失，「第一、違明文：龍樹在前頌中明白的說：『諸佛依二諦，爲眾生說法』，怎麼影取本頌，唱說三諦說？這不合本論的體系，是明白可見的。第二、違頌義：這兩頌的意義是一貫的，怎麼斷章取義，取前一頌成立三諦說。不知後頌歸結到『無不是空者』，並沒有說：是故一切法無不是即空即假即中。如心經，也還是『是故空中無色』，而不是：是故即空即色。」（《中觀論頌講記》頁 474～475，正聞出版社，民國 76 年 4 月，七版，台北）。熊氏順「二諦說」爲言，不將其說爲「三諦說」，可見其對空宗確是有所體會。

空宗唯其能空法相或五蘊相，所以於法相或五蘊相，而皆證空理。易言之，即於一一法相或一一蘊相，無所取著，而直透澈其本體。《心經》說五蘊皆空，這裏空字，實含有兩種意義：一是說，五蘊法都無自性故，名之以空。（此云空者，即是空無義。）一是說，既知五蘊法都無自性，便於一一蘊相，遣除情見執著，而直證入其離諸戲論之清淨本然，亦說爲空。（此云空者，即謂空理，非空無義。清淨本然，亦空理之代語。）（同上頁368～369）

而雖分爲二義，然二義本是相關，因諸法有實自性而不空，即無由於法相而見空理，故由法相之空無即見法性之空理，所以熊氏言空宗爲「破相顯性」，對空宗以般若空慧空一切法相，深所贊許，故說「空宗在認識論方面的主張，是我在玄學上所極端贊同的。」（同上頁372）

其次，熊氏指出空宗滌除知見，必於宇宙萬象都說爲空，故無所謂之宇宙論；亦即於法相所由形見，絕不究問，不言真如實性能顯爲一切法相，故以二語料簡之：

（甲）真如即是諸法實性

（乙）真如顯現爲一切法（同上頁374）

由（甲）語則見諸法都無自性，應說爲空，因諸法之實性即是真如，非離真如別有諸法之自性可得，故知諸法但有假名，而實空無；由（乙）語則見諸法雖無自性，然非無法相可說，因法相即真如之顯現，故應一面以一切法會入真如實性，此即「攝相歸性」，一面則由法相即真如之顯現，而有功用詐現，迹象宛然，故不妨施設一切法相，由此假立外在世界。亦即（甲）語只是「即體無用」、「即存有而不活動」，而（乙）語則「即體即用」、「即存有即活動」。熊氏認爲空宗畢竟只言及（甲）語，而不言（乙）語，只說真如即諸法實性，而不言真如能顯爲一切法，故有體無用，不能即體即用。真如不生不滅，無有創化之功，而成一死體耳！

可見熊氏雖贊同空宗之認識論，但卻駁斥其宇宙論，甚至認爲「依據空宗的說法，是無有所謂宇宙論的」（同上頁373），因其於一切法無所安立，對一切法相所由形見皆破斥之、空去之，而不究問其根源，故不能言「真如顯現爲一切法」，而只能言「真如即是諸法實性」，不能言「攝相歸性」，而只能言「破相顯性」。亦即在熊氏看來，在空宗之認識論下，一切法皆消融於此，一切皆如幻如化，無有一法可得，故無有宇宙之可安立，自無宇宙論之可言。

最後，熊氏更指空宗「破相顯性」，善言本體，然一往破空，至於其極，必連「法性」亦破之，成斷滅空矣。《新論》云：

> 《大般若》五百五十六云：「時諸天子，問善現言：『豈可涅槃亦復如幻』？善現答言：『設更有法勝涅槃者，亦復如幻，何況涅槃？』」
> 是則法相，固不可執，若復於法性起執者，雖性亦相，故應俱遣，一切皆空。（同上三七七）

熊氏認爲空宗之空法相，乃爲破執，令人悟入法性、涅槃，有其深意。然復懼於空法相後，雖不執著法相，卻又執著於法性，故連法性亦須遮撥，亦須空去。如此則相破性亦破，「性相雙遣」，縱能「實證空寂」，然已「性歸寂滅」，其法性似有實無，成一無體之體矣！

綜上所論，可見熊氏對空宗實有會有不會。對於空宗空法相，不陷於法相中，而直透入法性，此種直透法性之般若空慧，熊氏不僅相當贊同，且有所資取，如其理論體系中，心（闢）如何能轉物（翕），即因心是陽明的、無染的，而此陽明的、無染的心，即是其有所取乎般若空慧之處，此亦是熊氏對空宗有所會之處。

然而熊氏卻以爲空宗是性相兩分，而成破相顯性，此實是其骨子裏有一「體用」觀念之要求，故任何理論在其觀之，皆以此衡之而定其究竟與否，此則是其不客觀相應處。在空宗言來，雖說二諦，亦只是諸佛爲眾生說法之方便，故「一以世俗諦，二第一義諦」，如不知此只是方便，而「分別於二諦，則於深佛法，不知眞實義」（《中論》觀四諦品二四），並且「若不依俗諦，不得第一義，不得第一義，則不得涅槃」，由是而說世間即涅槃，涅槃即世間，可見世間與涅槃，亦即法相與法性，並非如熊氏所言是分爲兩層，性相既非分爲兩層，自無所謂「破相顯性」之問題。若依印順之說法，將性相分爲兩層的乃是有宗，而非空宗，因此有宗才有所謂的「破相顯性」，空宗則無。〔註9〕

空宗言性相，皆就緣起論立場而言，因一切法空無自性，故是緣起，而「以有空義故，一切法得成」，即因一切法是緣起而成，而緣起之性即是空的，故說爲空性，然此空則不可說成是諸法緣起之本體或根源。而熊氏因其有一

〔註9〕 見印順〈評熊十力的新唯識論〉五、「空宗與有宗」（收入《無諍之辯》，正聞出版社，民國80年4月，一三版，台北）；詳後第四章第四節（二）「空有之辯」。

體用之要求，故將空宗之空，解為一、空無，屬用上義，二、空理，屬體上義，並將空理（空性）執實，而為一清淨本然之體。殊不知空宗之言空，雖有空無與空性二義，然此二義乃不一不異。空無是就其為緣起法而言，一切皆是因緣和合而有之緣起過程，皆無實自性可言，故須空去，而說空無；空性則就其寂滅相而言，因覺悟諸法本性空寂而即證顯此空寂，即是寂滅相，即是空性，此空性並非緣起法，而是直證無生之寂滅相而顯現之一種境界或一種意義。若說此空性亦是一個法，則亦應是第二序上之「意義」法，與緣起法亦不同，亦即空不是一個法，而是法之性，只是名上意義，而無存在意義，並非如熊氏所計為一能生起萬法之本體，因空宗只是以一「蕩相遣執」之方式而說諸法實相——空，而實無所建立。〔註10〕

至於熊氏引《大般若經》而謂空宗之言涅槃、法性，有「亦復如幻」，相破性亦破之失；其實，依經文脈絡義看，只是欲人不可執著於涅槃、法性，若於此成執，則涅槃、法性亦非涅槃、法性矣；且涅槃、法性本即是如幻如化，「無得亦無至，不斷亦不常，不生亦不滅」，既無得無至不斷不常不生不滅，則又何所執、而又何所遣，而成相破性亦破，「一切皆空」呢？熊氏此舉實有斷章取義之嫌，因《般若經》並非如熊氏所計有一本體而說實性不空，不但不說實性不空，且一再提及：「為久學者說生滅不生滅一切如化」，「真如非有性」，「涅槃亦復如幻如化」，《中論》〈觀涅槃品二五〉亦曰：「涅槃不名有，有則老死相」，「如佛經中說，斷有斷非有，是故知涅槃，非有亦非無」，

〔註10〕 參見牟宗三《佛性與般若》上冊頁108～109。又關於「蕩相遣執」，乃牟氏於《佛性與般若》上冊一開頭對《大般若經》之性格之描寫，茲引數段以見其概，「大般若經主要地是講般若智之妙用。般若是無諍。般若智之妙用即是蕩相遣執。『一切法皆不合不散，無色無形，無對一相，所謂無相。』經只就諸法表示此意。它並無所建立，它亦未分解地說明任何法相。」（頁3）「般若部只是融通淘汰，蕩相遣執，則是事實，此見般若經之獨特性格。此一性格即是不分解地說法立教義，但只就所已有之法而蕩相遣執，皆歸實相。實相一相，所謂無相，即是如相。」（頁11）「諸法實相是依般若蕩相遣執而示顯（遮顯），不是依分解方式而建立，且實相甚至根本亦不是一個法。說它是『無諍法』，這『法』字是第二序上的虛說，只有名言意義，無實法意，『諸法』之法才是實法，雖然亦是假名。」（頁13～14）「般若經不是分解的方式，無所建立，因而亦非一系統。它根本無系統相，因此，它是無諍法。此種無諍法，吾將名之曰觀法上的無諍。即是實相般若之無諍，亦即般若之作用的圓實，圓實故無諍。此是般若經之獨特性格。」（頁16）由以上數段，可見《般若經》之蕩相遣執的性格，而空宗之大意，亦含蘊於此。

而於最後則歸結爲「諸法不可得，滅一切戲論，無人亦無處，佛亦無所說」，而熊氏誤以涅槃、法性爲眞實而爲妨成執故亦遣破之，而成性相雙遣，此實其不會空宗之處也。

　　雖然熊氏於空宗有會有不會，亦受其影響，然終站在自己之立場，誤以空宗乃遮撥法相以顯法性，深覺其有所不足，而己則欲揭示現象以顯本體，此其大不同，不可無作以救之，故有《新論》之作也。

第三節　對有宗之反省

　　熊氏以空宗「破相顯性」，偏言本體，無有宇宙論可言，然熊氏既欲揭示現象以顯本體，必論及宇宙論，而有宗盛言之，故亦必言及之。熊氏言：「《新論》之旨，本出入儒佛，而會其有極。然原其所由作，則以不愜意於無著一派之學，而不容已於言，故書中評及有宗者特多。」（《論著集》頁 624）蓋熊氏於有宗之學，可謂出入有時，並有所得，〔註11〕後因所見不同，自爲新說，是故而有《新論》之作也。

　　有宗乃繼空宗而興，因空宗極言法性，而空法相，於宇宙萬象無所安立，至其末流，易使人以爲「一切法空」，最後連法性亦空，而成「一切皆空，連空亦空」，故有宗意欲施設宇宙，起而矯之。然自無著、世親爲矯空宗之弊而唱「唯識」之說以來，雖得十大論師之發揚，然間有異義，對識、境等看法不盡相同，故有所謂安慧之「無相唯識」與護法之「有相唯識」之別。安慧認爲應是「唯識無境」，《三十唯識論頌》曰：「識轉化分別，彼（我法二執）皆所分別，由此（分別）彼（二執）皆無，故一切唯表。」此與眞諦所譯《中邊分別論》第二：「虛妄分別有，彼處（分別有）無有二（能取所取）；彼中唯有空（二取空），於此（二取空）亦有彼（分別）」頗爲接近。亦即安慧基本上認爲識、境分別只是「虛妄分別」（表別），於此分別上之「二取」（能取之見分，所取之相分），乃遍計所執性，皆非眞實，所以是「二取無」，故稱爲「無相唯識」。而護法對境、識之看法，可據窺基《成唯識論述記》：「唯謂簡別，遮無外境；識謂能了，詮有內心」而知，亦即「否定外境，肯定內心」。《成唯識論》亦曰：「外境隨情設施故，非有如識。內識必依因緣生故，非無

〔註11〕　《新論》云：「我從前有一個時代，是很傾向於印度佛家思想的。……我嘗問無著和世親一派之學於歐陽大師，也曾經服膺勿失的。」（《論著集》頁 348）。

－21－

如境。」亦即執外境爲實有者，乃是一種遍計所執性，故是「情有理無」，而識則是依因緣生而實有之依他起性，故是不能不有的。〔註12〕又「種子」爲「本有」或「新熏」，十大論師間，亦多分歧，主要有三說，護月主「本有」說，難陀主「新熏」說，護法則綜合各家，主「本有」「新熏」並建。

傳入中國後，又因所依譯典不同，對「阿賴耶識」起「染淨」之爭，而分爲三支，一、菩提流支依所譯世親《十地經論》而成立「地論宗」，主阿賴耶爲清淨；二、眞諦依無著《攝大乘論》而成立之「攝論宗」，主阿賴耶爲半染半淨；三、玄奘、窺基依《成唯識論》（後簡稱《成論》）而成立之「唯識宗」（或稱爲「法相宗」、「慈恩宗」），主阿賴耶非染非淨，乃無覆無記，而通於染淨。〔註13〕此中脈絡紛繁，系統龐雜，但大抵可分爲兩系，安慧、眞諦是一系，稱爲「唯識古學」，護法、玄奘和窺基是一系，稱爲「唯識今學」。至近代，則有歐陽竟無與太虛同弘唯識，皆以玄奘所傳唯識爲正宗，而熊氏出身歐陽門下，對唯識之學最熟悉者，即是以護法、玄奘「唯識今學」一系之「有相唯識」，而對其餘流派，似乎不大論及。顯然熊氏對有宗內部之紛爭，

〔註12〕以上關於「無相唯識」、「有相唯識」乃參見曹志成〈眞諦的唯識古學、玄奘的唯識今學與熊十力新唯識論之唯識思想初探〉〈上〉〈下〉頁6、頁7而成，載《中國佛教》第三三卷第三、四期，民國78年3、4月，台北。

〔註13〕關於此三宗之大概，在地論宗方面，地論師說阿梨耶識（即阿賴耶識）是眞識，然《十地經論》：曰「應於阿梨耶識及阿陀那識中求解脫」，則無眞識之意，故地論師之眞識說，可能是從菩提流支所譯《入楞伽經》之「自相阿梨耶識不滅」而來。攝論宗方面，眞諦所譯《攝大乘論釋》，於世親之解說中每多所補充解說，如曰：「阿梨耶識，界以解爲性」，「聞熏習與解性和合，以此爲依，一切聖道皆依此生」。於持種、異熟阿梨耶識外，又立解性梨耶，故阿梨耶有「眞妄和合」之意，此可能從《阿毘達磨大乘經》所說依他起性「彼二分」而來。眞諦於八識外，立阿摩羅識（無垢識），或即是《楞伽經》「八九種種識」之第九識。阿摩羅識之內容，乃八地菩薩（及阿羅漢）捨阿梨耶所得之「轉依」，又通於初地所證得的，及眾生之本淨心。眞諦所譯論典，重於阿賴耶種子識之轉變，稱爲「一能變」說，而最特出者，即對阿梨耶識爲所依，如來藏爲所依兩大思想之疏解融通。唯識宗方面，唯識學乃依《瑜伽師地論》爲本，無著《大乘莊嚴經論》與《攝大乘論》，闡揚阿賴耶之種子識變，因亦會通當時流行之大乘經，故亦會通如來藏與大我，依此發展下去，故有《楞伽》、《密嚴》等傳出。世親《唯識三十論》，依《瑜伽》〈攝決擇分〉闡揚阿賴耶、末那與前六識之三類現行識變。陳那、護法一系，重視理性思辨，而思想復歸於《瑜伽》，正智是依他起，有爲生滅的；智與識相應；如與智不一。依此而論佛果──三身、四智，皆有詳密之分別；而《成唯識論》即不再談如來藏矣。以上乃參閱印順《印度佛教思想史》頁348～349而成，正聞出版社，民國78年11月，三版，台北。

並不關心，因儘管紛爭有所同異，但基本理論卻是相同，「一切法不外乎識（表象）」，〔註14〕以種子為現行之根源，及眞如是無爲法等，故實視其全部爲一派，甚至以護法、玄奘一系代表全部，因此其對有宗之反省即以無著世親——護法——玄奘窺基這一系爲主。故本文論述熊氏對有宗之反省，亦以此系爲主，其餘若有關者，則亦及之。

由於空宗言眞如不生不滅，而非生生化化，只是一平鋪之眞如世界，而非一縱貫創生之世界，故無有宇宙之施設；有宗起而矯之，首先言及「三性」，由此而談宇宙論，宇宙由此而安立，此「三性」說可謂乃空宗過渡至有宗之橋樑，而後再言及「唯識」，建立阿賴耶識，其中含藏一切種子，而爲一切法之所依止，如是「三界唯心，萬法唯識」，而「唯識」之義成。「三性」說較偏於「境」上說，「唯識」義則重於「識」上說，而其實是相通的。在熊氏看來，前者即所謂之宇宙論，後者即所謂之本體論，而欲評判有宗之得失，即可由此兩方面著手。故論述熊氏對有宗之反省，即可順此而分述之：一、對「三性」說（宇宙論）之檢討，二、對「唯識」義（本體論）之檢討。

一、對「三性」說之檢討

有宗之「有」，與世俗或小乘派者之「有執」不同，因有宗之有，乃是「妙有」。蓋原始佛學及部派佛學，尙是小乘時期，皆以離苦證果爲目的，只言自我及如何解脫，限於人生論，而於現象界之建構，避而不談。至龍樹大乘空宗起，以般若智觀一切法空，離法相有無而顯法性之中道義，將一切法之獨立實在性消解於「因緣所生法，我說即是空」，亦即「緣起性空」中，而得「一切法空」。此空義、中道義雖與客觀對象意義無關，然既可建立此空義、中道義，則必有建立此空義、中道義之「理」。故妄執之爲執，亦應有理；破妄執而建立之觀念言說，亦應有理；而破妄執之目的，亦應有理。空宗只言及空義、中道義，尙未言及其理；有宗繼之而起，故言及之，且依之建立「三性」說，即「徧計所執性」、「依他起性」及「圓成實性」。徧計所執性乃指於依他起之緣生法上，周徧計度，妄執一切，計爲實有，而不知其爲虛妄；依他起性即一切法皆因眾緣和合，方得生起，不論其爲清淨或染污，皆爲依他起攝；圓成實性即於依他起上，去除徧計所執，證我空法空，而得諸法之實性。此

〔註14〕《唯識思想》頁9，高崎直道等著，李世傑譯，世界佛學名著譯叢六七，華宇出版社，民國74年12月，初版，台北。

「三性」即一切法之自相，亦即一切法之自相皆有此三。此「三性」不即是「空」，但亦不違「一切法空」，故其之爲有，乃非客觀意義之有，與俗諦之執有不同，故謂之「妙有」。

熊氏於「三性」說，乃透過與空宗之比較，而認爲有宗「三性」之說，已失空宗本義，因「按《大般若經》言，慈氏（佛呼彌勒也）應如是知，諸遍計所執，決定非有。諸依他起性，唯有名想施設言說。諸圓成實，空無我性，是眞實有。」（《論著集》頁 413）亦即熊氏認爲空宗計初性、次性誠爲非有，而唯第三爲非空，故《新論》云：

> 初性但遣所執，次性盡遣所執之所依一切法相，然後一眞之體揭然昭顯，故終之以第三性。（同上頁 414）

而有宗則改變空宗之次性非有爲非空，而計初性爲非有，後二性爲非空，已稍異於空宗，《新論》云：

> 蓋有宗以爲，三性中初性純是所執，是誠非有。依他不應說無，圓成則是眞實有。故通依圓，總說非空。（同上頁 415）

熊氏認爲兩者之根本分歧即在「依他起性」，「空宗說依他，元是遮撥法相。有宗說依他，却要成立法相。」（同上頁 415）亦即空宗遣除依他起性，遮撥法相，故不言宇宙論，而有宗承認依他起性，成立法相，故有宇宙論可言。熊氏並以「遮詮」與「表詮」來說明二宗之異：

> 表詮承認諸法是有，而以緣起來說明諸法所由成就。
>
> 遮詮欲令人悟諸法本來皆空，故以緣起說破除諸法，即顯諸法都無自性。（同上頁 417）

遮表二義截然異致，判若天淵。由於小乘有部談緣起，乃表詮義，故空宗欲遮其執，便得將眾緣一一破斥，則小乘有部妄計有從緣而生之諸法，即不待破而自空。空宗言三性，實將依他起與遍計執俱遣，而由遣依他起，即於法相不見爲法相，而所謂萬象森羅原是一眞法界，故遣依他起者，乃即依他起而悟其本是圓成實，無有依圓二性對立之過。而有宗却根據小乘有部表詮義而反空宗，將遮詮義又變爲表詮義，而有依圓對立之過。

熊氏又認爲有宗因欲建構宇宙論，較小乘有部更變本加厲，至於其極，則將「緣起說」改變爲「構造論」，而此一關鍵即在「種子」義之提出。「迨後，無著創發唯識之論，即於依他起性而改變空宗遮詮的意義，因建立種子，使緣起說一變而爲構造論。」（同上頁 416）。亦由此因緣義之改造，使有宗漸

漸形成以種子爲中心，以阿賴耶識爲能變現之「唯識」系統。

綜上所論，熊氏以爲有宗「三性」說乃承空宗而來，呂澂則認爲熊氏「批評無著三性說，引據《大般若經》，以爲三性始於空宗，無著更張原意云云。此解無稽，眞出意外。蓋所引《般若》，爲〈慈氏問品〉原係瑜伽所宗，晚出之書取以自成其三性說者，此與空宗何關？……題名《般若》之經，非空宗所專有（如《般若》〈理趣分〉，爲密宗所依，與空宗亦無關），豈可一見《般若》，即目爲空宗之說？又經文說色等三法，原爲遍計色、分別色與法性色，瑜伽宗論書乃取以配合三性，豈可直接改經文爲遍計性、依他性與圓成性？」〔註15〕呂澂所說甚是，熊氏於此實有誤解妄改之處。空宗其實只言二諦，不言三性，熊氏以爲空宗亦言三性，顯與事實不符，其之所以如此認定，顯非由客觀事實言，而應是從義理脈絡演進言，認爲空宗雖無三性之名，而有三性之實，因二諦說中實已含有三性，只是未強調而凸顯之而已，至有宗則特別強調依他起，以爲餘二者之聯繫，故說三性；然此亦只是其自以爲是，即使如其所言兩者有內在義理關聯，有宗自空宗而來，亦絕不可以逆推方式，即謂有宗言三性，故空宗亦必言三性，此中實無必然性，難以成立，若謂其有必然性，則成倒果爲因。

熊氏又認爲依他起性與圓成實性，同爲是有非無，且是「實有」，則又不甚了然於依他起性乃通染淨，雖然是有，但卻是「假有」，而非如圓成實性之爲實有。蓋有宗「三性」之說，若以《瑜伽師地論》〈菩薩地・眞實義品〉之「假說自性」與「離言自性」言，「遍計執」略當於「假說自性」，「圓成實」略當於「離言自性」，此「假說」「離言」二性，與空宗「二諦說」相近，而有宗即是於二者間安立「依他起」爲聯繫樞紐，故有宗實承空宗而來，其差異只在於對「依他起」之肯認與否。若以染淨言，「遍計執」是染性，「圓成實」是淨性，「依他起」本身非染非淨，但又通於染淨，視其與誰結合，如與「遍計執」合，則爲染性，如與「圓成實」合，則爲淨性。若配合有無言，則遍計所執性出於對緣起緣生之遍計而執著之，故是「無」；依他起性乃遍計所生之依計，故是「有」，然因其乃與遍計執結合相順，故非實有，而是「假有」；而至圓成實性依依他起而去除遍計執，才可說是「實有」。

熊氏對有宗「三性」雖未能完全理解，但對其建立「三性」，欲由此而談宇宙論，安立施設宇宙，初亦頗爲贊同，然因其變異過甚，終至以種子義取

〔註15〕《呂澂文集》頁 111，文殊出版社，民國 77 年 3 月版，台北。

代因緣義，使緣起說成為構造論，雖由此漸漸完成其「唯識」理論架構，但已大違佛法最根本之緣起義，以至而有所謂種現對立之「二重世界」之失，種子真如同為本體之「二重本體」之失等。雖然熊氏認為至無著始建立種子，在文獻考據上並不客觀正確，因種子思想在小乘時已有，但顯然地無著之言種子，其義已與小乘不同，種子無窮無量，能生一切萬法，在熊氏看來，如此多元之能生的主體並不究竟，此亦只是一「暫時之體」，故有二重世界、二重本體之失，若欲避免此失，則須尋求一更根本、一真絕對之本體。熊氏即因不滿於此，認為必須建立一普遍的、內在的、超越的本體，而漸漸改造有宗唯識義，形成其即用識體，體用不二之理論。

二、對「唯識」義之檢討

有宗唯識學並非由一人一時一地完成，而是在發展中完成的。由最初「三性」之偏於境上言，而後至「唯識」之偏於識上言，一重法相，一重唯識，故常有「法相宗」與「唯識宗」之異稱，甚至由此起宗名之爭。然不論如何，有宗既是在發展中完成的，即須以整體觀之，不可分割截裂，以部分代全體。

由「三性」至「唯識」，又有所謂「三無性」之提出。蓋「三性」亦只是隨名言區別而安立之三種活動，非即是離一切法而自存之理，故又提出「三無性」，即「相無自性性」、「生無自性性」及「勝義無自性性」。「相無自性性」是依遍計所執相言，因遍計所執相乃「假名安立」，而非「自相安立」；「生無自性性」是依依他起相言，依他起相乃依因緣而生，而非自然生；「勝義無自性性」則通依他起相與圓成實相言，因勝義是清淨所緣境界，在清淨所緣境中，無依他起相，故依他起相是「勝義無自性性」，而圓成實相是勝義，故亦是「勝義無自性性」。由是可知，「三性」乃依「三無性」而有，實無獨立性、存在性。世親《唯識三十頌》更說明此義：

> 即依此三性，立彼三無性，故佛密意說，一切法無性。初即相無性，
> 次無自然性，後由遠離前，所執我法性。此諸法勝義，亦即是真如，
> 常如其性故，即唯識實性。

由「三性」與「三無性」之關係，可知一切法雖依他起而有所安立，實則皆無自性，故世親斷定一切法唯「識」，「即唯識實性」，有宗「唯識」之學於為建立，現象界亦由此而得施設安立，《百法明門論》曰：

> 一切法者，略有五種：一者、心法。二者、心所有法。三者、色法。

　　四者、心不相應行法。五者、無爲法。〔註16〕

此中無爲法乃於現象界外之另一世界，因有宗欲說明一切法，故亦略及之，然其重點在於說明前四法，以建構現象界，而此四法中則以心法爲主，一切餘法皆由心法所生。心法即指八識而言，此八「內識」能變現一切「外境」，故曰「三界唯心，萬法唯識」，而宇宙萬象得以成立。外境乃依內識而有，故外境可說爲虛妄，而內識則非虛妄，乃是眞實，故名「唯識」。

　　此八識雖分爲八，然前七識皆可攝歸於第八「阿賴耶識」，亦以其爲所依止，故阿賴耶識實是外境之根源，亦即一切萬有皆是阿賴耶識「識變」之結果，一切萬法皆可收入阿賴耶識中，阿賴耶識即是一切法之根本依，故謂之「阿賴耶緣起」。而阿賴耶識中則含藏一切種子，以作萬法生起之因，阿賴耶識與種子之關係，乃互爲能所因果。阿賴耶識本身非染非淨，屬「無覆無記」；種子則有染淨可分，有「無漏種子」和「有漏種子」二種，又可依其如何成立，分爲「本有種子」和「新熏種子」二種。又「眞如」無爲法，與有爲法之關係爲何，有宗亦無說明。如此種種，熊氏認爲殊非了義，故對其作一徹底反省。觀其對有宗「唯識」義，固全面批評之，然最要者不外：（一）執識爲實之失，（二）種子、現行爲二之失，亦即本體、現象對立，有二重世界之失，（三）種子、眞如同爲本體，有二重本體之失，（四）眞如無爲無作，體不成用之失。

（一）執識爲實之失

　　有宗唯識之學，可以二語蔽之，即「三界唯心，萬法唯識」，亦即所謂「阿賴耶緣起」，一切山河大地，乃識所變現。熊氏認爲窺基《成唯識論述記》（後簡稱《述記》）卷一：「唯遮境有，執有者喪其眞，識簡心空，滯空者乖其實」，〔註17〕是對「唯識」二字之界定，然此言成立識者，所以簡別於心空之見，而許識爲不空，則非了義，故曰：

　　　夫妄執有實外境，誠爲喪眞，不可無遮。而取境之識，是執心故，
　　　即妄非眞，云何而可不空？若以妄識，認爲眞心，計此不空，是認

〔註16〕此五法亦有一定次序，《百法明門論》：「一切最勝故，與此相應故，二所現影故，三位差別故，四所顯示故，如此次第。」「一切最勝故」指「心法」，「與此相應故」指「心所有法」，「二所現影故」指「色法」，「三位差別故」指「不相應行法」，「四所顯示法」指「無爲法」，有宗即依此建構現象界，然此現象界實由「心法」所變現，故曰：「三界唯心，萬法唯識」。

〔註17〕《成唯識論述記》頁7，新文豐出版公司，民國78年4月，二版，台北。

賊作子，過莫大焉。今謂妄境唯依妄識故有，而實非境，觀識則了境無，於是遮境無過。妄識亦依真心故有，而實乖真，證真則了識幻，故應說識是空。(《論著集》頁46)

熊氏以有宗遮境，尚有可說，而執識爲實，不知識亦幻有，此其根本差謬也。熊氏認爲心有「本心」與「習心」之別，本心亦云「性智」，此性自覺故，本無倚故，乃吾人與萬物所同具之本性，真淨圓覺，虛徹靈通，卓然而獨存；習心亦云「量智」，此雖依本心之力用故有，然不即是本心，乃分別事物，依經驗後起而有，畢竟自成一物。而有宗之識，略當於習心，而非本心，故不可執實，以爲萬有之本體。

有宗雖分八識，個個獨立，但以阿賴耶識爲主，前七識皆爲阿賴耶識所攝，亦以其爲所依止；且不只前七識，凡一切萬有亦以阿賴耶識爲根本依，亦即阿賴耶識含藏一切萬有之種子。〔註18〕而種子與阿賴耶識乃互爲因果之關係，以種子爲能生，阿賴耶識爲所生，則種子爲因，阿賴耶識爲果；以阿賴耶識爲能藏，種子爲所藏，則阿賴耶識爲因，種子爲果。熊氏於此指出，有宗之言種子，本有新熏並建，皆性通染淨，而皆執爲實有，故亦執阿賴耶識爲實有，實已犯有「本識（阿賴耶識）雜多」之失。所謂「本識雜多」，依熊氏之意，則有二說：

其一，人人有一阿賴耶識，故成「多我論」，且因各人之阿賴耶識皆能「生心物諸行」實與「外道神我論」雷同。故熊氏曰：「夫謂人各具一本識，含藏一切種，是生心物諸行。如其說，則與外道神我論同其根底，且爲極端的多我論者。」

其二，每一眾生之阿賴耶識，皆含無窮無盡之種子，熊氏曰：「有宗功能（即種子）說爲粒子性，是各各獨立的，是多至無量數的。……這種說法，也可謂之多元論。」「殊不知，一切物的本體，元是絕對的，元是全的，既曰多元，便是相對的物事，如何可以多元來談本體？」此多元之「阿賴耶緣起」，已違本體「絕對」、「整全」之絕對唯一性。〔註19〕

〔註18〕 《新論》頁108：「彼計五識，唯外門轉，必有依故。第六意識，內外門轉，行相麤動，此非根本，亦必有依故。由斯建立第八阿賴耶識，含藏萬有，爲根本依。賴耶深細，藏密而不顯。前六則麤顯極矣。故應建立第七末那，以介於其間。」(《論著集》頁108) 故知賴耶含藏一切種子，並爲其根本依。

〔註19〕 見《論著集》頁471及頁443，請參見楊惠南《當代佛教思想展望》頁239～240，東大圖書股份有限公司，民國80年9月，初版，台北。

　　以上二說，皆可見阿賴耶識絕非宇宙萬法最後之根源，而有宗執爲實有，以爲萬法生起之本體，不知其乃虛幻。故《新論》曰：

> 若復妄執內識爲實有者，則亦與執境同過。蓋識對境而得名，則其形著也，不唯祇作用幻現，實乃與妄習恒俱。此識既雜妄習，所以亦成乎妄而不得爲眞心之流行也。故識無自性，亦如外境空而無物。故彼執識爲實有者與執外境，等是迷謬。（同上頁 56～57）

此「執識爲實」之失，全由妄習雜染所致，而非眞心流行，故不可無遮。且種子又分染淨，則亦成善惡二元論，縱執爲本有，然其是否眞實，已屬可疑，而阿賴耶識與之俱起，則其是否眞實，亦復可疑。《新論》曰：

> 賴耶所藏種子，應分有漏無漏性。據大乘義，眾生無始以來，只是賴耶爲主人公。易言之，只是賴耶中有漏種子發現，而無漏種子從來不得現起。必至成佛，方斷盡有漏種，始捨賴耶。其時無漏種發現，即生第八淨識，是名無垢。……設問：「眾生無始時來，純是有漏流行，如何而修，如何作佛？」答曰：「據無著等義，唯依聖教，多聞熏習，生長淨種而已。」（同上頁 589～590）

如此，阿賴耶識於眾生成佛，絕無必然之保證性，欲成佛，唯靠正聞熏習，而正聞熏習，純由外來，非從本心流出，故非眞實。且有漏絕不可成無漏，若可成無漏，即壞因果法；今阿賴耶識唯是有漏種子流行，縱有正聞熏習之外緣助力，然無因必無果，絕不可成無漏淨識，故阿賴耶識唯是虛妄而已。有宗之失，即在「執識爲實」，故熊氏首先破之。

　　以上所述乃熊氏對有宗執識爲實之批評，然在唯識家看來，自是不能同意，因有宗雖建立唯識，一切皆識所變現，然此識亦是虛妄，並非眞實，《成論》卷二曰：「爲遣妄執心心所外實有境故，說唯有識；若執唯識眞實有者，如執外境亦是法執。」〔註 20〕可見由唯識所現之諸法，固是空無自性，如夢如幻，而變現萬法之阿賴耶識，亦非眞實；亦即境是空，而變現萬法之阿賴耶識亦無非是空。且熊氏對「唯遮境有，執有者喪其眞；識簡心空，滯空者乖其實」二語亦有誤解之嫌，蓋熊氏以依他起與圓成實同爲是有，而不知依他起實亦只是幻有，故亦認爲「識簡心空，滯空者乖其實」乃說識是有非空，因此說有宗有執識爲實之失。其實此句雖說識是有，但此識亦只是依因緣生而有之依他起性，因對外境是無，故而說爲有。窺基於此二語之前更有多語

〔註20〕《成唯識論》頁 57，華藏法施會重刊，民國 66 年，台北。

皆是對「唯識」之界定，即：

> 唯識所成之名，以簡了爲義。……唯謂簡別，遮無外境，識謂能了，
> 詮有內心，識體即唯持業釋也。識性識相，皆不離心。心所心王，
> 以識爲主。歸心泯相，總言唯識。（《述記》頁6～7）

此段之意，即否定外境，認爲外境是無，而肯定內心，認爲內心是有。然此心識之爲有，乃誠如《成論》所云：「外境隨情設施故，非有如識；內識必依因緣生故，非無如境。」（頁13）可見識之爲有，乃對境無而言之依因緣生之有，因此此識非是眞實，乃是虛妄，故印順名此以虛妄分別識爲依之唯識說爲「虛妄唯識宗」。然此識雖是虛妄，但因恐如空宗末流之計爲「一切法皆空」，才言「識簡心空」，而「識簡心空」並非意謂識即非空，是實有；其實正好相反，識並非實有，而是因緣和合之假有，因是假有，故不可滯於空而以爲是空，否則即乖其實，故說「滯空者乖其實」。

不過，熊氏認爲有宗執識爲實，雖可能是如上所言，誤以虛妄之識爲眞實；但亦有另一可能，即熊氏認爲即使識爲虛妄，但有宗以識爲萬法生起之因，其中含藏無量種子，實非了義，而有宗執此非究竟者有如眞實，以爲萬法之根本依，不只有執識爲實之失，並有本識雜多之失。其實不管熊氏是否誤解，即使是誤解，亦不表示有宗「阿賴耶緣起」說即無問題，因無論如何，阿賴耶識既是虛妄的、雜染有漏的，並爲一切法之根本依，則本自清淨之無漏法何須以雜染有漏之阿賴耶識爲所依止，而雜染有漏法又何以能流出清淨無漏法，從染依而轉成淨依？亦即最重要之「轉識成智」說如何可能？此實乃唯識理論內部之大問題。熊氏不滿於阿賴耶之說，而以本心代之，即是欲以眞實代虛妄，如此才有一普遍的、內在的與超越的本體，即存有即活動，而非如阿賴耶識只是一經驗之存有，須靠外在之正聞熏習，才能轉識成智，才有解脫可能。如此說來，虛妄之阿賴耶識對於眾生是否成佛，並無可能性與必然性之保證，因此眾生並不一定成佛，實與佛法所追求之人人皆有佛性，眾生皆能成佛，大違其趣。熊氏所反對者，即在於此，儘管其對阿賴耶系統並無客觀相應之了解，但其所要求須有一可能性與必然性之保證，則是有宗理論所最欠缺者。

吳汝鈞氏即認爲有宗如欲眞正建立「轉識成智」論或成佛理論，則須依兩原則來補立成佛可能性，使之成爲眞正的成佛可能性：

> 一、它必須被確立爲先驗地（更確切言是超越地）有者；二、它必

須被確立爲可自緣起者。第一原則保證成佛可能性理論上的必然可

能有，第二原則保證成佛可能性理論上的必然可能實現。〔註21〕

如此，將「先驗地（超越地）有」與「可自緣起者」二原則合起來，即可保證成佛爲一理論上必然可能之事，可由自己把握、作主；而有宗作爲成佛理論的二要點，卻與此正相反，即無漏種子並非先驗地本有，而是經驗地本有，而無漏種子須待正聞熏習，故亦非可自緣起者，而是待他緣現的。亦即無漏種子並無眞正成佛可能性之保證，而無漏種子不能自身現起而須待他緣之說，更成一無窮追溯之困難，此實是有宗理論之最大困難處。因此，如何將經驗本有的無漏種子變爲先驗本有的，待正聞熏習的他緣現變爲自身現起的自緣現，無疑是唯識學者當急之務；然此亦不可隨意更改，須在既有理論內逐步尋其可行之道，否則唯識理論即須重新改造矣！

（二）種子、現行爲二之失

熊氏指出有宗執虛妄之識爲實之失後，進而論及其種子與八識（即現行）之關係。

有宗阿賴耶識之提出，乃爲解決「無始時來界，爲諸法等依」此一問題，亦即宇宙萬象以何爲依之問題，〔註22〕而宇宙萬象各不相同，絕非阿賴耶此一根本識所能變現，故建立種子義，含藏於阿賴耶識中，而成現界之根本依，亦即宇宙萬象之本體。如是則各各不同之種子，生不同之現行，再由現行變現宇宙萬象。而種子與八識（現行），其關係乃「種子生現行，現行熏種子」之「俱時因果」說。《成論》卷二曰：

> 能熏識等（即現行）從種生時，即能爲因，復熏成種，三法展轉，
>
> 因果同時，如炷生焰，焰生燋炷，亦如束蘆，更互相依，因果俱時，
>
> 理不傾動。（頁77）

此種子生現行，現行熏種子，看似有三階段，實乃同時俱起，即種子生現行因果同時，現行熏種子亦因果同時，二者同時而有。且此俱時因果，無有過未二世，只在現在一刹那中完成，〔註23〕《成論》卷三亦云：「前因滅位，後

〔註21〕吳汝鈞氏《唯識哲學——關於轉識成智理論問題之研究》頁73，佛光出版社，民國78年8月，三版，台灣高雄。

〔註22〕參見呂澂《印度佛學思想概論》（案：原名應爲《印度佛學源流略講》）第四章第二節〈經部和正量部的學說〉頁168～188，天華出版公司，民國76年7月，再版，台北。

〔註23〕唯識宗將時間建立在「現在」（即刹那）上，且更進一步將現在或刹那，建立

果即生，如秤兩頭，低昂時等。如是因果相續如流，何假去來方成非斷！」（頁105）如是種現同時，互爲因果能所，故其「三界唯心，萬法唯識」之義成。

然熊氏既謂其本識虛妄，不可執實作本體，故八識現行與種子是否一體，實屬可疑，《新論》云：

> 有宗本以一切眾生各具八識，而每一識都可析爲相、見二分。如眼識，其所緣青等色即是相分，而了別此青等相之了別作用即是見分。眼識如是，餘耳識乃至第八賴耶識，各各有相見二分，類準可知謂一切識、或一切相見，通名現行，亦可總稱現行界。彼既肯定有現界，故進而推求現界的原因，於是建立一切種子爲現界作根源。種子潛隱於賴耶識中，自爲種界。現界雖從種子親生，但現行生已即離異種子而別有自體，如親與子，截然兩人。所以，種現二界，元非一體。（《論著集》頁 421）

依熊氏之意，蓋謂有宗析八識爲相見二分，見分（能緣識）略當俗所謂心，相分（所緣境）略當俗所謂物，二者乃能所關係，見分乃能緣，相分乃所緣，由見分緣相分，而有宇宙萬象之顯現。相見二分，雖有能所之別，相對於種界，則皆屬現界，並以之爲體，故種現乃因果相對實非一體。且八識自種子親生現行已，即離種子而別有自體，因種子雜多無量，難爲現行之體，故種現斷爲二片；而此種現爲二，亦即體用爲二，實有「二重世界」之失。

除種現對立，八識相見對立外，熊氏亦謂種子相對八識相見二分，亦分爲「相分種」與「見分種」，復成對立。故熊氏謂：「有宗學說，根本只是一箇對待的觀念。」「有宗唯識之論雖極其繁密，而骨子裏究是一個對待的觀念。」（同上頁 639～640）此種種對立，尤其種現爲二，猶爲熊氏所抨擊。《新論》曰：「有宗建立種子，亦名功能，自無著創說時，即以功能爲現界或一切行的本體。無奈他們有宗把能和現分成二界，不可融而爲一，易言之，即是體用截成兩片。」（同上頁 441）

蓋有宗雖欲施設宇宙，故建種子義，以爲本體；然其數雜多無量，只成一「堆集論」，且識復析成八聚，宛如機械，體用不融爲一，故成兩片。故《新論》言：「他們最大的謬誤，就是劃成種現二界。」（同上頁 423）

在種現熏習之因果關係上。然因對「現在」看法有異，除護法一系認爲「現在」是無有任何前後之延續性，故主種現熏習乃俱時因果說；又有勝軍，認爲「現在」是有前後延續性，故主種現熏習乃異時因果說。

　　以上乃熊氏對有宗種現、相見之批評，以爲有宗計種子爲實有之本體，能生現行，故有種現二分之失，在唯識家看來，自是不能同意。熊氏除「以心代識」，引起佛教界之批評外，此種現對立，相見二分，亦是雙方爭論所在，而又比心識問題複雜繚繞。其實，種現熏習在唯識理論中，可謂乃其精義所在，然種現乃俱時因果，同時而有，此刹那種熏說實有其困難在。《成論》卷二言種子有六義，即「刹那滅」、「果俱有」、「恒隨轉」、「性決定」、「待眾緣」及「引自果」，其中刹那滅義與果俱有義，皆說明種現間之因果關係乃同時因果，而非前後異時之因果。〔註 24〕然護法此系所主之俱時因果說是難以成立的，因其既無「時間」之預設，即無有變化，既無「變化」之可言，即嚴重違反因果法則，楊惠南氏亦曰：

　　　　首先，我人要指出，「變化」是因果法則最起碼的條件之一，因與果
　　　　之間如果沒有任何本質上的差異，就沒有因果關係可言。

　　　　我人還相信，「變化」是必須預設「時間」的，至少必須像龍樹中論
　　　　所說的那樣：變化與時間是相互依存的。〔註 25〕

在俱時因果說之下，種現之間，不論種生現或現熏種，於此種現熏習之過程中，或已完成後，皆是種即現、現即種的，其間無有本質上之變化，而此一熏習亦只於現在一刹那中完成，無須涉及時間上之任何前後的延續性。而正如楊氏所指出的，因果之間若無變化，即破壞因果律，而言及變化，即須有

〔註 24〕《成論》言刹那義曰：「謂體才生，無間必滅，有勝功力，方成種子。」（頁73）窺基《述記》卷一四釋之曰：「故體才生，無間即滅，名爲種子。有勝功力，才生即有，非要後時。」（頁 645）其中「才生即有，非要後時」，即謂種現熏習乃同時因果，而非前後之異時因果。又《成論》言果俱有曰：「謂與所生現行果法俱現和合，方成種子。此遮前後及定相離，……非如種子自類相生，前後相違，必不俱有。」（頁 73）《述記》釋之曰：「謂此種子要望所生現行果法，俱時現有。」（頁 646）此中「俱時現有」，亦是說明種現熏習乃同時因果。《成論》卷二亦提及所熏四義，即堅住性、無記性、可熏性及與能熏共和合性，及能熏四義，即有生滅、有勝用、有增減及與所熏和合而轉，其中與能熏共和合性即「若與能熏同時、同處、不即不離，乃是所熏。此遮他身、刹那前後，無和合義故非所熏。」（頁 75）與所熏和合而轉即「若與所熏同時、同處、不即不離，乃是能熏。此遮他身、刹那前後，無和合義故非能熏。」（頁76）皆是說明互爲能熏、所熏之種子與現行，乃同時因果，而非前後異時之因果。

〔註 25〕見楊著〈成唯識論中時間與種熏觀念的研究〉頁 288、頁 289，收入《佛家思想新論》，東大圖書股份有限公司，民國 79 年 10 月，三版，台北。請參閱楊氏另一文〈論俱時因果在成唯識論中的困難〉，亦收入前揭書。

時間上之延續，方可成變化。顯然地，護法一系所主之無有過未而只有現在剎那，俱時因果之種現熏習說，既無變化之可言，亦無時間之預設，正犯有此二過。

熊氏對有宗種現、相見等觀念，雖覺其有缺陷，對其之批評亦烈，但顯然地，其批評並非循上述所言，亦即其對種現、相見等批評，並非循唯識內在理論缺陷，而是以自己所以為是之觀點去批評。因此，熊氏是以何觀點去看待種現、相見，而誤解種現、相見，無疑是探討重點之所在。但在探討之前，應拋開俱時因果說之內在理論困難，而順原本理路，亦即種現熏習仍須順俱時因果說而為言，才能了解熊氏是如何去理解種現、相見，以至於誤解。

唯識家是以「潛能」來解種子，《解深密經》曰：「阿陀那識甚深細，一切種子如暴流，我於凡愚不開演，恐彼分別執為我。」種子如暴流一般，相續不斷，只是潛能勢用而已，故不可「分別執為我」，可見並不視種子為本體，巨贊曰：「唯識家並未離諸行而別立實種，只依諸行的能生勢用，說為種子。」〔註 26〕種生現、現熏種只是潛能勢力之轉變而已，種現互為因果，根本無有熊氏所謂之種現對立。印順亦指出熊氏所謂種現對立，決非唯識之本意，因「從種子與所依本識現行說，從種子與所生現行果事說，不一不異，唯識家是不承認為隔別對立的。在種子生現行時，『因果俱有』。」（《無諍之辯》頁 30）熊氏則不以潛能視種子，而是以體用觀念以視種現，因而不解《成論》種現乃俱時因果之說，以為種現乃斷而為二。熊氏又以為八識現行等之相分見分，亦有分而為二之失，〔註 27〕同樣遭到反駁。巨贊認為相分種與見分種即使非同生，亦不害其為唯識，熊氏不解此義，「沒有深究相分種之所以立，妄析相見為二，以致有「相見分途，虛言唯識」之誤，此乃「熊氏的思想與佛法乖異的關鍵所在」。〔註 28〕其實，八識既分為八而各有異，即不可執

〔註 26〕見巨贊《評熊十力所著書》，載《法音》1981 年二、四期及 1982 年二期，此則間引自郭齊勇氏《熊十力與中國傳統文化》頁 197，遠流出版公司，民國 79 年 6 月，初版，台北。

〔註 27〕在熊氏當時，對相見同種或別種，曾有一激烈論爭，主同種的是景昌極，認為「惟實一分」可以「令人直入不二法門」，「深入唯識觀境」；主別種的是繆鳳林，宗主護法，以「相別有種，於理為勝」；太虛、唐大圓等亦相繼捲入論爭中。不歸楊則歸墨，熊氏極可能受相見別種說影響，故認為有宗有相見二分之失。參見霍韜晦氏〈相見同種、別種辨〉頁 209，收入《絕對與圓融》。

〔註 28〕見巨贊前揭書，此則間引自景海峰氏《熊十力》頁 115。

一識以論其同別，若執一識以論同別，則又何須分爲八識？熊氏以一概全，不知相見應隨八識之各別相應而或同或別，〔註 29〕而將之皆視爲相見別種，故有二分之失，於唯識之義，略嫌不相應。

　　熊氏於此等處確是不合唯識本義，無怪乎唯識學者起而駁之。不過，熊氏雖誤解唯識，但於此等處，則可見其實已將唯識改造成自己體系之跡，觀其對虛妄雜染之阿賴耶本識，則欲以眞實清淨本心代之，而此則更可見其體用不二，用分翕闢之理論模式，實與種子生現行，現行分相見極其類似，極有可能是由此加以改造而來，只不過改造後之體用，乃是體用合一，而無種現對立之失，翕闢相反相成而成變，亦無相見二分之過。此中尤須注意者，俱時因果之種現熏習說，無有變化可言，無怪乎熊氏批評有宗之立種子，實將緣起說一改而爲構造論，完全無有生機，而成一機械論，實非如理；熊氏後來強調變化，可能即是有見於此，故對其加以批評而改造之，故極言翕闢成變，即用識體。

（三）種子、眞如同為本體之失

　　熊氏認爲有宗犯「二重世界」之失外，又犯「二重本體」之失，而其過又甚矣。《新論》曰：

> 有宗功能是潛在於現界之背後，爲現界的因素。若僅如此，尚爲一般哲學家所同有的過誤，不幸有宗又本佛家傳統的思想，別立無起無作的眞如法界，過又甚焉。（《論著集》頁 441）

　　爲什麼說他們有宗有二重本體呢？他們既建立種子爲諸行之因，即

〔註29〕關於相見同種或別種，十大論師中，即有二種說法，一、安慧「無相唯識」一系，認爲種子於起現行時，即同時開爲體、用三分，第一相分，第二見分，從體用觀點言皆是用，用不能無體，故別於相見二分外有一所依之體，即第三自證分（自體分），然相見二分，即此自體分上之兩用而已，離自體分外，無別實有相見，因體用是非一非異故，而嚴格言之，只有一分，即只識體一分是實有，此乃「相見同種」說。二、護法「有相唯識」一系，認爲相分應該別有種子，當識種起現行時，即轉相分種，似相而生，此乃「相見別種」說。後又各自發展，據慧沼《成唯識論了義燈》所計，共有四種說法，一、主三法均同一種子生，三法即本質相分、影像相分與見分；二、主兩法同一種子生，兩法指識種所變現之相分與見分，不包括本質；三、主八識之相分均於見分外別有相分種子，無一識例外；四、主八識之中，各識之相見二分種子應隨其所應而或同或別。若依唯識理論系統，則以第四說爲合理。以上各說之得失，請參閱霍韜晦氏〈相見同種、別種辨〉一文。

> 種子已是一重本體。然而，又要遵守佛家一貫相承的本體論，即有
> 所謂眞如是爲萬法實體。（同上頁 427）

此「二重本體」，即種子是本體，眞如亦是本體之謂。有宗既立種子爲現行諸法之本體，故種子即第一重本體；又於種子與現行法外，別立眞如，以爲萬法之本體，故眞如成第二重本體。有宗以種子與眞如並爲本體，然本體必是唯一，若有二物同爲本體，則其爲本體，必有可疑之處，故熊氏謂其有「二重本體」之失。

而更要者，種子與眞如既同爲本體，則其關係如何？熊氏以有宗之言眞如，「既不可說是生生化化或流行的物事，種子之中如本有種法爾有故，不可說是眞如現起的，以眞如自體無起作故。」如是，眞如「只許說是不生滅，或無起作的。」而原本所立之種子，則是「生滅不斷的」；此「生滅」與「不生滅」之「二重本體」作何關係，「有宗也無所說明」。故熊氏言「有宗種現界對立，已是謬誤」之餘，又言其「既立種子爲諸行因，此種又不即是眞如現起，眞如直是閒物。所以說，有宗有二重本體過。」（同上頁 428）

以上乃熊氏對二重本體之批評。佛家本是無體論者，不論何宗何派，皆不違此，有宗亦不能違，而熊氏視種子與眞如同爲本體，乃順其體用觀念而來，自難盡符唯識本義。不過，熊氏之以其爲本體，極可能受有其師歐陽竟無之影響。蓋有宗雖絕不違佛法「無我」之根本義，而視種子、眞如爲本體；然種子、眞如究是何意，其關係又是如何，有宗於此，總令人覺其理論不夠圓融，而歐陽竟無則於〈唯識抉擇談〉第一「抉擇體用談用義」以體用四義來說明其關係。體用四義，即一、體中之體——一眞法界；二、體中之用——二空所顯眞如（又三性眞如）；三、用中之體——種子；四、用中之用——現行。歐陽又加以說明之曰：

> 何以謂一眞法界爲體中之體？以其周徧一切故，諸行所依故。何以謂二空所顯爲體中之體？以其證得故，爲所緣緣故。何以謂種子爲用中之體？以種子眠伏藏識，一切有爲所依生故。何以謂現行爲用中之用？以現行有強盛勢用，依種子而起故。〔註30〕

明顯地，歐陽是以體、用中各有其體、用，因此即有如上四種體用，恰可說明一眞法界（即眞如）、二空所顯眞如、種子與現行等四觀念；此雙重體用

〔註30〕〈唯識抉擇談〉頁 124，收入《歐陽竟無文集》，文殊出版社，民國 77 年 3 月版，台北。

之說顯然是順著護法、玄奘「有相唯識」一系所主張之「雙重能所」與「識變說」而來，「雙重能所」即內外二緣的能所，「識變說」即「種生現」的因能變之轉變義及「識體轉似相見二分」的果能變之轉變義。然而「雙重能所」與「識變說」最後則必歸結爲「性相永別」。〔註31〕熊氏雖師承歐陽，但思路卻與之正相反，認爲眞如是體中之體，種子是用中之體，並未說明種子與眞如之關係，故成兩重本體。其實，熊氏與歐陽不僅思路不同，即其所言體用，字面上雖無不同，但卻是各有自己之含意，不可混爲一談。歐陽雖言體用，無疑乃藉體用以明用，著重於用，此觀歐陽此節之標題爲「抉擇體用談用義」即可知，其之所以言體，只是爲明用而已，故其體亦只是立論時所暫設之體。歐陽於後亦言：「又復須知一眞法界不可說，何以故？不可思議故，絕諸戲論故。『凡法皆即用以顯體』，十二分教皆詮俗諦，皆就用言。」（《歐陽竟無文集》頁 126）可見歐陽所言之體，仍是佛家義下之體，而非如儒家義下之夐然絕待、恒常不變之體。而熊氏所言之體用乃儒家義之體用，與歐陽佛家義之體用，大異其趣，兩者雖皆名體用，但卻互爲不同體用，誠如林安梧氏所言：

> 佛家是體無而用有，故有是假有，無是畢竟空無。儒家是體有而用
> 亦有，故有是眞有，有畢竟是實有。〔註32〕

儒佛體用之義既有如此大差異在，故熊氏以儒衡佛，自難合契。然歐陽以雙重體用以說明眞如、種子等，不僅在立義上易啓人生疑，〔註33〕且在理論上仍是未爲圓融。歐陽以眞如、種子皆爲本體，但一爲「體」（即無爲法）中之體，一爲「用」（即有爲法）中之體，兩體乃名同而實異，在熊氏看來，體唯有一，焉能有二，無怪乎會以其乃二重本體；而即使熊氏誤解歐陽之意，但依歐陽之言，種子爲有爲法（用）之體，眞如是無爲法（體）之體，但眞如是「周徧一切故，諸行所依故」，若以眞如相對於種子而言，顯然眞如是體，種子是用，亦即無爲法爲體，有爲法爲用，因此若謂種子是體（對現行而言），

〔註31〕參見曹志成氏〈眞諦的唯識古學、玄奘的唯識今學與熊十力新唯識論之唯識思想初探〉一文。

〔註32〕見林安梧氏〈當代儒佛論爭的幾個核心問題──以熊十力與印順爲核心的展開〉頁176，載《諦觀》六七期，民國80年10月，台北。

〔註33〕印順即認爲歐陽以兩重體用，稱眞如爲體中之體，種子爲用中之體，而令熊氏以爲眞如不可說爲生滅，而沒有說明眞如與種子之關係，故責其爲兩重本體，「這可見立義的不可不愼！」請參見《無諍之辯》頁30～31）。

則真如無異是體（種子）之體，如此「體上加體」，頭上安頭，實是佛法所忌，而歐陽此舉，不只徒勞無功，更且歧路亡羊，愈說愈混亂，由此亦顯唯識理論有不足處，而亦可見熊氏之置疑實非無的放矢也。〔註34〕

此中可再加注意者，即熊氏既反對歐陽雙重體用之說，亦即反對「有相唯識」一系所主張之「雙重能所」與「識變說」，然據演培法師所言：「真正傳承無著世親學的，是安慧論師的一系，而不是護法論師的一系」，〔註35〕因此，熊氏反對「有相唯識」之餘，為何不從此一更接近無著世親之傳承的安慧「無相唯識」一系來加以考量？相對於「有相唯識」而言，「無相唯識」主張「一重能所」與「識緣說」，「一重能所」即能分別的依他性與所分別的分別性，「識緣說」即識以非識為自性，顯現為境。由「一重能所」與「識緣說」最後則歸結為「性相融即」，亦即對現象界無有二取（能取、所取）之執著，即真實性之現證。〔註36〕顯然「無相唯識」之「性相融即」說較「有相唯識」之「性相永別」似應更能合於熊氏的口味。然因熊氏無多機會對「無相唯識」多加瞭解，因「有相唯識」盛行於中國，而「無相唯識」卻一向流行於西藏，

〔註34〕楊惠南氏則認熊氏之「體用合一」論，不只受歐陽「體用合一」論之影響，且兩者實有「異曲同工之妙」。楊氏認為歐陽以體中之體、體中之用、用中之體及用中之用來說明「體」與「用」之關係後，又言：「生滅向流轉邊是為有漏，向還滅邊是為無漏。從來誤解生滅之義，以為非無漏果位所有，所據以證成者，則《涅槃》『生滅滅已，寂滅為樂』之文也。此蓋不知寂滅為樂之言非謂幻有可無，大用可絕。滅盡生滅別得寂滅，亦幾乎斷滅之見而視佛法如死法也。」「有為不可歇，生滅不可滅」「凡法皆即用以顯體」，因此楊氏認為「歐陽居士並不認為涅槃（寂滅）之後，即是虛無而沒有『幻有』、『大用』存在的狀態。相反地，那是『有為不可歇，生滅不可滅』的狀態。因此，《涅槃經》中所謂『寂滅為樂』的意思應該是：世俗的生滅現象被消滅而達到『寂滅』的狀態時，即是大用流行的妙樂產生之時！無疑地，這和熊十力所了解的『體用合一』論，有著異曲同工之妙！」（《當代佛教思想展望》〈自序〉頁10）顯然地，楊氏站在佛家立場，認同歐陽，並認為熊氏之體用義乃承襲歐陽，而將兩者等同。然可怪的是，兩者若有異曲同工之妙，則熊氏又何須有《新論》之作，而歐陽又何須命另一弟子劉定權作《破新唯識論》以破熊氏，以至引起掀然大波。此中葛藤繚繞，常因觀點不同、立場有異，而莫衷一是，實有待進一步之研究；然熊氏與歐陽之體用義，大體言來應是判然有別，一屬儒家義，一屬佛家義，名同而實異，天淵相隔，截然不同。因此楊氏之論點，應須再加商榷。

〔註35〕演培《唯識法相及其思想演變》頁216，天華出版公司，民國79年2月，初版，台北。

〔註36〕同註31。

而不傳於中國，因此熊氏對此兩系間之差異雖亦約略知曉，但對於內部紛爭異同所在，並不求完全明瞭，而直將其皆視為同一流派，而終以護法一系代全部；且「性相融即」說，雖由對現象界無有二取之執著，即真實性之現證，然此是不但境無，且連識亦無，能取所取皆空，境識俱泯而為二取空的，仍然不能有一真實清淨之本心，仍然達不到熊氏之要求，故熊氏自不會對其多加考量。

（四）真如無為無作之失

　　熊氏以有宗視種子與真如為本體，然一屬有為法，生滅不斷，一屬無為法，不生不滅，非特有「二重本體」之失，且其真如不生不滅，無為無作，其過亦大矣。

　　蓋有宗盛言「轉識成智」，轉有漏成無漏以成佛。未轉識成智前，屬有為法；及其轉識成智，有為法則成無為法，而此境界即謂真如。此無為之真如似外於有為法，而為獨立之體，與有為法毫無相干，故熊氏曰：「然則其（有宗）所謂無為法或真如者，似只是有為法所依托的一個世界」，但「此無為世界是有為法的實體，並不謂有為法是此無為世界自身的呈現，只是有為法依托於此無為世界而顯現其中。」如此，真如只為一凝然之體，無法生起現行界；亦即其偏重「無為」，而不言「無不為」，故此「無為世界畢竟是與有為法相對的，非可說即有為即無為。」（《論著集》頁 640）

　　熊氏認為此真如無為無作之失，實不只有宗，其餘各宗亦犯之。《新論》云：

> 印度佛家，從小乘各部至大乘空有二宗，於體上都只說是無為，不肯說是無為而無不為。易言之，都不曾說此本體是生生化化的物事，即不能說此本體是顯現為大用的。（同上頁 409）

亦即因佛家各宗之言體，皆只說得「無為」，而非「無為而無不為」，至於其極，則有「逆遏生化」，亦即「毀生人之性」之虞。此實熊氏棄佛返儒之要因，而《新論》之所由作也。

　　綜上所論，熊氏認為有宗雖立種子，但與其餘各宗各派一樣，亦言真如，且真如亦是無為無作，不生不滅，而非無為而無不為。同樣地，熊氏亦是以儒衡佛，認為只有儒家創生性之本體，才能無為而無不為，才是生生化化的，而佛家之真如，不論何宗何派，皆是一無創生性之真如，以其必至逆遏生化，毀生人之性，故極力反對。熊氏仍是以體用觀念來看待真如，在唯識家而言，

亦是難以接受；但有宗對眞如之看法，亦有難圓之處。

依有宗理論，有爲法由染轉淨，轉識成智後，即名眞如，而屬無爲法。若此則有能生之大用的是種子識，因其是有爲法，有染有淨，才能由妄識轉爲淨識（智）；而眞如則其性本寂，只是一空理而已，《成論》卷二曰：「若說空理，空非心因，常法定非諸法種子，以體前後無轉變故。」（頁 70）此中「定非諸法種子」說明眞如不似種子之有能生之大用，而「體前後無轉變故」更說明眞如乃是一無生無滅，湛若虛空之常法。若此則熊氏以儒家體用義來了解眞如，誠有誤解，然其謂眞如只是無爲，而非無爲而無不爲，則亦甚是合理。

熊氏之誤解即是誤以有宗之眞如爲一本體論的範疇，而其實其應是屬於認識論的範疇。誠如郭齊勇氏所言：

> 唯識學的「眞如」範疇是一個認識論的範疇，而不是一個本體論的
> 範疇。他們反對把「眞如」說成是攝一切法、生一切法的，而把這
> 一任務留給阿賴耶識。（《熊十力與中國傳統文化》頁 97）

眞正把眞如視爲能攝一切法，能生一切法的，無疑是至眞常系才如此，天台、華嚴、禪宗所據之《涅槃經》、《勝鬘經》、《大乘起信論》等，才將眞如視爲一切法之本源，一切事物現起之生因、本體（見同上）。顯然熊氏於唯識系與眞常系對眞如觀念，其間之差異，並不去分清楚，正如將「無相唯識」與「有相唯識」等同視之一般，熊氏亦將唯識系之眞如與眞常系之眞如視爲相同，因而誤解唯識系之眞如，以爲與眞常系之眞如同可作爲生起一切法之本體，不知其於此尚只屬一認識論之範疇，而未至一本體論之範疇。

第三章　《新唯識論》之理論建構

　　凡能破人之論者，雖能顯其才智，但仍屬反面之批評，未足以言創新；唯能於破人之論後，而又有所建立者，才能從正面挺立，顯現眞理，方足以言創新。熊氏對佛學作一反省之後，且不管其批評是否的當，重要的是其能有所建立，〔註1〕如此，其破才不至流於無的放矢，其立亦不至流於空穴來風。熊氏之《新論》主要乃針對佛家而發，尤其是有宗唯識之學。上章已言其所破，即對佛學理論之反省，故此章繼言其所立，即《新論》之理論建構。觀《新論》之理論，可從二方面逐層剖析：（一）「唯識」釋義——熊氏義下之「唯識」，（二）理論內容——即體用不二論或體用合一論，又分五點述之：一、肯定本體，體必成用，二、用分翕闢，翕闢成變，三、即用識體，即用即體，四、承體大用，即體即用，五、歸本體證，默識冥會。

第一節　「唯識」釋義——熊氏義下之「唯識」

　　熊氏之破斥有宗「唯識」義，此乃屬「遮詮」法，即由非正面或反面來撥除，認爲有宗「唯識」義，並非了義；然後即用「表詮」法，即從正面來詮釋其所界定意義下之「唯識」，應是何義。先遮而後表，有破又有立，故熊

〔註 1〕 李澤厚氏認爲「熊的要點本不在批判，不過藉批判以樹起自己的儒學體系而已。」（《中國現代思想史論》頁 334，風雲時代出版公司，民國 80 年 3 月，初版，台北）。林安梧氏亦認爲「純就學究立場來看，熊先生對於佛家空、有二宗的批評或有不當不公之處，但問題的重點不在熊先生的批評恰當與否，而是熊先生他到底針對的問題爲何，其所回答的又是什麼。」（《熊十力體用哲學之詮釋與重建》頁 15）。

氏自稱此種方式乃「義兼遮表」〔註2〕熊氏於《新論》〈唯識〉章破除有宗「遮境」之後，隨即加以刊定，認爲有宗遮外境，而以外境爲無，實非了義：

> 唯識爲言，但遮外境，不謂境無，以境與識同體不離，故言唯識。
>
> 唯者殊特義，非唯獨義。識能了境，力用殊特，說識名唯，義亦攝
>
> 境。豈言唯識，便謂境無？（《論著集》頁 53～54）

依熊氏之意，蓋謂境與識乃同一層次之兩種勢用，識必緣境，方得起用，境亦必爲識所緣，方得現起，識爲能緣，境爲所緣，能緣緣所緣，二者同時而起，缺一不可。境不離識，識不離境，境識同體，本無內外，故境與識同體不離。然因識之力用較境爲大，較爲殊特，唯者即是殊特之意，並非原先之唯獨義，由此故說「唯識」（此處雖言「唯識」，只表「識」之力用殊特，並非謂「識」即是眞實的。）但不可因識之力用較爲殊特，而境只是隨識之作用方得現起，若無識之作用即不得現起，即謂只有識而無境。因外境雖得識起，方可顯現，從此方面看，固不可無遮；然外境非是本來即無，因其乃與識同體不離，同時而有，識有即境有，除非識無，方可言境無。

因此，若依有宗之「遮境」，必會導至「境無」，亦即無有外境，一切皆唯識所變。有宗之所以如此，乃因認爲識與境是在不同層次上，識是眞實，境則是虛幻，由識之作用，故變現外境，然此外境只是暫時施設，都無自性，故須遮遣，並加以否定，因此而說境無。

然熊氏雖指出有宗遮境，必至境無之失，並非意謂熊氏即認爲一切外境即是眞實的。蓋熊氏只是認爲外境相對於心識而言，因心識之力用殊特，外境才跟著現起，若無心識之作用，外境則難以現起，故熊氏「只是不承認有離心獨存的外境，卻非不承認有境。」（同上頁 270）但熊氏雖承認有外境，然此外境必在「不離心而獨存」之意義下，方可說有外境，故此外境亦非眞實，因其仍是有所待的。

其實，不只外境不眞實，即使心識亦是不眞實。蓋此心識即熊氏所謂之「習心」，乃是與外境相對而立名，《新論》云：

> 心是對境而彰名的，纔說心，便有境，若無境，即心之名也不立了。

〔註2〕關於「遮詮」與「表詮」，熊氏藉助對有宗與空宗之判，曾有明確界定，「表詮承認諸法是有，而以緣起義來說明諸法所由成就。」「遮詮欲令人悟諸法本來皆空，故以緣起說破除諸法，即顯諸法都無自性。」（《論著集》頁 417）熊氏將此二法融合，先遮後表，故熊氏自言此方式乃「義兼遮表」，參閱《論著集》頁 59。

> 實則心和境，本是具有內在矛盾的發展底整體。就玄學底觀點來說，
> 這個整體底本身并不是實在的，而只是絕對的功能的顯現。（同上頁
> 270）

顯然地，心識和外境都是「絕對的功能」（即本體，亦即「本心」）之顯現，相對於體而言，心和境只是用而已，兩者必須相互依待，方可成立，故兩者皆非真實。雖然心和境皆非真實，但兩者卻都是本體之顯現，亦即都屬於用，兩者是在同一層次上，但兩者又不即相同，而是用上之不同的兩種勢用，心是似能取的，「是有自由的、向上的、任持自性、不爲境縛的主宰力。」而境則是似所取的，「是有和心相反的趨勢。」（同上頁 271）亦即境是不自由的、向下的、不能任持自性、爲心所主宰的。

　　綜上所論，熊氏已對有宗唯識之學有所改造（或說爲替代較爲妥貼），即認爲：

　　一、有宗「遮境」，至於其極，必歸「境無」；而熊氏認爲「不是境無，而是境非離心而獨在。」亦即境雖不真實，但不可即謂無有外境。

　　二、有宗執爲真實的「識」，熊氏則認爲只是「習心」，與境同是不真實的，只是本體所顯現之用的兩種不同勢用之一而已，而其勢用則較境爲殊特。

　　熊氏既認爲識與境只是用上之兩種勢用，亦即「絕對的功能」所顯現之用，由此可知，在識與境上，實有一「絕對的功能」可爲其本體，然此本體並非是離識、境（亦即心、物）二勢用而有的，乃是不即不離的。熊氏曾對此本體作一明確表示：

> 識者，心之異名。唯者，顯其殊特。即萬化之原而名以本心，是最
> 殊特。言其勝用則宰物而不爲物役，亦足徵殊特。《新論》究萬殊而
> 歸一本，要在反之此心，是故以唯識彰名。（同上頁 239）

熊氏至此，既遮「境執」，復除「識執」，直接拈出「本心」，以代替有宗「識心之執」之「識」（即「習心」），易言之，熊氏已將有宗之「識心」，改造成「本心」，此「本心」力用殊特，可爲萬化之原，亦即可爲「本體」，而不再只是停留於用上之兩勢用之一而已。此「本心」能宰物而不爲物役，此宰字乃作主之意，非是宰制或主宰之宰，亦即本體能爲現象作主；且「本心」能究萬殊而歸一本，萬殊即指現象，一本即指本體，亦即現象歸本於本體。因「本心」之力用殊特，可爲萬象之體，故謂之「唯識」，然此「識」者，即是

「本心」之心，乃是真實的，可作為本體的，與有宗「唯識」舊義已大不相同，故熊氏名其書曰：《新論》，以示與有宗有所分別。

　　本體既能為現象作主，且現象歸本於本體，則本體現象之關係可謂密切，實即本體現象不二，熊氏更進言其關係云：

> 原夫唯識了義，要在會物歸己，而實際夐焉無待；攝所歸能，而智體炯然獨立。（同上頁 55）〔註3〕

熊氏於「會物歸己，而實際夐焉無待」下註云：「物即是己，則己亦絕待也，特假名為己耳。實際者，本體之代語。會物我於一原，即夐絕而無待之本體於是乎顯現矣。人生之真實而非虛幻，即在此耳。」如此，則現象即是本體，現象歸本於本體，強調由用而見體，亦即「即用識體」，如此之體是無待的，是主客皆泯的。於「攝所歸能，而智體炯然獨立」下註云：「心能分別境，亦能改造境故，故說為能。境但為心之所分別，及隨心轉故，故說為所。智體者，智即本體，故云智體。……若切近言之，即本心是也。」如此，則本體即是現象，本體能為現象作主，強調由體而顯用，亦即「承體大用」，如此之用是以本體為用的，是主客合一的。〔註4〕由是可知本體即是現象，現象即是本體，本體不離現象，現象不離本體，本體現象不二，故熊氏稱自己之哲學為「體用不二」論，或可稱之為「體用合一」論。

第二節　理論內容

　　熊氏因覺有宗唯識之學有所不足，故加以改造替代，其最根本處，即（一）將有宗雜染不實之「識心」轉而為真實清淨之「本心」，此轉變過程並非一直線之取代，乃一辯證之昇進。之所以言其乃一辯證之昇進，而非一直線之取代，乃因熊氏所拈出作為現象之本體的「本心」，已與有宗之「識心」大不相同，其內實已含有心、物兩方面的勢用；（二）將有宗認為無有之外境，和執為實有之識心，歸為用上之二勢用，雖然不可說為真實，要亦不可說成是無有的。之所以言其是不可說成無有的，乃因此二勢用是可變化以彰顯本體的。

　　顯然地，熊氏所謂的「體」和「用」，與一般所謂的體和用並不一樣，有其自己之意義。然而此「體」之內容如何？此「用」之內容又如何？亦即「誰

〔註3〕參閱《論著集》頁275。
〔註4〕參閱林安梧氏《熊十力體用哲學之詮釋與重建》頁55～56。

爲能變？如何是變？」（《論著集》頁 68）熊氏即是由回答這些問題，而建構其「體用不二」之理論。茲分五點層層分述之：（一）肯定本體，體必成用，（二）用分翕闢，翕闢成變，（三）即用識體，即用即體，（四）承體大用，即體即用，（五）歸本體證，默識冥會。

一、肯定本體，體必成用

此「誰爲能變」之「能變」，即目指本體，誰才能爲本體，亦即本體之內容爲何？依此可知，熊氏實已預設宇宙必有一本體，《新論》曰：「我們先要解答第一問題，就不得不承認萬變不窮的宇宙，自有他的本體。」（同上頁 308）本體，熊氏即名之爲「本心」或「性智」。此本體之內容爲何？熊氏在爲此本體作一界說時，乃先考察斟酌古今哲人各種說法之得失後，才下論斷的。但此中須注意者，即〈文言本〉只曰：「世間談體，大抵向外尋求，各任彼慧，搆畫搏量，虛妄安立，此大惑也」（同上頁 43），〈語體本〉亦只曰：「哲學家談本體者，大抵把本體當做是離我的心而外在的物事，因憑理智作用，向外界去尋求。……更有否認本體，而專講知識論者」（同上頁 250），顯然在《新論》中，熊氏只攏統概括地認爲古今中外言體者皆不究竟，對各言體者既未作區分歸類，亦未詳論其得失，故甚難確知熊氏對各種言本體者其得失如何之看法。不過，至《明心篇》時，熊氏即對之作了區分歸類，並詳論其得失；雖然至此方言明各言體者之得失，但此意實已具於《新論》中，只是未言明之而已，否則熊氏即無以斷定各言體者大抵皆「向外尋求」，甚至有「否認本體」之失。因此，欲瞭解熊氏對各言體者之看法，即可藉助於《明心篇》。在《明心篇》中，熊氏認爲古今哲人對本體之說法，不外以下三種：

（一）計執實體是超脱乎法象之上而獨在。

（二）計執實體是潛隱於法象之背後。

（三）計執實體是空洞寂寥、包含宇宙萬象。〔註5〕

熊氏認爲此三種說法，皆無法說明本體現象是何關係，且本體現象似斷裂爲二，有「用外求體」或「談體遺用」之嫌。第一種計執實體乃超乎法象之上而獨在者，「其所執實體、或承襲宗教之上帝。或反對上帝、而說爲宇宙本體。如佛家破大自在天、而建立不生不滅的眞如、涅槃。即是一例。唯心論者之

〔註5〕《明心篇》頁 204～206，學生書局，民國 68 年 4 月，三版，台北。

絕對精神、亦是此種見。」如此，本體現象之間顯然分裂，本體乃在現象之上，不能顯現為現象，而是自己獨自存在，與現象毫無關係。

第二種計執實體是潛隱於法象之背後者，「如佛家唯識論、一方承襲舊說之真如、而不敢削除。一方又建立種子、為諸行生起之因。……唯識論之一切種子、都藏在第八識中、沉潛深伏。此可說為在現象之背後。」如此，亦與上述同過，本體現象分裂為二，無法解釋兩者間之關係。

第三種計執實體是空洞寂寥、包含宇宙萬象者，「如老子以太虛、為神與氣之所從生、即是無能生有。有從無而生、遂為虛無之所包含。此種見、恐是道家所獨有。宋儒亦頗襲其說。張橫渠正蒙、有明文可證。」如此，本體既是空無，然卻能生萬有，包含萬有，豈非矛盾？故熊氏認為此亦不合理。

熊氏認為「上述三種見、同犯一大過、即皆脫離宇宙萬有、而純任空想去造出一種宇宙實體。」（《明心篇》頁 206）亦即於用外求體，求絕對於相對之外。其餘若有持「無體之論」者，抑或持「以用為體」者，是皆取消本體，不承認有本體，如此，本體不立，何可言用，故體用之名不立，更是熊氏所難允許。

熊氏對古今哲人所說之本體，既皆不能滿意，然又拈出「能變」，認為宇宙必有一本體，以為其根源，然則此「能變」為何？於此，熊氏在〈文言本〉首先肯定有此能變，並加以描述：

> 變不從恒常起，恒常非是能變故。變不從空無生，空無莫為能變故。
> 爰有大物，其名恒轉。淵兮無待，湛兮無先，處卑而不宰，守靜而弗衰。此則為能變者哉！（《論著集》頁 68）

此能變既非由恒常之外在實體而來，亦非由空無而生，因無不能生有也。此能變乃不假外界而自有，故說為「無待」、「無先」；若是有所從來，則此能變必是有所待而為後矣。然亦非有一所變與其相對，故說為「不宰」、「弗衰」；若有所變與其相對，則此能變必為所變之主宰而有所衰矣。此能變亦即是本體，熊氏於〈語體本〉則更清楚地對其加以界定，認為本體雖是「無可措思的」，但本體所以成其為本體，可略說具有如下諸義：

（一）本體是備萬理、含萬德、肇萬化，法爾清淨本然。

（二）本體是絕對的，若有所待，便不名為一切行的本體了。

（三）本體是幽隱的，無形相的，即是沒有空間性的。

（四）本體是恒久的，無始無終的，即是沒有時間性的。

（五）本體是全的，圓滿無缺的，不可剖割的。

（六）若説本體是不變易的，便已涵著變易了，若説本體是變易的，
　　　便已涵著不變易了，……本體是顯現爲無量無邊的功用，即
　　　所謂一切行的，所以説是變易的，然而本體雖顯現爲萬殊的
　　　功用或一切行，畢竟不曾改移他的自性。（《論著集》頁 313
　　　～314）〔註6〕

此中前五義，大底乃形容本體之清淨無染，絕對無待，無形無相，難以擬容，無始以來即已存在，盡未來際亦不毀滅，圓滿整全，無有欠缺，大致仍襲自傳統思想，無大改變。而最值得注意者，即是最後一點，這一點可説是熊氏與眾不同，亦是最值得注意之處。蓋熊氏認爲本體雖是不易的，但卻是能變的，能顯現爲功用，故説他是不易而涵著變易；然本體雖是能變而成功用，但此功用畢竟不離本體自性，故説他是變易而涵著不易。亦即熊氏所謂之本體，並非是一死體，而是其中有物，可以有活動，可以顯現爲功用，此乃熊氏所最強調者。

綜上所論，可知熊氏肯定宇宙萬象必有一本體，而本體必能顯現爲功用。然此本體則與一般哲學家所言本體截然異致，並非如彼等「皆脱離宇宙萬有，而純任空想去造出一種宇宙實體」；而是一不易中涵變易，變易中涵不易，即於宇宙萬有，而不離宇宙萬有之體。但亦不可太過執實以求，以爲有一本體可當光景去把捉，如若以爲有一光景可予把捉，即失其義矣。

熊氏所謂本體，其實乃從《大易》「乾元」悟得而來。熊氏於《新論》屢言其學得力於《大易》，於《大易》乾元性海生生不息之旨，體證特深。《新論》曰：「《易》以乾元爲萬物之本體，坤元仍是乾元，非坤別有元也。」（《論

〔註6〕又《明心篇》頁19～20亦提及本體六義：
　一、實體是具有物質、生命心靈等複雜性、非單純性；
　二、實體不是靜止的，而是變動不居的；
　三、功用者，即依實體的變動不居，現作萬行，而名之爲功用；
　四、實體本有物質心靈等複雜性，是其內部有兩性相反，所以起變動，而成
　　　功用。功用有心靈物質兩方面，因實體有此兩性故也；
　五、功用的心物兩方，一名爲闢，一名爲翕。翕是化成物，不守其本體，闢
　　　是不化爲物，保任其本體的剛健、炤明、純粹諸德。一翕一闢，是功用
　　　的兩方面，心物相反甚明；
　六、翕闢雖相反，而心實統御乎物，遂能轉物，而歸合一，故相反所以相成。
　文句與《新論》略有不同，但不背《新論》之旨，可視爲《新論》之進一步
　説明。請參見林家民氏〈熊十力內聖學後期轉變説之商榷〉一文。

著集》頁 568）坤元即是乾元，乾元之外別無他元，萬物皆以乾元爲本體，離此乾元亦無有別體。熊氏所謂本體即是據乾元而作一創造性之詮釋，從而確實實踐而得之體驗，而此亦構成其體用不二說之基本而重要的中心論旨。

此乾元本體乃不易而涵著變易，變易而涵著不易，雖似空寂，然非空無；因其是不易的，故說空寂，因其是變易的，故非空無。若是空無，即無有變化可言，則本體何可顯現爲功用？故由本體顯現之用，雖非眞實（似空寂故），卻有其勢用（非空無故），而此勢用既非空無，而是能成變化、功用，而不斷生成的。因此，熊氏所肯定之本體，並非是一可執實的死體，而無疑是著重於變化義的，故與其以一實體視之，倒不如視其爲一活動，而就此活動以言其爲本體，本體亦在此活動中而成其爲本體也。

由上所言，熊氏所謂之本體，確有其奧妙之處。熊氏雖肯定本體，但更著重本體之有活動義，若無活動，則與死體何異？本體之所以爲本體，即因其能活動，從而由此活動，而成其爲本體，故說「體必成用」。若體不成用，則亦無體可言，因無無體之用，亦無無用之體故也。

二、用分翕闢，翕闢成變

熊氏既肯定本體，且假說爲「能變」，此「能變」之能字，乃形容詞，只是形容其能由體顯現爲用，並不意謂有一「所變」與之爲對。而此「能變」本體既然可以成變，顯現爲功用，那麼此「變」或此「功用」是如何而成的？亦即「如何是變？」「如何才成功這個變呢？」

熊氏認爲一般人言「用」，大抵都只說到用是由體而來，用就是用，不可再分；但熊氏認爲由本體顯現之用，雖非眞實，卻有其勢用，而此勢用因性質不同，不妨假說爲兩方面。因熊氏認爲本體具有複雜性，非單純性，且是變動不居，能起變化而成功用，因此變化絕非單純之事，若是單純之事，變化就不成其爲變化，而流行成功用。

熊氏認爲要成功此變，即須於萬變不窮中，尋出其最根本最普遍之法則，此一法則即「相反相成」，因說到變化，即是有對的，是有活動的，有內在矛盾的，雖有矛盾，但能於矛盾中成其發展。此一「相反相成」之法則，乃熊氏據《大易》卦爻之理和《老子》「一生二，二生三」之義而悟得，《新論》云：

> 因爲有了一，便有二，這二就是與一相反的。同時，又有個三，此
> 三卻是根據一，而與二相反的。因爲有相反，才得完成其發展。（《論

著集》頁 316）

熊氏認為《大易》談變化之法則，即此「相反相成」是也，每卦列三爻即是一生二，二生三之意，正表示相反相成。此中的「一」即目指「本體」，「二」和「三」則目指「用」上的二種性質，亦即「兩種勢用」。此兩種勢用是同時俱起，同時而有，不可分先後，之所以說成「二」、「三」，只是為言說方便。此變化相反相成之兩種勢用，熊氏則藉助《大易》「翕、闢」觀念以說明之：

> 變復云何？一翕一闢之謂變。原夫恒轉之動也，相續不已。動而不已者，原非浮游無據，故恒攝聚。惟恒攝聚，乃不期而幻成無量動點，勢若凝固，名之為翕。翕則疑於動而乖其本也。然俱時由翕故，常有力焉，健以自勝，而不肯化於翕。以恒轉畢竟常如其性故。唯然，故知其有似主宰用，乃以運乎翕之中而顯其至健，有戰勝之象焉。即此運乎翕之中而顯其至健者，名之為闢。一翕一闢，若將故反之而以成乎變也。夫翕凝而近質，依此假說色法。夫闢健而至神，依此假說心法。以故色無實事，心無實事，只有此變。（同上頁 68～69）

此中「恒轉」即指本體而言，恒者非斷，轉者非常，非斷非常，故名恒轉，此乃就其從本體顯現為大用而言，因其變動不居，故說非常，若是恒常，即無變化可言，亦因其變動不居，才說非斷，如或斷滅，亦無變化可言。因本體不常不斷，才能成變化，才成為大用流行，而此大用流行則可分為翕闢二勢用，如此一翕一闢方謂之變。

「一翕一闢」中之兩「一」字，乃顯勢用動力之殊異，並非說翕闢各有其自體，因其乃本體之兩勢用，故不可說為有自體；亦不可以為翕先而闢後，因翕闢皆非本體，只是本體相反相成的一種顯現，都只是假名，乃同時俱起，才能相反而相成，若有先後，即是單獨而起，則不成變化，何來相反相成，故不可分先後。

熊氏認為本體必顯現為功用，才能成其為本體，就本體之能生化流行言，翕闢即是相反相成之兩大勢用。翕之勢用是凝聚的，是有成為形質之趨勢的，故依翕故，假說為物，也說為物行；闢之勢用是剛健的，是能運行於翕之中而轉化翕以從己的，故依闢故，假說為心，也說為心行。將翕說為物，闢說為心，亦不表示翕闢即是有實自體，其實亦是無自體，因心與物乃相依待而互名，只是一體之兩面。

當本體顯現為大化流行，常會不守其自性，流於物化，此即翕之勢用生起，然當翕之勢用生起，即有一種勢用與之俱起，此即是闢，此闢之勢用亦由本體而來，故說「有了一，便有二，同時又有個三，此三乃根據一，而與二相反」（同上頁316）。然翕之勢用雖常不守自性，趨於物化，然卻能接受闢之開導，而順從闢，以歸返其自性，亦即回復至本體之初；而闢之勢用，雖不即是本體自身，但卻是根據本體，有剛健陽明之德，能開發升進翕之勢用，領導翕而同歸於本體之初，此亦即熊氏晚年所著《乾坤衍》所常言的：「乾主變而開坤，坤承乾而化。」乾亦即闢也，坤亦即翕也，如此乾變坤化，翕闢成變，才見大用流行。

然熊氏亦強調此大化流行，是頓起頓滅，曾無少法，可容暫住，一切皆剎那生滅。關於「剎那」義，熊氏「雖未嘗不以剎那為至小至促而不可更析之時分，要是為言說之方便計，才用此詞。」（《論著集》頁 334）依此，「剎那」一義是不可以世俗時間觀念來說的，而只是一種方便之設詞，不可執實以求。而何謂「生滅」？「凡法，本來無有，而今突起，便名為生。」「凡法生已，絕不留住，還復成無，名之為滅。」（同上）熊氏認為變化乃方生方滅，翕和闢都是才起即滅，翕有翕的生滅，闢有闢的生滅，時時都是故滅新生，絕無舊勢用保留著。熊氏還舉《易傳》「不疾而速，不行而至」與《莊子》〈大宗師〉「藏舟於壑」之典故，以說明此變化密移，乃方生即滅，方滅即生，剎那生即剎那滅，剎那滅即剎那生，滅滅不停，即生生不已。

然須注意的是，熊氏之「剎那生滅」義，雖說是受佛家「五蘊皆空」和「緣起緣滅」之影響，皆言「剎那生、剎那滅」，但熊氏認為其「剎那生滅」義與佛家有很大不同，佛家強調「剎那滅」，於是「滅滅不停」，終將世界說為無常，隱存呵毀，故有厭離超脫之意；熊氏則強調「剎那生」，於是「生生不息」，大化流行無有窮盡，森羅萬象，皆是本體之顯現。

綜上所論，熊氏認為本體顯現為功用，可假說有兩種勢用，亦即闢與翕，或說為心和物，如此才能成變化，亦即翕闢成變；而翕闢之所以成變，即是循著相反相成之原則，此原則乃宇宙萬變中，最根本最普遍之原則。此相反相成，翕闢成變，乃熊氏悟自《大易》卦爻之理與《老子》「一生二，二生三」之義。顯然此處熊氏並非客觀相應地瞭解，而是抉擇其精粹而加以發揮。〔註7〕此翕闢二勢用相反相成，故能成變，但此二勢用亦只是跡象宛然，而

〔註 7〕《大易》三爻成卦之理，並非如熊氏所謂乃言一、二、三相反相成之原則，

非真實，絕不可執實以求；若執此二勢用爲真實，則亦無變化之可云。熊氏所言翕闢義，誠然有其精意，但或因論證不夠周密，故不免有所瑕疵，而引起一些誤解。由於翕闢兩勢用亦只是跡象宛然，而非真實，因此易啓人以爲此世界亦如佛家一般同是虛幻，故陳榮捷氏曰：「我們很難了解，設若沒有明確而真實的事物可資轉變，則轉變如何發生？」（《現代中國的宗教趨勢》頁 46）「他儘管一再強調體與用是爲一體。可是他在根本上就認爲現行的世界是假的。」（同上頁 169）熊氏之翕闢義顯然並不易瞭解，無怪乎陳氏有此疑問，此仍須善加體會，再予商榷。

　　熊氏又藉助佛家「刹那生滅」之義，認爲翕闢成變而大化流行，然此大化流行乃頓起頓滅，無有少法可容暫住，一切皆刹那生滅，如此才能故滅新生。翕有翕的生滅，闢有闢的生滅，一切皆是方生方滅，才起即滅，滅而又生，故能成此變化而大用流行。但須注意者，熊氏所重視的乃「刹那生」，而非「刹那滅」，故刹那滅滅不停，即刹那生生不息。

　　熊氏之「刹那生滅」義雖從佛家來，但已與佛家異，乃著重「刹那生」，而非如佛家著重「刹那滅」，然熊氏著重「刹那生」的「刹那生滅」義，或因解說稍顯疏略，不夠細密，故亦不易爲人瞭解，而反生誤解，而最大之誤解，即是易令人以爲其說雖與佛家異，其失則與佛家同，皆有否定世界之失。景海峰氏即認爲熊氏「刹那生滅」義，雖較佛家之悲觀厭世，能令人奮然起作，但理論上至少有二缺點：「一是混淆了頓變和突變，以刹那生滅代替質變，否定了量變階段的存在，抹殺事物之間的界限，從而導致相對主義。二是割斷了事物之間的聯繫，否定變化的因果連續性，將變化看成是沒有發展和飛躍的『忽起突滅』。」（《熊十力》頁 194）顯然熊氏之「刹那生滅」義，仍須再加以說明，而後學者亦須善於體會，方不致有誤解。熊氏此處誠然有所缺如，不過，景氏似亦不太瞭解熊氏著重的乃是「刹那生」，而非「刹那滅」，故有此評，此中實值得再加商榷。

而實是熊氏藉彼以明己之翕闢義也：《老子》「一生二，二生三」亦如是。《老子》原文乃「道生一，一生二，二生三，三生萬物。萬物負陰而抱陽，沖氣以爲和。」（四二章）而熊氏解爲一生二，二否定一，但三又根據一，而與二相反，從而同時肯定一和二；顯然與《老子》原意不合。熊氏更因此以爲「老子之學，源出於《易》」（《語要》頁 247），「老子……蓋孔氏之旁支，《易》家之別派也。」（《論著集》頁 331）顯然在學術上是立不住腳的。參閱陳榮捷氏《現代中國的宗教趨勢》頁 39。無疑地，熊氏著重的是抉發經典中之精粹，加以發揮其內在意含，而非如注疏家般客觀而相應地瞭解之。

三、即用識體，即用即體

熊氏既回答了「誰爲能變？」及「如何是變？」認爲宇宙必有一本體，體必成用，而用分爲二，此二勢用則可成變化；亦即「肯定本體，體必成用」，且「用分翕闢，翕闢成變」。然本體顯現爲二勢用，即翕與闢，翕闢是能成變化的，但闢能開導翕，翕能受其開導，而成變化，此只言及「如何」才能成功此變，尚未言及成功此變後的變是「什麼」，亦即此變之本質「爲何」之問題。故可順勢一問：此變之本質「爲何」，亦即大用流行是何狀態？

關於此問題，可由熊氏所謂「變之三義」來探討，所謂「變之三義」，即一、非動義，二、活義，因活字難以形容，故略言之以六，即無作者義，幻有義，眞實義，圓滿義，交徧義及無盡義，三、不可思議義。

> 一者，非動義。世俗之言變也以動。動者，物由此方通過餘方，良
> 由俗諦，起是妄執。變未始有物，即無方分可以劃畫。（同上頁 74）

依上所言，熊氏所謂之「變」是和世俗所謂之「動」不同，世俗之「動」乃依於時空、質量而有，故是相對的，由此則易成妄執。而「變」則非此，乃超越時空而無時空相，因無時空相，亦即不在時空相對之中，故亦無質量之可云，即不可以物擬之。此「變」乃是無對的，「是要向無物之先去理會他」，這樣的「變」，亦是「不曾有物移轉，而法爾有這樣奇妙的變。」（同上頁 351）

> 二者，活義。活之爲言，但遮頑空，不表有物，說是一物即不中。（同
> 上頁 74）

此「活」字，或可以孟子「原泉滾滾」一語形容之，因其原泉滾滾，故生生不息，此活字，可說是形容大用流行之妙，妙而不可言也，鳶飛魚躍，活潑潑地，生機無限。因其難以擬容，故熊氏略說以六。

> 無作者義是活義。若有作者，當分染淨。若是其淨，不可作染，若
> 是其染，不可作淨。染淨不俱，云何世間有二法可說？又有作者，
> 爲常無常。若是無常，不名作者；若是其常，常即無作。又若立作
> 者成就諸法，即此作者，還待成就，輾轉相待，過便無窮。又凡作
> 者，更須作具，倘有常模，便無妙用。反復推徵，作者義不得成。
> 由此，變無適主，故活義成。（同上頁 74～75）

熊氏認爲「變」是無對的，故是無有作者的，因若有作者，即有「能作者」和「所作者」之對立，如此，染則永染，淨則恒淨，常、無常亦如是，即無變化可言；且若能作者爲所作者之作者，而此能作者又必有一能作者爲其作

者，如此，則犯無窮過，何有變化可言；又若作者須待作具，方成其作者，如此，作具反成作者，更無變化可言。故熊氏指出「變無適主」，即變非是由一作者造作而成，因其無作者，才不受任何限制，而能自由變化，由此才說變是活的。

> 幻有義是活義，雖無作者，而有功能。功能者，體是虛偽，猶如雲氣，闐然流動，亦若風輪。雲峰幻似，刹那移形，唯活能爾，頓起頓滅。風力廣大，蕩海排山，唯活能爾，有大勢力。（同上頁 75）

此「變」既無作者，然亦不可能從空無而起，因無不能生有，則其又是如何起變？依熊氏之意，雖無作者，但有「功能」，此功能乃法爾本有，亦名「恒轉」，由此恒轉，顯現為大用流行，即說為變。因此變之本體，即是恒轉，故離恒轉，則變即無自體，由此而說變是「幻有」的。然「幻有」一詞，不涵好、壞之別，只是就其無自體，故說為幻有；亦因其幻有，故能刹那移形，頓起頓滅，故故不留，新新而起，而有大勢力，活潑潑地，由是而說如此之變是活的。

> 真實義是活義。大哉功能，徧為萬物實體！極言其燦著，一華一法界，一葉一如來。帝網重重，無非清淨本然，即覩目而皆真實。非天下之至活，孰能與於此？（同上）

就變之無自體，則說為幻有；然就變之根源言，其乃功能之顯現，亦即功能是變之實體，而恒轉乃絕對真實的，故就變之實體根源而言，此變亦是至真至實的。

> 圓滿義是活義。洪變唯能，圓神不滯。秋毫待之成體，以莫不各足。宇宙無偏而不全之化理，吾人思想所及，又無往不呈全體，故乃於一字中持一切義，於一名中表一切義。矧復攝億劫於刹那，涵無量於微點，都無虧欠，焉可溝分？了此活機，善息分別。（同上頁 75～76）

由至真至實之實體所顯現之大用流行，雖萬變不齊，然無不得其實體之全，各各圓滿，都無虧欠，猶如月印萬川，每一水月皆得其全，具足無缺，熊氏亦常舉大海水與眾漚為例，即大海水顯現為眾漚，每一漚皆以大海水全量為體，毫無虧欠。每一物之實體皆是全的，絕對的，圓滿無缺的，則雖有萬變不齊之象，然不齊而齊，是謂大齊，則又有何大小物我等可分別？故了此圓滿義，即是活義，則一切分別自當泯息。

交徧義是活義。神變莫測，物萬不齊。不齊而齊，以各如其所如。
因說萬法皆如，彼此俱得，封畛奚施？極物之繁，同處各徧，非如
多馬，一處不容，乃若眾燈，交光相網。故我汝不一而非異，高下
遺蹤而咸適，唯活則然。（同上頁 76）

由實體顯現爲萬殊的妙用，雖各不同，然每一妙用皆是實體之顯現，故每一
妙用與其餘妙用皆不相礙，是可互相涉入，交徧爲一體的，猶如室中眾燈，
每一燈皆徧滿室中，故每一燈皆與餘燈互相交徧，如網相疊，而不相礙。

無盡義是活義。大用不匱，法爾萬殊。一切不突爾而有，一切不突
爾而無。是故諸有生物，終古任運，不知其盡。（同上）

然此重重相疊，無有窮竭之妙用，之所以不虞匱乏，乃因其力用盛大，不容
已矣，無有竭盡，故說爲無盡，因其無盡，故是活義，源頭活水不斷流出，
變化無窮，「終古任運，不知其盡。」

三者，不可思議義。此云不可，本遮遺之語。既非不能，又異不必。
將明不可之由，必先了知思議相。思者，心行相。議者，言說相。此
是染慧，即意識取物之見。夫以取物之見，遂而推論無方之變，則恣
爲戲論，顛倒滋甚。故不可思議之云，直以理之極至，非思議所可相
應。易言之，即須超出染慧範圍，唯由明解可以理會云爾。（同上）

此「變」既是「非動義」，亦是「活義」，遠離相對而入絕對，妙變神化而難
以測，非世俗言說心思所可形容，若強加形容，即成妄執，故是「不可思議」。
此不可思議之大用流行，既非思議所可表達說明，然於無可說處而必有說，
則唯歸之證會一途，由此而了大用流行，是謂「明解」。

綜上「變之三義」之分疏，可見由本體顯現之大用流行，乃是「非動的」、
「活的」、「不可思議的」，由此「非動的」、「活的」、「不可思議的」大用流行
處，即可識得本體之眞實無妄，於變易而識不易，於流行而識主宰，於化跡
而識眞實，從相對而識得絕對，由現象而把握本體，故謂之「即用識體」。然
用實無異於體，體亦無異於用，體即是用之體，離用亦無體，故亦可謂之「即
用即體」、「即活動即存有」。

此即用識體之說乃熊氏體用不二論之精要處。歷來言體用者，雖亦能言
及體用不可分，體不異用，用不異體，然大抵皆主由體發用，謂體是未發，
屬於靜，用是已發，屬於用，故收斂乃常道，發散乃不得已，若不得已而發
散，則須發而皆中節，如此之由體發用，亦只是一靜態之發散而已，雖說是

體用不可分，然終有體用分為二段之嫌。而熊氏則著重於用上識體，於用上而有兩大勢用，即翕與闢，兩者相反相成而成變，而於翕闢成變之用上，即識得本體，故說為體用不二。熊氏實已將靜態之發散，一轉而為動態之創生，由翕闢成變之用上，而見本體原是生生不已流行不息之真機，本體之大用顯現無遺，攝體歸用而又即用識體，實成一辯證的動態之創生。於此動態之創生過程中，即於用上而識體，現象界與本體界融合為一，故無體用分而為二之失。

　　林安梧氏則以「存有的三態」說明熊氏翕闢成變，即用識體之義，甚有理致。所謂「存有的三態」，即：

　　　　一、「存有的根源」──「ｘ」

　　　　二、無執著性、未對象化前的存有

　　　　三、執著性、對象化了的存有（《熊十力體用哲學之詮釋與重建》頁

　　　　78）

所謂存有的根源之開顯，其展開的動勢乃一全副生命的參與而非知識的掌握；而存有的根源探索必須越過執著性、對象化的存有，才能進到一無執著性、未對象化的存有之境域，而後才能進一步觸及存有的根源。此展開的動勢，即翕闢成變也。翕假說為物，闢假說為心，翕闢不是異體，只是勢用有分殊而已；之所以說為翕闢，亦只是暫時性之區分，作用上之區分，而非實體上之區分，二者實是一不可分之整體，而又以翕為首出。由翕闢成變，存有因之而開顯，而其實況則為剎那生滅，而此剎那剎那、生滅滅生，並非是歸本於寂，而是開顯於覺，亦即是一具道德創生義下之剎那剎那、生滅滅生。而此道德創生義下之存有，無疑地已破解有宗執著於意識之染執性與權體性，而呈現並超越空宗的意識之本然的透明性與空無性，更進而指意識之本然亦隱含著明覺性與自由性，此明覺性與自由性即是存有的根源開顯之動力也。因此，熊氏此一道德創生義下之本體，實已超越有宗，亦超越空宗，已從有宗橫面的執取與空宗平鋪的真如，轉而成一縱貫之創生，故林氏亦稱熊氏之學為一「活生生的實存而有的體用哲學」。〔註8〕

　　林氏以「存有的三態」以說明熊氏之學，不僅能客觀相應地解釋之，並

────────

〔註8〕林氏所謂「存有的三態」與論熊氏超越空有二宗之說，見《熊十力體用哲學之詮釋與重建》第五章〈存有的根源的開顯〉、第六章〈從平鋪的真如到縱貫的創生〉與第七章〈從橫面的執取到縱貫的創生〉等章。

能進一步說出熊氏已言而未明或未言而已含之意。不過，無論如何，熊氏終是偏於存有的根源性，於乾元性海之本體體會特深，而於其開顯爲橫面的執取，則略顯不足；亦即熊氏於內聖學得力甚多，而於由內聖開出之外王學，則有所不足。熊氏畢竟只挺立其所體證的生生不息之乾元性海，亦即性智，而於由性智所發用之量智，則終究未有說明，觀《新論》只成〈境論〉，而〈量論〉終不出，亦可知熊氏於其已言而未明或未言而已含之意，終是道不出也。

四、承體大用，即體即用

由「變之三義」，而知熊氏「即用識體」之意，然於此吾人可有一問，即熊氏爲何不由體而識體，而必由用而識體？由體識體豈不比由用識體直接簡易，而熊氏爲何捨此不由？更可由此進一步問，熊氏是否只反面地由用言體，而無正面地就體言體？若有，則熊氏是如何表述？

觀熊氏之意，之所以不直接由體識體，而由用識體，並非意謂體不可說，只好依用顯示，乃因體較爲幽隱，難以直揭，不若由用較爲顯明，因用乃體之顯現，由體顯現之大化流行，千差萬別，無量無邊，而有相狀詐現，此詐現之相狀，則有跡象，宛然可索，故由用言體，必視直接由體言體，較易了然。

蓋熊氏恐若一開始即就體言體，一則不易形容，二則恐人成執，不如由用而言，則無此過。然熊氏並非只「即用識體」而已，其於大用流行處識得一眞絕待之本體後，更由反面之遮詮，而正面的表詮之，《新論》〈功能〉章繼〈轉變〉章言「變」之後，即曰：「前之談變也，斥體爲目，實曰恒轉。恒轉者，功能也。此乃前所未詳，故次明之。」（《論著集》頁78）先遮而後表，此「義兼遮表」法，乃熊氏一貫之立論方法。熊氏之正面表詮本體，即藉「功能」義以彰顯之，而其義乃與有宗之功能義，截然不同。〔註9〕《新論》曰：

> 一曰，本論功能即是眞如，無二重本體過。
>
> 二曰，本論依功能假立諸行，無體用分成二界過。
>
> 三曰，本論功能是渾一的全體，但非一合相，亦非如眾粒然。
>
> 四曰，本論功能、習氣，不容混同。（同上頁 441～448）

〔註9〕在「肯定本體，體必成用」段，亦提及熊氏以六義言本體，然只是一擬設之詞，而此處則是經一辯證之推論而正面表詮之，相對而言，或可稱前者爲反面之表詮。

一、熊氏認爲有宗之言功能，犯二重本體過，因其不只「計有現行界，因更計有功能沉隱而爲現界本根」（同上頁 78），既以功能乃潛在於現界背後，爲現界之因，則「因果隱顯，判以二重；能所體相，析成兩物」（同上頁 79），將體用說成二片；而又本佛家傳統思想，於種子功能外，別立無起無作之眞如爲體，故成二重本體過。熊氏所言功能則異於是，《新論》曰：

> 余以爲現界自性本空，唯依妄情執取故有。若了現界實無，則知因緣亦莫從建立，唯由妄情所執現界空故，而本有不空實性，方乃以如理作意得深悟入。元來只此實性，別無現界與之爲對。（同上頁79）

此功能實性，是無現界與之爲對的，若能如理作意，則能悟入功能實性，而了現界乃依妄情執取而有，本無有物，實無自性可言。由悟入諸法實性，而了現界本無，實因功能實性之顯現流行，詐現跡象，宛然可尋，故假言施設而有現界之安立，現界之安立既由功能實性而有，則可由此而攝用歸體，會性入相，功能即眞如，眞如即功能，故體無二重之過，而此功能或眞如，是能顯現爲大用流行的。

二、由本體功能顯現之大用流行，雖萬變不齊，各各不同，然此萬殊卻「壹是皆資始乎功能之一元而成形凝命，莫不各足，莫不稱事」，「故觀其殊，即世界無量；會其一，則萬法皆如。」故說「功能者，一切人物之統體，非各別。」（同上頁 80～82）如此一來，則一切大用流行皆由功能本體顯現而有，離此體即無有用，一切的用皆是「承體大用」，故無須於用外再立一凝然不動之體。

然此「承體大用」，即由功能本體能顯現之大用流行，並非如有宗之言功能一經顯現之後，便有自體，與功能對立爲二，成體用二分之過；而是雖依功能假說翕闢或心物諸行，然此諸行並非與本體截然二片，因翕闢心物乃假言施設，而說爲功能顯現爲用之兩勢用，並非眞實，若能於此翕闢而悟「生而不有，即本無生」，「動而不滯，即本無動」之功能本體，則知「離翕闢外，無所謂功能；離功能外，無所謂翕闢。」（同上頁 442）體即用之體，用即體之用，故無體用二分之失。

三、此「承體大用」之體，亦即一切人物之統體的功能，非是各別，各不相屬，乃是渾一之全體，徧一切時，徧一切處，恒自充周圓滿，都無虧欠。每一功能皆具有內在之矛盾而能成其發展，此矛盾即相反相成之翕闢兩勢

用，翕故疑於物化而實爲闢作工具，闢則守其不可物化之本性，運翕而使之與其俱轉，每一功能本自具足功能之全體大用，非是僅得其一分，故不妨說功能看似有無窮無盡的部分，然皆互相涵攝，互相融貫而成渾一之全體，雖是渾一之全體，而能成無量無邊之功能，於全中見分，於分中見全，全體與部分並非相互對立，乃是相互攝入，故說爲渾一之全體，而非一合相。

且此功能亦非如有宗之言功能似粒子性，多至無量而各自獨立，毫不相干，如此則成多元論，然本體原是絕對的、整全的，有宗既說爲多元，便成相對，則何可以此多元之種子而言本體？熊氏所謂功能實與有宗殊異，乃是每一功能皆涵無量無邊功能，亦即任一功能，即具一切功能，每一功能與其餘功能互爲主屬，而一切功能皆是生生化化流行不息之眞機，能顯現爲大用流行，故此「承體大用」之功能，不只有本體義，且有活動義，實是即體即用，即存有即活動。

四、因功能具活動義，故可顯現爲大用流行，然與一般所謂「習氣」大有不同。熊氏認爲有宗立義最謬者，即混習氣爲功能，故特以三義以別功能、習氣之異，（一）功能即活力，習氣有成型，（二）功能唯無漏，習氣亦有漏，（二）功能不斷，習氣可斷。（同上頁 84）

熊氏認爲人之生也，形生神發，即受形氣之限，亦即「習氣」，而有物化之勢，隨波逐流，淪沒生死海中，難以超脫。然從另一面言，人有「功能」，此功能即宇宙之本體，亦即吾人之本性，夐然超脫，畢竟不墮於形氣中。此功能本性，無染無滯，無有虧欠，健而又健，生生不息，故謂之「活力」，若其發用，則精剛勇悍，任而直前，不但不拘於習氣，且能主宰習氣。

有宗因主種子有有漏和無漏兩種，故其言功能，即習氣，亦通有漏無漏；而熊氏所言功能則具純淨義、升舉義，故能主宰習氣，乃法爾神用不測之全體，光明晃曜，無有障染，唯是無漏。此無漏功能乃法爾本有，窮其始則不知其始，究其終亦莫知其終，無始無終，即是恒常，故說功能永無斷絕；而習氣則本非法爾固具，乃是後起，因有生以後，種種造作，故有餘勢輾轉流傳，然只要功能鼓其不測之神用，即可中斷有漏之習氣，以歸於無漏之功能本體，故說習氣可斷。然有一點須注意者，即熊氏雖嚴分功能、習氣之異，但非即意謂功能、習氣斷而爲二，毫無相干。熊氏曰：

　　無事於性，有事於習。增養淨習，始顯性能，極有爲乃見無爲，盡
　　人事乃合天德。習之爲功大矣哉！（同上頁 89）

性亦即功能也，因性上不容纖毫著力，故只能著力於習上之修為，亦即體上難以著力，但可著力於用上，則可於有為處而見無為，克盡人事而合天德，而宇宙萬象，科學知識亦可由此安立，故習之功用大矣哉！然習之功用雖大，但習有染有淨，若純是染習乘權，則其為害之功亦大，故須捨染歸淨。而要捨染歸淨，則須盡力歸本於性，因習由性而來，故性能主導習，故能捨染以歸於淨，可見性習並非截然為二，亦即功能本體若要活動，實須借助於習氣，但不拘於習氣，且能導習氣純歸於淨，故而顯現為萬化流行之大用。

綜上「功能四義」之解析，可見熊氏乃假設功能，以方便顯示本體實性，此本體具大功能，能顯現為大用流行，故謂之「承體大用」，而體實無異於用，用亦無異於體，用即是體之用，無體即無用，故可謂之「即體即用」、「即存有即活動」。

而由「變之三義」及「功能四義」，既知用是如何之用，體是如何之體，則可進一步問最後一個問題，即體用之關係如何？顯然地，其既是「承體大用」，亦是「即用識體」，亦即「即體即用」、「即用即體」，「即存有即活動」、「即活動即存有」，故其關係實是體無異於用，用無異於體，體即是用，用即是體，體即用之體，用即體之用，無體即無用，離用亦無體，體用雖若不一而實不二，故謂之「體用不二」，或亦可稱之為「體用合一」。熊氏曾以二義明之，簡潔扼要，即「即體而言用在體」與「即用而言體在用」（同上頁 434、頁 435），由此二義，可知體用雖若不一而實不二。攝動有歸寂無，泊然無對，會寂無歸動有，宛爾萬殊，故若不一；然寂無未嘗不動有，全體成大用故，動有未嘗不寂無，大用即全體故，故知體用畢竟不二。由是而熊氏之「體用不二」論，於焉成立！

熊氏亦自認此「體用不二之義自《新唯識論》出，始圓融無礙」（《語要》卷三頁 512），已解決本體論之根本問題。誠然，《新論》言體用不二確已遠超前人，有其獨特創見，但是否即已圓融無礙，則又因仁智之見不同而互異。陳榮捷氏對熊氏雖極為稱許，但於此則頗為置疑，認為「一方面心是自由的，一方面卻又被習性束縛，這可是要另外費一番口舌的。」（《現代中國的宗教趨勢》頁 167）林安梧氏則較能體貼熊氏之意，認為熊氏所謂功能與習氣，乃就不同層次而為言：

> 顯然的，「功能」是就存有的根源說，而「習氣」是就存有的開展與
> 執定說，「功能」之說著重在其超越性、根源性，而「習氣」之說著

重在其歷史性與社會性。(《熊十力體用哲學之詮釋與重建》頁 150)
功能與習氣實是分屬兩不同之層次,而非同一層次,故無陳氏所謂一方面心
是自由的,一方面又爲習性束縛之矛盾。而亦因其並非同一層次,故屬超越
性、根源性而爲存有之根源的功能,即必須假習氣以行,使此存有之根源得
以開展與執定,從而才得以有其歷史性與社會性之意義。若無習氣之助,則
此存有之根源即無由開展與執定,而既無歷史性與社會性,則亦無由見此超
越性、根源性之功能也。故在熊氏看來,此分屬不同層次之功能與習氣,心
與習性,體與用等,實是可通極爲一而無所罣礙,雖分爲二而實不二,故說
爲體用不二也。

五、歸本體證,默然冥會

熊氏體用不二之論,不只是理論的,亦是生命的,不只通貫本體論、宇
宙論,更落實於人生論上。若只停留於理論之探討,則熊氏之說亦將如他人
一般,不見精采;正因熊氏之說並非高談闊論,乃落實於生命之真實感,強
調生活上之體會,真真實實地冥會默識,人人有此必然性,亦有此可能性,
故不必假他人之手,亦無須假他人之手,完全是一種「實證」,即「自己認識
自己,絕無一毫蒙蔽」(同上頁 43),乃一「探究真實的存在」之學。〔註 10〕
正因熊氏之學乃一「活生生實存而有的體用哲學」,著重的是「自己認識自己,
絕無一毫蒙蔽」,唯有如此才能成爲一「探究真實的存在者」,故熊氏特著重
於本體之「心」,此心不只是體,而亦是用。由於此心乃兼含體用,故能自己
認識自己,絕無一毫蒙蔽,故熊氏《新論》以〈明宗〉章爲首,開宗明義即
說此義,而於最後一章更說此義,特標以〈明心〉,可見熊氏無疑是更著重於
人生,著重於體證。熊氏曰:

> 今造此論,爲欲悟諸究玄學者,令知實體非是離自心外在境界,及
> 非知識所行境界,唯是反求實證相應故。(《論著集》頁 43)

本體爲何是非離吾人之心而外在?因本體不礙顯現爲一切分,而每一分皆得
本體之全,一一物既本來即具本體之全,故不可離自心而向外求索本體。如

〔註 10〕 杜維明氏〈探究真實的存在 —— 熊十力〉一文,認爲熊氏乃一「探究真實的
存在」之思想家,所謂「探究真實的存在」,亦即「實證」之學是也。杜氏此
文,收入《中國近代思想人物論 —— 保守主義》,傅樂詩等著,時報出版公
司,民國 71 年 9 月三版,台北。

大海水顯現為眾漚，則每一漚皆即大海水全體之顯現，甲漚具大海水之全，乙漚亦如是，以至丙漚、丁漚及其餘一切漚皆如是。從大海水之觀點看，大海水即全體地現為一一漚，故非超脫於無量之漚上而獨在；從眾漚之觀點看，每一漚皆攬大海水為體，故雖是各各微細之漚，實際上每一漚皆是大海水全體之直接顯現。由此比喻可知，本體不礙顯現為一切物，而一切物又各各即是本體，故說本體非是離自心外在境界。若離自心而向外求，則如求龜毛兔角一般，無有是事，而放失本心矣。

　　本體既非離吾心而外在之物，乃人人法爾本有，本自具足者，亦即非由吾人之知識理智所能構畫造作而成，故吾人既不可離吾心而向外求索，亦不可以知識理智強求，因其「非知識所行境界」故。熊氏認為知識理智乃依後天經驗，分別事物故起，將一切物事視為離吾心而獨立存在，非是依於吾心之認識而始存在，如此則向外推求，以為有客觀獨存之物事，熊氏名此種知識理智為「量智」或「慧」，〔註11〕「慧義云者，分別事物故，經驗起故。」（同上）若以此慧或量智推求外界客觀之物，尚可相應；如欲推求本體則不可得，因本體雖能顯現為一切物事，但卻是無形無相，故不可執定本體以為亦如物事一般。若執本體如外界物事而求之，則必如離心而外索，其法雖異，其過則一也。

　　本體既非離吾心而外在，又不可以量智推求，則須如何求得本體乎？熊氏認為唯「反求實證」一途，方可悟入本體，與之相應。「反求實證」，亦即所謂「性智」，此「性智」與「量智」不同，乃是「自性覺故，本無倚故」（同上），即真的自己（即本體）底覺悟，此覺悟即是真的自己，離此覺悟，即無所謂真的自己。此真的自己，本即獨立無匹，故其覺悟雖不離量智，卻能不滯於量智而恒自在離繫；且其自明自覺，虛靈無礙，圓滿無缺，雖無形無相，然眾理畢具，能為一切物之根源。

　　此本體、性智本即獨立無匹，離繫自在，且又具備眾理，而為萬物之源。

〔註11〕熊氏《新論》本擬為兩部，部甲〈境論〉，部乙〈量論〉，但只完成〈境論〉，即今之《新論》，而〈量論〉未出，誠可惜也！然〈量論〉雖未有完本出，但熊氏於其著作中亦偶提及，故仍有跡可尋，尤其《原儒》上卷〈緒言〉中，熊氏自言欲作〈量論〉，實「早有端緒」，全書原擬分「比量篇」、「證量篇」兩篇，「比量篇」復分上下，上篇論「辨物正辭」，下篇論「窮神知化」，「證量篇」則專論「涵養性智」，見《原儒》頁 1～7，史地教育出版社，民國 63年 10 月，初版，台北。參閱景海峰氏《熊十力》第六章〈量論索迹〉頁 215～248。

然亦因其乃自己認識自己，自己覺悟自己，故本體、性智即非一死體，乃一能活動、能發用的，若不能活動，不能發用，即不能認識覺悟自己；亦因其備眾理而爲萬物之源，故亦非一死體，乃一能顯現、能流行的，若不能顯現，不能流行，亦不能於萬有處識得自己。故本體、性智終是要發用，且具有主體能動性，爲一縱貫的、創生的道德主體性，即本體即工夫，即體即用的。此一縱貫的創生的本體，既非空宗只顯空寂，無有生化，而爲一平舖之眞如所能企及，更非有宗體用爲二，而成一橫面之執取的阿賴耶識所可比擬。

然熊氏之言性智，既如此之殊勝，但亦非其憑空懸擬，乃有所本也！熊氏亦稱性智即「本心」，乃吾人與萬物所同具之本性，此本心實即孔子所謂之「仁」，孟子所謂「性善」，《大易》所謂「乾元」，以至程顥所謂「仁者渾然與物同體」，陽明所謂「良知」，雖異名而實同，楊慈湖、羅念菴、徐魯源及史玉池亦深識此旨，故於反本求仁之學，皆深有所得。〔註12〕熊氏之言性智、本心，雖有其自身道德感之強烈要求，要亦深受此傳統思想影響之結果，且能融通佛老，將佛家之法性心，道家之道心收攝於一爐，而尤讚賞禪門之直識本心，發明心地。

然當此性智、本心發用時，即須假量智，亦即習心以行，此量智即性智之發用，性智既依量智而發用，而量智卻常反假之以自用，爰是迷以逐物，而妄見有外，由此生習。此習心雖依本心之力用故有，然不即是本心，畢竟自成一物，因此，若欲使本心「自己認識自己，絕無一毫蒙蔽」，則須有「保任」之功，常保得本心炯然若存，涵養之而加深邃，擴推之而益充盛，習心自不得乘權，純是性智之如實發用，則何有妄習之生？然此「保任」之功爲何？《新論》云：

一、保任此本心，而不使惑染得障之也。

二、保任的工夫，只是隨順本心而存養之。即日常生活，一切任本心作主，卻非別用一心來保任此本心也。

三、保任的工夫，既是隨順本心，即任此心自然之運，不可更起意來把捉此心。（同上頁565）

保任本心，即須落實於日用之間，不論動靜，每一念皆恒由本心作主，勿使習心乘權，起而障弊本心。然一切恒由本心作主，並非以另一心來保任此本心，而是即此本心來保任此本心，因其唯有此一本心而已，此外別無他心。

〔註12〕參閱《論著集》頁567～568。

但亦不可起執而把捉本心，只須順其自運即可，此即是工夫，熊氏稱此是「即工夫即本體」。此工夫實即是本體，原只是一體之兩面，亦只是保任而已，《新論》云：「工夫只是保任，原非於本體有所增益。但勿爲染習所縛，勿順軀殼起念，而使本心恒爲主於中，則大明朗乎無極，性海淵兮絕待。」（同上五六六）欲使本心朗乎無極，淵兮絕待之工夫，亦只是於每一念當下，皆由本心作主，而無走作，方是眞工夫，如是之眞工夫，方是眞本體。此當下一念返本，即是眞工夫、眞本體，而若當下一念走作，則非眞工夫、眞本體，此中絕無轉圜處，絕不容有二念之思，如有二念，即非本也，即失本矣！此一念返本，亦即熊氏所引古德之語：「一念迴機，便同本得」（同上頁 582）是也。

此當下一念返本，即工夫即本體，乃重在工夫下手處，「儒家自孔孟，其談本體，畢竟於仁或生化的方面，提揭獨重。」（同上頁 574）因此若太過強調於此，則易流於忘失本體，故應輔以佛家之言寂體，「佛家談本體，畢竟於寂靜的方面，提揭獨重。」（同上）如此，才能保住本體，不致流失，故熊氏曰：「會通佛之寂與孔之仁，而後本體之全德可見。」（同上）此亦是熊氏雖對空宗不無微語，但亦盛讚之，而受其影響之處，因空宗之空法相而悟入法性，實有見於此寂體。

熊氏固重視本心之保任勿失，當下一念返本，即是本心；但熊氏亦認爲與本心相對之習心，雖不即是本心，卻是依於本心而有，故習心實非於本心之外另有一心，而是本心因依根取境之結果，由此可知，習心與本心乃是在不同層次上而言的，並非是種類之不同。即因其是不同層次，本心乃本有故，習心乃後起故，故熊氏除重視本心之保任勿失，一念返本，以明本心之要，亦強調習心之不可忽視，且由習心之修學，亦可明了本心，熊氏曰：「今更申言欲了本心，當重修學。」（同上頁 620）而修學之要，熊氏則略舉二義：

> 一者，從微至顯，形不礙性故，性之所以全也。本心唯微，必藉引發而後顯。既凝成形則化於物者多，而其守自性而不物化者遂爲至少。……而形氣既生即自有權能，則性之運於形氣中者，既因任無爲，形乃可役性以從己，而宛爾成乎形氣之動，故性若失其主宰力矣。所謂本來惟微者此也。然則形爲性之害乎？曰：否否。若無形氣，則性亦不可見。且形者性之凝，即形莫非性也。（同上頁 151～頁 152）

形即性由微而顯，雖常役性，然卻不礙於性，性亦須藉其凝成，方可盡性，

故說形莫非性也，實亦形即性也。熊氏特舉孟子「形色，天性也」以明之，其實形是不礙於性的，因形之役性，本非其固然，乃屬一變態，猶如水就下而使之過顙或在山，豈水之本然？形雖一凝成，染習即與俱起，隨逐增長，而障弊性，使其不得顯發；然性能主乎形，行於形氣之中，使形與其相應，引發無窮，而全體頓現，此亦即先儒所謂「踐形盡性」之說。

> 二者，天人合德，性修不二故，學之所以成也。《易》曰：「繼之者善，成之者性。」全性起修名繼，全修在性名成。本來性淨爲天，後起淨習爲人。故曰：「人不天不因，天不人不成。」故吾人必以精進力創起淨習，以隨順乎固有之性，而引令顯發。在《易》，乾爲天道，坤爲人道。坤以順承天，故爲善繼乾健之德。是故學者繼善之事，及其成也，性也。（同上頁 153）

性乃人人本有，若無有此本然具足之性，則將何所因而爲善？故曰：「人不天不因」。但若不善於繼之，則性亦成不善矣，故須本此本性，全性起修，則無不善，可謂善繼。然雖有此本性，而若不盡人事，亦無以成其爲性，故曰：「天不人不成」。須本著全幅生命，精進勤奮，全修起性，唯以成此本性爲志。吾人只須本此天性，克盡繼善成性之事，性修不二，則克染成淨，天人合德，而一切莫非善也，皆即本性也。

綜上所論，不論其爲保任本心，一念返本，或著重修學，性修不二，皆是以此本心自己認識自己，由此本心而體萬物而不遺，可知熊氏之學實乃一「見心」之學，亦即「見體」之學，「見心」者，即心自見也，「離能所內外同異等分別相，而實昭昭明明，內自識故」（同上頁 44），故謂之「見心」，亦謂之「見體」，而亦由此謂熊氏乃一「探究眞實的存在」之思想家。

熊氏之所以強調本心，乃自然而然地由其本體論、宇宙論、認識論熔冶於一爐，而特著重於人生論，從而歸結於道德實踐之必然結果。由本體內部含有矛盾之二勢用爲起始，以探究宇宙萬象之本源，從體用、翕闢與心物等相反而又相成，互相對立而又互相融合中，認識到宇宙萬象發展之過程，與反躬內證之重要，從而收攝歸結於「本心」，因本心不只爲實體之代稱，而又具有能動性。一切物事皆在本心中融合爲一，本體與現象，整體與部分，絕對與相對，天與人等，皆融合爲一，而無斷裂爲二之失，可見本心之重要。而唯於此心有所見得，亦即見得此心昭昭明明，方是眞「見心」，而此見心亦非別有一心以見此心，實是此心具能動性而自見此心，不假外求而內自識也。

此見心亦即「見體」，欲見得此心，見得此體，唯有內自識也，於道德實踐上確確實實地體證。熊氏體用不二論，無疑即是以實踐爲主的體證之學，而熊氏終其一生實是以其全幅生命，爲此作見證，從而挺立之矣！

第四章　佛學界對熊氏之反駁

第一節　論戰經過

　　熊氏《新論》乃評判佛家空有二宗而折宗於《易》之產物，不只予佛法以根本性之打擊，更予有宗唯識學以全盤性之改造。熊氏此舉，乃因其不容已於心之心，而對佛教界以無情之挑戰，實本著「吾愛吾師，吾更愛真理」，對追求真理之一心嚮往而有以致之。然在佛教界看來，熊氏此舉無異離經叛道，而熊氏更說若視自己為一「新的佛家」，亦無不可，更引起佛教人士強烈不滿，紛紛起而衞道護法，對熊氏展開反擊，而熊氏亦為文反駁，再三申述《新論》旨趣，所謂「當代儒佛之爭」，即由此揭開序幕。〔註1〕

　　熊氏《新論》〈文言本〉於一九三二年十月甫一問世，即引起支那內學院之反擊，認為熊氏背叛師門，歐陽竟無即授意門下劉定權（衡如）著文反駁，名為《破論》（即《破新唯識論》），歐陽且親為作序，刊於《內學》第六輯。隨後一九三三年二月，熊氏即撰《破破新唯識論》（後簡稱《破破論》），針對劉文所破，一一駁斥。於此雙方往復論辯之際，佛門新派領袖太虛法師，於一九三三年初，發表〈略論〉（即〈略評新唯識論〉）一文於《海潮音》，公開批評熊著；其門人燃犀亦發表〈書熊十力著所謂新唯識論後〉於《海潮音》，對太虛一文作進一步申述。同年秋，北京「三時學會」韓清淨一派，與歐陽

〔註 1〕 熊氏《新論》亦引起哲學界（儒學界）之注意，大抵褒多於貶，對熊氏雖不無微訾，以其誤解佛法，但在儒佛有別上，則同一立場。可參閱郭齊勇氏《熊十力與中國傳統文化》第九章第一節〈三、四十年代哲學界的評價〉。

同爲弘揚唯識，時稱「南歐北韓」，其門下周叔迦著《新唯識三論判》，對《新論》、《破論》及《破破論》三書內容詳加審覈，進而批評熊氏。熊氏於一九三四年間作一長文，對《新論》所遭之批評一一反駁，此文以書信形式收入《十力論學語輯略》（此書後收入《語要》，作爲卷一）。此後，內院之巨贊法師撰〈評熊十力所著書〉，以筆名萬鈞部分發表於《論學》。

抗戰期間，論辯亦不曾斷。先是陳眞如（銘樞）與熊氏往覆函辯，談各自習唯識心得，歐陽則作〈與熊子眞書〉及〈答陳眞如論學書〉，對熊氏「孤冥自許，縱橫恣睢」之行爲再予痛責。惜因戰亂，資料流失，只保留幾封刊於一九三九年《內院雜刊》上的有關書信。而一九三九年，歐陽圓寂，熊氏與內院繼任者呂澂爲師事、法事等多所函商，而引起論爭，書信來往達十七函之多，由呂澂弟子談壯飛輯錄保存，至一九八四年才以〈辯佛學根本問題〉爲名，刊於《中國哲學》第十一輯。之後，內院之王恩洋撰〈評新唯識論者的思想〉，刊於《文教叢刊》；太虛又發表評熊氏之第二篇文章〈再評〉（即〈新唯識論語體本再略評〉），劉天行則撰〈新唯識論述評及置疑〉，言辭犀利，同刊於《海潮音》。至一九四四年，熊氏將約九萬言之《新論》〈文言本〉，改以語體文而重述之，擴充爲三十七萬言之〈語體本〉，基本主張不變，理論則愈益精密；又作〈新唯識論問答〉、〈與友論新唯識論〉、〈略談新論旨要〉等長文，答疑釋難，兼有反駁論敵之意；其門下周通旦亦作〈熊十力先生哲學釋疑〉、〈讀新唯識論〉，闡發《新論》思想。

一九四七年，《世間解》刊有熊氏所著〈讀智論抄〉，對熊氏頗多贊譽，同時亦登載子韜之〈讀讀智論抄〉及廢名（馮文炳）之〈體與用〉，兩篇同以佛家觀點而批評熊氏。此後太虛門下之印順法師，撰〈評論〉（即〈評熊十力的新唯識論〉），較有系統地從八方面批評熊氏，此篇可謂繼《破論》之後，佛教界反駁《新論》最有份量之作，引起熊氏相當重視，隨即命門人黃艮庸著文反駁，題爲〈環繞「新唯識論」的儒佛諸問題〉，一九四九年三月刊於《學原》，隨後收入《十力語要初續》中，並改名爲〈新論平章儒佛諸大問題之申述（黃艮庸答子琴）〉，而其實從現有材料看，此文實即熊氏本人親筆所寫，只是借弟子名發表而已。至此，熊氏意猶未了，於次年又將此文重新刪改增補，擴充至八萬字，即《摧惑顯宗記》（後簡稱《摧記》）一書，此乃熊氏繼《破破論》後另一本專門論辯之作。

五十年代後，內院解散，釋門流離，熊氏亦隱居滬濱，此一論戰雖漸歸

消寂，但並未就此了結。一九八四年，劉述先氏編選《熊十力與劉靜窗論學書簡》一書問世，共收錄熊氏與編者父親五十年代後之往來書信九十多封。一九六三年，熊氏著《存齋隨筆》，略釋十二緣生之義，雖非專爲論辯而作，但行文間實包含對佛教意蘊之批判。一九六八年，熊氏謝世，臺灣佛教界人士朱世龍撰〈評熊十力哲學〉，對《新論》作嚴厲批評。至八十年代初，巨贊將其三十年代所作〈評熊十力所著書〉，重加增補，改文言爲語體，發表於《法音》。至此，由熊氏《新論》所直接引起之儒佛論爭，方暫告停止。〔註2〕其後，熊氏弟子牟宗三氏，與印順於儒佛問題亦多爭論，可謂乃其延續。

　　由上可知佛學界對熊氏之批評，可謂精英盡出，包括歐陽、劉定權、巨贊、呂澂、王恩洋、太虛、燃犀、印順、周叔迦、劉靜窗及朱世龍等，尤以劉定權與印順之著作爲最重要。各家對熊氏之批評容或有異，但大致皆持否定態度，則是各家皆同。此諸多著作中，大抵屬「唯識系」，但亦有可代表「眞常系」與「般若系」之立場者。〔註3〕唯識系之著作，可以劉定權《破論》爲代表，因其較富系統，熊氏亦相當重視，並作《破破論》破之；其餘皆爲散論，其中呂澂與熊氏之論學書信，即〈辯佛學根本問題〉，雖頗值重視，但其乃因論他事而言及《新論》，〔註4〕故是間接而非直接針對《新論》而發，不若《破論》之專門系統也。眞常系之著作，可以太虛〈略評〉、〈再評〉爲代表。太虛雖號稱「法相唯識」，而實以「法界圓覺宗」自居，其對熊氏之批評

〔註2〕　以上「當代儒佛之爭」之經過，乃據景海峰氏《熊十力》第三章第三節（一）〈論戰之主要經過〉頁101～104綜述而成。又本文所謂「當代儒佛之爭」，只限於由《新論》直接引起者，至於牟宗三與印順間之論爭雖可視爲其延續，但其所論，另有主題，故不在此範圍內。

〔註3〕　林安梧氏認爲「劉衡如（定權）先生所作，代表佛家『唯識系』發言。……太虛法師可說是站在『眞常系』發言，……印順法師所著『評熊十力新唯識論』，其立場則爲『般若系』。」（見氏編《現代儒佛之爭》〈卷前語〉頁4，明文書局，民國79年6月，台北）。

〔註4〕　呂澂與熊氏之辯論，乃因歐陽新喪，呂澂致函熊氏，熊氏回函囑其師事、法事務必一肩挑起，責無旁貸，並附「與梁漱溟論宜黃大師」一函，中有「竟師願力甚大，惜其原本有宗，從聞熏入手」，「惜乎以聞熏入手，內裏有我執與近名許多夾雜，胸懷不得廓然空曠，神智猶有所圍也。因此而氣偏勝，不免稍雜伯氣」數語（見《呂澂文集》頁257，頁258），亦即譏歐陽從有宗聞熏入手，未爲了義。熊氏此舉引起呂澂置疑，來往函辯遂達十七封之多。關於此一函辯得失，請參閱江燦騰氏〈呂澂與熊十力論學函稿評議〉，收入氏著《現代中國佛教思想論集》（一），新文豐出版公司民國79年7月，初版，台北。

—69—

乃宗佛法全體以立言，此宗佛法全體雖不能以一宗一派概括，然若以其認為最究竟之「法界圓覺宗」稱之，無疑乃最恰當，因此宗實近於真常系，故太虛對熊氏之反駁可謂乃代表真常系者；而此系與儒道兩家之學頗為接近，故對熊氏雖不無微訾，但亦予相當正面之讚揚，不似劉氏之嚴厲。至於劉靜窗亦是站在真常系立場，但其與熊氏論學之書簡，已是熊氏晚年之事，乃兩個真實心靈的生命體證之對話，較無涉於《新論》，在時間上及內容上均不如太虛之有代表性。般若系之著作，自以印順之〈評論〉為代表，印順以空宗方是佛法之所歸，對熊氏之批評亦烈，引起熊氏相當之重視，並著《摧記》以駁之。

綜上所論，佛學界對熊氏之反駁，實以劉定權《破論》及印順《評論》為最要，而又恰好分站在唯識系與般若系立場，此實熊氏對有宗及空宗所作反省後，而有宗、空宗分別起而回應也。而太虛〈略評〉、〈再評〉二文，可視為真常系對熊氏以儒家《大易》來改造佛家「唯識」義，企圖融合儒佛之看法。故探討佛學界對熊氏之反駁，可順此三系而論，即得一全面之了解，而各系各以一人為代表，可免葛藤枝蔓而成重複之失。因其發表先後，《破論》最先，〈略評〉、〈再評〉次之，〈評論〉最後，故先述《破論》，次述〈略評〉、〈再評〉，後述〈評論〉。

第二節　「唯識系」立場之反駁——劉定權《破論》

《破論》分〈徵宗〉、〈破計〉及〈釋難〉三章以破《新論》之失。〈徵宗〉章先明《新論》絕非佛家著作，熊氏雖言《新論》乃由佛家轉來，然其所言處處與佛家異，「任情取捨」、「挾私逞妄」，不顧佛家本義，未有相當了解，即予曲解改造，其過誠非小也。《破論》云：「彼（指《新論》）蓋雜取中土儒道兩家之義，又旁采印度外道之談，懸揣佛法，臆當亦爾」，「於是順者取之，違者棄之，匪唯棄之，又復詆之」，「且淆亂是非，任意雌黃」（《論著集》頁212～213），乖宗亂極，故不可無辨以破之也。

〈破計〉章則分「一元之體」、「眾生同源」、「宇宙一體」、「反求實證」、「真如為體」、「種子為體」、「一翕一闢」、「能習差違」等八項以破《新論》；〈釋難〉章則辯熊氏誤解「唯識」而一一為之釋。茲為脈絡之清晰，先論〈釋難〉章，即熊氏誤解「唯識」之處；再論〈破計〉章，則可區分為三，前六

項皆論熊氏言本體之誤，可總歸爲「本體論」之誤；第七項言熊氏「一翕一闢」之誤，亦即「翕闢論」之誤；最後一項言熊氏「能習差違」之誤，亦即「能習分」之誤。

一、熊氏誤解「唯識」之處

劉氏在〈釋難〉章，主要批評乃集中於熊氏對「唯識」之根本內容——「八識」說之誤解。劉氏認爲熊氏對有宗文獻並不熟悉，故一、不知八識成立於何時，二、誤以八識與諸法平列，三、誤以世親之言識爲非空，四、誤以八識各分心、心所，每一心、心所又皆析以三分爲支離片斷。

劉氏以熊氏既言「八識之談，大乘初興便已首唱，本不始於無著，但其爲說，以識與諸法平列」，又言「逮於無著始成第八識，引世親捨小入大。此爲接引初機，固猶未堪深議。」（同上頁 229～230）如此，第八識成立於何時，熊氏實首鼠兩端，無有定解，豈不自相矛盾？其謬誤不待言也。劉氏認爲熊氏若解《阿毗達磨經》「一切種子識，勝者我開示」，及《解深密經》「阿陀那識甚深細，我於凡愚不開演」之說，則不致不知八識成立於何時。又不論熊氏所謂「八識之談，大乘初興便已首唱」，是指世尊所說之經，抑菩薩所造之論，皆無「以識與諸法平列」之談。因若是佛所說之經，則「《阿毗達磨》『本聲聞一切智』義，詳敍諸法種種，說蘊處界三科。而至《華嚴》『唯心所現』之言，《深密》『唯識所現』之訓，則抉擇唯識特列以立義，又曷與諸法平列耶？」若指菩薩所造之論，「則除《起信》等僞書外，大乘初興時龍樹菩薩等所造論中，固亦未見有首唱八識與諸法平列之說也。」（同上）

熊氏之誤認世親以識統攝諸法，成立識法非空，更是劉氏所不允，故即以子之矛攻子之盾云：「即如熊君所舉之《百法明門論》，開卷標宗，明明引如世尊言一切法無我，全書始終明明皆釋此一義，則世親明明如以前諸大乘師將識與諸法一例認爲無自性也。」且「世親又不但說識從種生，並說一切有爲法如色聲等皆從種生，皆是緣起，是故皆無自性。」（同上頁 230）由上可知，有宗之言識，絕無將識執爲眞實者，故自劉氏看來，無異乃熊氏強作解人，而成此過。熊氏又認爲護法惟恃分析法，將八識各分以心、心所，每一心、心所又皆析以三分，則成「斷片相狀」；劉氏認爲熊氏此說實屬妄訶，蓋「蘊處界法，佛口親宣，三乘共許。雖或六或八，有多有寡，而共許不唯一識，不唯一心所，昭昭然也。」（同上頁 231）劉氏並引《成論》所引種種

聖言，以明護法之有所根據，而熊氏之爲妄訶也。

　　以上乃〈釋難〉章之大概，劉氏此等處之批評乃據傳統唯識家義，甚爲的當，熊氏雖於《破破論》中又一一反駁，無非堅持己說，以自改造之「新唯識」義，反覆陳述，若衡以唯識家本義，熊氏自是較爲理虧。劉氏認爲熊氏於此根本大義，不能把握而有所誤解，則由此誤解而來之推論，自是錯上加錯，實無須多論。故於〈釋難〉章後，雖亦言及八識間之關係及種子義等，無非亦明熊氏之誤解「八識」義也，然皆過於瑣碎且無關宏旨，因其已於〈破計〉章言之，故不若〈破計〉章之詳，故於此可先勿述，而於〈破計〉章再述。

二、熊氏「本體論」之誤

　　劉氏於〈破計〉章分八項以破熊氏，其中論及熊氏「本體論」之誤者有六項，即「一元之體」、「衆生同源」、「宇宙一體」、「反求實證」、「眞如爲體」及「種子爲體」。此中前四項乃論熊氏所謂「本體」義爲何之誤，可并而論之，後兩項乃論熊氏以其本體論而比附有宗種子、眞如皆爲本體之誤，亦可并而論之。

　　（一）劉氏認爲熊氏肯定宇宙必有一本體，此本體亦即恒轉、功能或實性等等，隨其立義而名不一，名雖不一而其實一也，亦即熊氏計有一元之體；如此，則熊氏實「譎怪之極」，因熊氏最反對玄學家之立一元、二元或多元之論，然不意熊氏亦以萬有皆資始乎一元，計有本體，實早墮入一元論而不知自哀。劉氏繼言熊氏所立一元之體，既能生成萬有，即萬有皆資始乎此本體之一元，亦即衆生同源，同以本體爲根；但萬有既皆以本體爲同一根源，則此本體必湛然純一，因其湛然純一，則應物物皆同，何以又有生天生地以致生物之種種差異？

　　劉氏又認爲熊氏之言本體雖可顯現爲萬有，但兩者卻是渾然一體，無有間隙，故說爲宇宙一體，實非了義。《破論》云：「當知一體、多體，皆就分位施設假立。一可分多，多可合一，都無自性，不可執實。然既假立，亦一成不變；又法相鑿然，更不可亂。」（同上頁 214）如此，則何可說宇宙萬有爲渾然一體？劉氏更以熊氏書中言及宇宙一體諸義反詰熊氏，認爲熊氏所舉「交徧義」、「圓滿義」、「全分義」、「中心義」、「增上義」、「仁愛義」及「唯識義」等諸多比喻以明宇宙一體，然此諸多比喻實無法證明宇宙一體之義。

　　劉氏更譏熊氏之言體，歸於「反求實證」，其過不小。蓋熊氏以《新論》乃見體後之作，乃自家體悟而得，雖說是由佛家轉來，但於佛家則屬創作，只須「善反，則當下便是，無須窮索。反之一義最宜深玩，止觀雙運方名反求。」而「真見體者，反諸內心，自他無間，徵物我之同源。蓋滿座之人之心，即是一人之心，元無自他間隔。」（同上頁 219～220）劉氏則認為熊氏並無止觀雙運之真功夫，空言證體，而嘐嘐作《新論》，實是大言欺世。劉氏更引《解深密經》以明無論何人修何止觀，無論如何反求，終不能親緣他心，則何可言「自他無間」、「滿座之人之心即是一人之心」？蓋「凡是所緣唯識所現，無有少法能見少法」，「止觀俱轉，通達三摩地所行影像唯是其識」（同上頁 220），一切法為唯識所現，故說唯識，而說唯識則基於定慧之修持經驗而來，如無定慧功夫，則亦無唯識可言；然定慧功夫有深淺，所現影像自然不同，如《攝大乘論釋》卷四所舉譬喻：「如人見是水，魚見是窟宅，鬼見為火，天見為七寶莊嚴。」〔註5〕可見因定慧功夫不同，雖同見一物，於不同人心中，自現為不同影像，如是則何可今一反求即見他心即我心，眾人之心即一人之心？

　　綜上所論，劉氏批評熊氏「本體論」之誤，亦頗有理致，但正如熊氏之誤解唯識義一樣，劉氏亦誤解熊氏所謂之本體。因熊氏所謂之本體，非是離用之外而別有一體，可為用之體，而是即於此用中即可識得此體，亦即「即用識體」，此本體「非是離自心外在境界，及非知識所行境界，唯是反求實證相應故。」故與一般玄學家以思議所行境界，一往向外求理，計有一離自心外在之本體大不相同。而劉氏即誤認熊氏之言體，有如玄學所計本體為一元之失。其實不只劉氏誤以熊氏計執本體，而能生萬有，即使太虛亦以其為一「唯心的順世外道」，印順亦以其屬於「玄學的唯心論」。蓋凡是言說，即有限制，而雙方立場各異，若不善會而得其言外之意，則易成誤解也。

　　劉氏以熊氏所舉「交徧義」等以反詰熊氏之「宇宙一體」義，雖亦可說，但並不契理，因熊氏所舉「交徧義」等，乃藉比喻以明宇宙一體，然喻取少分，不可求其與所喻本義全合，若全合即無須取喻，此乃熊氏所常言，而佛家「因明」之諸論諸疏亦常言及，故劉氏於此略嫌不善會。

　　至於劉氏批評熊氏無體證工夫，顯然是站在宗教上之修行而論，此種甚深微妙不可思議之境界，若非親證，實不易分判孰是孰非。若以此嚴格意義

〔註 5〕　間引自印順《印度佛教思想史》頁 271。

而論，熊氏自無此體證工夫；但無疑地，熊氏所謂體證乃是儒家義下之體證，是不離日常生活而即在日常生活中，亦即孟子所謂「必有事焉」，陽明所謂「事上磨練」，只須於日常生活中，當下一念反己，收其放心，即復其本心，而本心既是人人本有，則復己本心之時即見己心，同時亦見他人之心，原來是一，無二無別，故能「自他無間，徵物我之同源」。由上可知熊氏與劉氏於體證工夫，立場並不一致，一儒一佛，無怪乎各言其所言。

（二）劉氏於〈破計〉章前四項先破熊氏計執本體之過後，進而更破熊氏以本體論比附有宗真如、種子，視真如、種子亦為本體之失。劉氏認為「以體用名所詮之義，印度與中國截然不同故也。中國體用之說固定，印度則不固定。」（同上頁 223）既然印度與中國之言體用義並不一致，則熊氏以中國體用義比附印度體用義，自是不為劉氏所贊同。劉氏以熊氏計有恒轉實體，不從因生，而能生萬有，實違佛家緣起性空之理，蓋因其「不明立種深意，於是緣起之義昧；緣起之理不彰，於是外道之說斯起。」於是而有三誤，「一誤現界以種子為體，二誤現界以真如為體，三誤兩體對待有若何關係。」（同上頁 222）

其誤現界以種子為體者：劉氏認為熊氏所陳護法唯識學之大概，以為種現截然二分，現界並以種子為體，實非護法之旨，因「護法說現行生種，種起現行，種子前後自類相生，皆是因緣。功能現行互為因果，互為能生，互為所生，皆待緣生。」（同上頁 223）「護法種現互生之義，見《成唯識論》第七『有為法親辦自果之因緣，其體有二，一種子，二現行』」（同上）是故可知種現相生互為因果，亦即種現互為其體，豈獨種為現體？熊氏於體用之義不明，妄計種為現體，而成一誤，故劉氏破之。

其誤現界以真如為體者：劉氏認為熊氏將佛家真如義說成是「一翕一闢」，由翕闢成變而顯現天地人物之功能，即是本體，即是真如；然佛家實無此一翕一闢之真如，蓋佛家所謂真如，「無非顯示諸行無先後，顯示二無我，顯示唯識，及顯示四諦。」（同上頁 221）且熊氏以因緣說真如緣起，亦違聖言，因「聖說真如緣起者，但有所緣緣緣起之義。蓋當正智以真如為所緣緣而生起時，能引自無漏種為因，親生一切無漏諸法。非謂真如為因緣，能親生一切染淨諸法也。」（同上頁221～222）可見真如實無生住異滅之相，更非變化天地人物之有為法，真如乃是無為法，只是諸法實相也，而熊氏於此義不明，又成一誤，故劉氏亦破之。

其誤兩體對待有若何關係者：熊氏認爲有宗犯有二重本體之失，既立種子爲體，又要遵守佛家一貫相承之旨，以眞如爲萬法實體，故成二重本體，然此二重本體，一屬有爲法，一屬無爲法，兩者關係爲何，有宗則無說明。劉氏則謂實無有所謂「兩體對待有若何關係」之問題，因「護法既未嘗以功能爲現界之體，又未嘗以眞如爲變成萬物之體」（同上頁 223）護法亦唯依緣起而說諸法無自性，故無所謂種子與眞如兩體，既無兩體，則兩體之關係自亦無從問起。而熊氏務以一法爲萬有之體，強以種子、眞如比附，並求其關係，又成一誤，故劉氏不得不破之。

以上所論乃劉氏針對熊氏以種子、眞如爲體，而一一破之。熊氏將種子、眞如說爲本體，實已將原本爲緣起論之種子、眞如，變成爲宇宙論及本體論。然佛家實以緣起說爲主，緣起故性空，性空故緣起，乃是一「無我論」者，其所謂種子、眞如，以至法性、涅槃等，並非實體字，而是抒義字，乃抒緣生法之義，故種子等亦是因緣所生法，不可執實以爲本體。熊氏不了此根本大義，即將種子、眞如說爲本體，實出於誤解也。

三、熊氏「翕闢論」之誤

劉氏於破熊氏「本體論」後，隨即續破其「一翕一闢」之義，蓋此翕闢成變，即用識體之義，乃熊氏立論精神所在，故破其體後，即破其用。劉氏分兩點以破之，（一）立翕闢說之由來，（二）闢之戰勝於翕。

（一）立翕闢說之由來：熊氏假一翕一闢，以明相反相成而變化，由此而即用識體，而翕闢亦只是本體所幻化之兩勢用，以其爲本體自性之顯發而說爲闢或心，以其爲顯本體自性之資具而說爲翕或物，皆是假說，不可執實。而劉氏認爲熊氏此說之由來，乃襲自周子（周敦頤）〈太極圖說〉，其言恒轉，即「無極而太極」義也，其言闢者，即「太極動而生陽」義也，其言翕者，即「動極而靜，靜而生陰」義也，而其所謂「翕闢」云者，即「一動一靜，互爲其根，分陰分陽」之義也。又此翕闢義，並拾有橫渠《正蒙》之餘唾。

然〈太極圖說〉，據考證乃道家授受之物，與《大易》殊不相侔，蓋道家者流誤解〈繫辭傳〉「易有太極」一段，故有〈太極圖〉之作，而周子爲之解說，即〈太極圖說〉是也，不只橫渠受其影響，而有《正蒙》，即連熊氏亦不辨，因襲之而成翕闢之論。因此，劉氏認爲熊氏翕闢義既是襲自道家方士之一二言，實不足盡孔子之妙義，更遑論唯識家言。

（二）闢之戰勝於翕：熊氏雖言翕闢乃本體顯現之兩勢用，但因闢之勢用較翕殊特，故可運乎翕之中而顯其剛健之德，不為翕轉，而能轉翕使之從己，故有戰勝之象。劉氏則認為熊氏「以乖本成物為翕，以如性成心為闢。心轉物而不為物轉為闢之戰勝於翕者，勝敗之數，視轉與被轉，更視其數之多寡。」（同上頁 226）然轉者之數畢竟極少，不如被轉者之數多，若言戰敗則可，而何可謂之戰勝耶？

劉氏又指出熊氏犯有「自語相違」之過，如「既主張『闢以勝翕』。卻又教人『法坤』。」「既信奉『生物進化』。卻又教人『復初』。」（同上）等等，如此則何可以翕必不如闢，而闢必戰勝翕，豈非前後矛盾？

以上兩點乃劉氏破熊氏翕闢義之內容，然其所破，並非確解。於第一項中，劉氏以熊氏翕闢義乃來源於〈太極圖說〉，而非《大易》；然熊氏翕闢之義實本於《大易》，此熊氏於書中所常言及也。蓋熊氏出入佛老，參及晚周諸子，以歷宋明儒諸老先生，皆不愜意，爰是闢然達觀，反求諸己，而後悟得此心此理，而孔子《大易》實早已言之，先得我心之所同然，故據《大易》乾坤翕闢之義，成此翕闢成變，即用識體之說。姑不論熊氏對《大易》乾坤翕闢之理解，是否合乎本義，此是另一問題，然其翕闢之義不出於〈太極圖說〉則明矣。

熊氏認為歷來言《易》，唯漢儒「陽動而進，陰動而退」，皆以動言，衡以乾卦「行健」，坤卦「行地無疆」之義，可謂深得《易》理。而〈太極圖說〉以動靜分陰陽，實與《易》反，後儒大皆受其影響，以動言陽，以靜言陰，故昧於化理，而不知一翕一闢，翕闢成變之義。

熊氏亦認為〈太極圖說〉乃周子早年著作，其時思想可能尚未成熟，至其晚年所作《通書》有云：「動而無靜，靜而無動，物也。動而無動，靜而無靜，神也。」（動靜第十六章）明明與〈太極圖說〉相反。而熊氏之說實與《通書》為近，與〈太極圖說〉為異，則劉氏何可說其乃襲自〈太極圖說〉耶？至於劉氏指熊氏亦拾橫渠《正蒙》餘唾，因劉氏並未徵引《正蒙》之文，不知其說為何義，可予勿論；熊氏於《破破論》則指其乃「橫誣襲唾，此不成語。」（《論著集》頁 190）

關於第二項何以闢能勝翕，而又須法坤等，劉氏能注意及此，亦甚可貴，但以轉與被轉之數量多寡以破之，並不恰當，蓋闢能勝翕，亦只形容每一人之心皆能轉物而不為物轉之意，亦即此轉與被轉，乃指每一個體之內在兩勢

用而言，並非意謂將所有個體之數量，分爲少數之轉者與多數之被轉者，而少數之能轉者，能轉多數之被轉者。

至於「法坤」之義，蓋熊氏認爲翕闢，一爲轉者，一爲被轉者，雖因轉者之力用較爲殊特，但轉者與被轉者乃同時而有，不可分先後，亦不可以被轉者之力用較不殊特，即忽視之，因若無被轉者，亦無所謂能轉之轉者，轉者若要能轉，即須藉被轉者之力，亦即闢須藉翕，方可展其闢勢，而此翕勢必有收攝凝聚之功，若任其流散，則何可爲闢所用，故須「法坤」。此須善會，否則易誤以熊氏犯「自語相違」之過。

然劉氏所破雖不恰當，亦不意謂熊氏闢能勝翕之說，即無問題。蓋本心既是自由的，無染的，又可以亦是一種習性，而有物化之勢，於是心既是自由的，但又爲習性所縛，最後此心再本其原來自由的、剛健的勢用，突破束縛，以歸於其本，《新論》千言萬語反覆究明者，無非即此。然本心既是自由，爲何又要如此纏繞，自成坎陷而成習氣，以自束縛，而後再本其自由剛健之力以突破之，使其與之歸本，熊氏只以「本心具有複雜性」一語釋之，實嫌簡略，而本心爲何具有複雜性，熊氏則歸於乃自家體證而得，實難究詰，無怪乎易啓人疑慮。因一歸於體證，則人人皆可本其體證而各自言說，如此言人人殊，熊氏可言，別人亦可言，則熊氏何可以自說爲準？

熊氏此說一歸於體證，理論上雖嫌簡略，但亦不可因此而忽之，蓋熊氏尚在開創時期，其開創啓發之功，自是不小，至於理論之精密，則有待後學者繼之也。

四、熊氏「能習分」之誤

劉氏於〈破計〉章言熊氏之「本體論」、「翕闢論」後，於最後一項則論護法所言功能與習氣，原無差別，而熊氏既以體用立論，比附於功能習氣，將本無差別之功能習氣，視爲體用二分，而成「能習差違」之過。此「能習分」，並非護法本義，而熊氏誤計，故劉氏於論熊氏「體」、「用」之失後，又論其以體用義比附功能習氣而有「能習分」之失。

劉氏分七點辨之，一辨「能捃爲習」之失，蓋能習不分，非始護法，護法義下之功能、習氣及種子，名雖異而實同，無有差別，能習本不分，而熊氏強分，並謂護法能習分，實有改名自立，犯有不極成過。二辨「業爲或然、又爲定論」之失，熊氏既言「吾人有生以來經無量劫，業勢等流。其徇形軀

之私而起者，必皆有遺痕，成有漏習。」亦即以決定說習氣，然卻又言：「有情業力不形盡，理亦或然。」如此，業為定論，又為或然，實成自語相違。三辨「本來面目」之失，熊氏既言「成形稟氣之始，忽執形器而昧其本來面目者，是之謂惑。本來面目是不落形氣的，是無私的，是無所染執的。」又言：「吾人有生以來經無量劫」，如此熊氏所謂「本來面目」，不僅在「一期初生之時」，且實「在無量劫先人未生之前」，如是之「本來面目」，熊氏果親證之耶？

四辨「捆天為人」之失，劉氏認為熊氏既以功能為天事，習氣為人能，乃後起也，故不可捆同功能。此「能習有天人之辨，眾生儲留其無始來之成能，以自造為一己之生命者，謂之為人。」此明以生命力為人，卻又謂：「斯人性具生命力。性具者，謂先天之稟。」實有以人捆天之謬。五辨「習伐其性」之失，且此功能（性）乃本來故，習氣乃後起故，則「何以純淨無染之性，凝成氣質，乃有萬殊難齊甚美不美？且既凝成，何以又自有權能？乃至『習伐其性』。」六辨「捨習之疑」，蓋熊氏認為吾人生活內容，莫非習氣，若捨習而談，便有許多疑問；劉氏則謂若宇宙人生莫非習氣，又何必於習氣外，增益所謂功能，且熊氏以疑為別境心所乃習氣之一，既捨疑矣，又何從而有許多疑問？七辨「疑為悟幾」，劉氏認為熊氏言心所而謬者，莫如將本惑之疑移入別境，諸聖教但說疑能障善品，未聞疑為悟幾。〔註6〕

以上所論，乃劉氏認為熊氏誤計護法能習之義，而成「能習差違」，實有「能習分」之失，故一一駁斥，熊氏亦於《破破論》中對劉氏所破一一反駁。然因兩者對能習各有不同界定，往來論辯，較無交集，熊氏以己意而改造護法之能習義，劉氏則本護法原義而釋難反駁，以破熊氏所計。所據不同，自難望合，然用名定義，各有其權，熊氏雖可借彼名而出之以己意，而實不可以己意而改彼意也。

第三節 「眞常系」立場之反駁——太虛〈略評〉〈再評〉二文

太虛除致力於佛教之復興與改革運動外，對唯識學亦頗用力，於唯識學之再興，貢獻良多；但太虛並不局限於一宗一派，對其餘各宗各派仍是一體

〔註6〕 以上七辯所引諸文見《論著集》頁 227～229。

提倡。由於近代唯識學之再興無異於即是整個佛教思想之發展，而太虛又是此潮流之第二個浪潮，因此而說太虛屬於唯識系，固無不可；然究其實，太虛雖忠實於唯識學之正統，但與歐陽所復興之「唯識學」仍有所不同。從太虛有關此方面之論文與演講辭之結集出版，名爲「法相唯識學」，亦可約略得其端倪。〔註7〕若再追根究底，無疑地，「法界圓覺宗」才是太虛之宗主所在，而「法相唯識」實已包含於內；亦即除唯識外，天台、華嚴更爲太虛所重視，而其主要工作，即融合此三家之言，而成其所謂的「法界圓覺宗」。雖然太虛自言：「余宗佛法全體而不主一宗一學，……故余昔評支院師資之掊擊起信，今評熊論之掊擊唯識，皆宗佛法全體立言，非主一宗一學而建義。」〔註8〕太虛對熊氏之批評既宗本佛法全體而立言，此宗本佛法全體，雖不能以一宗一派概括，但顯然地若以其所謂最究竟之「法界圓覺宗」來稱之，實最爲恰當。太虛實本此以批評熊氏，而此宗實近於眞常系，故太虛對熊氏之反駁可謂乃代表眞常系者。

相對於劉定權而言，太虛對熊氏之批評則較溫和，褒貶互見，亦不若劉氏之有理論系統，篇幅亦嫌略少，比較是一整體性綜觀論述之批評。在總體上，太虛認爲熊氏《新論》殆爲一「新賢首學」；熊氏既爲一新賢首學，太虛又進一步細論，認爲《新論》有襲名未當之過，且不解護法之功能、習氣等義，而有計護法「能習混」之失。因此即可分三點述之，即一、熊氏爲一「新賢首學」；二、《新論》襲名未當；三、計護法「能習混」之失。

一、熊氏爲一「新賢首學」

太虛分大乘佛學爲「性空」（法性空慧）、「唯識」（法相唯識）及「眞心」（法界圓覺）三宗，後來印順據此而定名爲「性空唯名論」、「虛妄唯識論」

〔註7〕據陳榮捷氏言太虛與歐陽彼此對立，主要問題即在對「眞如的性質」看法有異上，而其差別大體上有五：第一、唯識與法相在太虛不必分別，但在歐陽則分爲二宗；第二、太虛不分別法相與法性，而歐陽則相反；第三、太虛等人並不批判『大乘起信論』，他們維護『大乘起信論』。……太虛認爲歐陽對『大乘起信論』的批判論據太弱；第四、歐陽認爲眞如是絕對的超越，而太虛則認爲眞如是超越而又內入的；最後，歐陽攻擊華嚴宗與天台宗，視之爲敵人，而太虛則不然。（《現代中國的宗教趨勢》頁 156～157）。

〔註8〕《太虛大師全書》冊四九頁 145，太虛大師全書影印委員會印行，民國 59 年 11 月，再版，台北。

及「眞常唯心論」，亦即所謂「般若系」、「唯識系」及「眞常系」。〔註9〕而屬於眞心宗者，則有華嚴、天台及禪宗，此宗與儒道之學最爲相近。〈略評〉謂熊氏《新論》乃「本禪宗而尙宋明儒學，斟酌性、台、賢、密、孔、孟、老、莊、而隱攝及數論、進化論、創化論之義，殆成一新賢首學。」（《太虛大師全書》冊四九頁 144）由於太虛乃本佛法全體而並不主一宗一派，雖以「新賢首學」概括熊氏之學，此中實不含強烈之褒貶，並不如劉定權因立場分明，而對熊氏強烈指責。因此，太虛即使認爲《新論》有襲名未當之過，並有計護法「能習捆」之失，但在結尾處仍許其「不失爲眞如宗之屬，以其提撕向上，主反求實證相應，鞭辟入裏，切近宗門，亦正爲義學昌熾中之要著。」（同上頁 164）太虛又引其昔所作〈慈宗三要〉序，認爲熊氏對於唯識之學因名相雜多，條理繁密，而使治其說者常有茫無頭緒之失，亦能頗中其弊。

不過，在〈略評〉中，太虛對熊氏尙多褒揚，以其近於眞常系，尙以新賢首學稱之；但後來《新論》〈語體本〉出，太虛則作〈再評〉，認爲其大意仍舊，然詞益枝蔓，足以眩惑初學，〈再評〉曰：

> 大易之明世間法——因緣和合生滅相續法，原頗恰當，且終于未濟，示非究竟。則應不遮出世，但於出世法未論及，故亦無超世出世之佛果法界事。熊論不確知此爲世間流轉事，生死惑報說爲或然，因之亦誹出世解脫爲印度風尙，遽以上比佛果法界之事事無礙。以言哲學——即各派見趣，雖不妨自成一派，如依佛法立場評之，則不得不說是「順世外道」。佛經上古傳之順世外道，是四大極微論之唯物的順世外道；而熊論則宗在反究心體，故爲唯心的順世外道也。
> （同上頁 187～188）

因此，太虛前雖許其接近禪宗、華嚴，現則撥之爲順世外道，因尙宗在反究心體，故爲「唯心的順世外道」。

以上乃太虛對《新論》總體之概論。由於太虛乃本佛法全體而非主一宗一派，對各宗各派皆一體提倡，即使於各宗派不免有所偏重偏輕，但至少不至於排斥。故《新論》〈文言本〉出，太虛判其爲一新賢首學，自成一家之言，屬眞如宗一系，猶有褒揚之意，以其尙在佛法系統內故也；但至〈語體本〉

〔註9〕關於大乘三系的立名，印順與太虛雖不同，但印順認爲其名雖異，而內容大體是相同的，只是太虛著重中國宗派，而己則著重印度經論，參閱印順〈大乘三系的商榷〉頁 125，收入《無諍之辯》。

出，以其詞益枝蔓，眩惑初學，將生死惑報說爲或然，而誹出世解脫究竟之佛法爲印度風尙，實大違佛法本旨，已不屬佛法系統，相對於佛法內學而言，則應爲「順世外道」，因尙宗在反究心體，故是「唯心的順世外道」。顯然太虛對熊氏之批評前後不同，褒貶互異，而其衡定之標準，仍是落於儒佛有別此一大差異上。因此，太虛雖較劉氏更能了解熊氏，但在儒佛有別上，仍不免於各行其所是。熊氏對太虛之批評雖無專著以駁之，但從其對劉氏《破論》之反駁，以及其一貫立場而言，若有專著以駁太虛，想必於儒佛有別上，亦將如太虛而各行其所是。

二、《新論》襲名未當

太虛既以熊氏乃一「新賢首學」（後來甚至以其爲一「唯心的順世外道」），若依佛學系統乃屬眞心宗，故其論應名「眞心論」，不應以「唯識論」爲名。太虛之所以如此認定，乃援引昔所作〈佛法總抉擇談〉而加以論證的。太虛認爲大乘佛法皆圓說三性而無不周盡，但因施設言教，所依托、所宗尙之點，則不無偏勝於三性之一者，故析而分之則有三：

> 一者、偏依托遍計執性而施設言教者，多破尠立，以遣蕩一切遍計執盡，即得證圓成實而了依他起故。此以中觀等論爲其代表，所宗尙則在「一切法智都無得」，即此宗所云「無得正觀」，亦即「摩訶般若」。而其教以能「勵行趣證」爲最勝用。

> 二者、偏依托依他起性而施設言教者，有破有立，以若能將一切依他起如實明了者，則遍計執自遣而圓成實自證故。此以唯識等論爲代表，所宗尙則在「一切法皆唯識現」。而其教以能「資解發行」爲最勝用。

> 三者，偏依托圓成實性而施設言教者，多立尠破，以開示果地證得之圓成實令起信，策發因地信及之圓成實使求證，則遍計執自然遠離，而依他起自然了達故。此以起信等論爲其代表，所宗尙則在「一切法皆即眞如」。而其教以能「起信求證」爲最勝用。《太虛大師全書》冊四九頁 145～146）

由上可見太虛於三性之別，解說至爲精詳。若配合太虛所謂大乘佛學三宗而言，則偏勝於遍計執性者乃「般若宗」（性空宗），偏勝於依他起性者乃「唯

識宗」，偏勝於圓成實性者乃「眞如宗」。此三宗因所托之性各有偏勝，因而即各有擴大與縮小之異，而「其擴縮之爭點，尤在心法」，「般若宗最擴大偏計執性而縮小餘二性」，「唯識宗最擴大依他起性而縮小餘二性」，「眞如宗最擴大圓成實而縮小餘二性」（同上頁146～147），若不如此，即不顯偏勝之相，則不成宗別矣。

太虛即以此三宗三性以衡熊氏，認爲《新論》乃「唯是反求實證相應故」，故「即知其論屬眞如宗，以彼所計『實體』，即指『眞如性』故，宗在直明直證眞如性故。」（同上頁147）因此太虛認爲熊氏所宗既別，雖亦自成其說，然襲用「唯識論」爲題，並據自宗以非別有其宗之護法窺基之唯識學，殊不應理。太虛又云：「熊論以心以智以功能攝歸眞如實性，即楞嚴所謂『本如來藏妙眞如性』，若以此立其自宗，固無不可。然既許有染淨中容心所有法以爲習氣，現前身心器物皆習氣俱行；且許佛果不斷淨習，不唯不斷，且須藉淨習增盛以成以顯。」（同上頁148）據此，不只護法窺基「唯識」之學足以成立，且「唯識論」即「唯習論」，亦爲「唯行論」，因無事於性，唯事於習故也；依此則豈只唯識學可成立，即空慧學亦可成立。可見熊氏《新論》襲名唯識之未當，而欲斥護法窺基，實徒勞無功也。

由於三宗各有論據與立場，互不相奪而盡，遂成「各存而互容相攝」之局，各有其長，殊難定其高下優劣，故至此太虛只認爲《新論》襲名唯識之未當。但太虛隨即又認爲「佛法大乘之說，孰爲至眞極成，應定於一而正信解，安用三宗並存而談容攝耶？」（同上頁151）故又援引〈佛法總抉擇談〉中所云：

> 然此三宗，雖各有當，若從策發觀行而伏斷妄執以言之，應以般若宗爲最適；……若從建立學理而印持勝解以言之，應以唯識宗爲最適；……若從決定信願而直趣果覺以言之，應以眞如宗爲最適；……要之，「教」以眞如宗爲最高，而「教所成益」每爲最下，以苟非深智上根者，往往僅藉以仰信果德故；於「教」以般若宗爲最下，而「教所成益」卻爲最高，以若能絕慮忘言者，必成妙觀而發眞智故；於「教」以唯識宗爲處中，而「教所成益」亦爲處中，以如實了解唯識相性者，雖或進未行證，而必非僅能仰信故。（同上頁152）

顯然地，太虛雖認爲三宗各有所當，但若以「教」及「教所成益」爲繩準時，即不免有高下優劣之分。雖然「教」以眞如宗爲最高，但「眞如教除極少頓

證者，大氐皆依以欣慕崇仰，而爲彷彿恍惚之揣摩耳。」（同上）因而其「教所成益」反而最下。太虛以「教所成益」判高下，雖非直接指斥熊氏，但隱然已含貶抑之意，因在太虛看來，熊氏乃一新賢首學，屬眞如宗，故其「教所成益」爲最下。太虛曰：「反觀熊論雖托本宗門曰：『夫最上了義，諸佛實證，吾亦印持』。究其語旨，亦推闡如來藏不變隨緣隨緣不變之說耳。而復推尊大易，傅合儒言，貌似頓證，實纏欣仰而已。」（同上頁 153）太虛又引昔所作〈大乘之革命〉，認爲「大乘法粗觀之，似與世間政教學諸善法同；細按之，大乘法乃經過重重革命，達於澈底之後──謂大涅槃，遂成爲法界事事無礙；其革命之工具，即二空觀是也」，「學華嚴、眞言者，未經過二空之澈底革命，亦不能達眞實之事事無礙」，從而說明「儒、道、莊、易之學，與佛法之懸別如是其遠，而熊論掍而類之」（同上頁 154～155），而益可見眞如宗之「教所成益」每爲最下，洵爲可信也。

　　綜上所論，太虛認爲大乘三宗於三性各有擴大與縮小，而擴縮之爭點則在心法，因而三宗於三性皆各偏勝其一，但大乘佛法皆圓說三性而無不周盡，故三宗雖各偏勝其一，而實亦含有餘二者。因其各有殊勝，實難判其高下，故太虛對爲新賢首學之《新論》，亦許其屬於眞如宗。不過，太虛亦認爲《新論》既爲新賢首學，屬眞如宗，即應名爲眞心論，而不該承襲唯識宗之名，題爲唯識論，故有襲名未當之失；而由襲名未當，亦可見《新論》雖以唯識爲名，然實屬眞如宗，因此欲以此眞心論以駁斥護法窺基之唯識學，自是徒勞無效，因兩者名雖同而實異，既是實異，則亦只能如三宗之各行其是，而無法以此代彼也。

　　然雖說三宗各有其當，但若以「教」與「教所成益」爲準時，太虛顯然即對熊氏有所指斥，因眞如宗雖於教爲最高，但於教所成益反而最小，不只不如於教爲處中之唯識宗，其教所成益足以「資發初信入大乘者之勝解勝行，益在由十信而十住十行十向」（同上頁152），亦不如於教爲最下之般若宗，其教所成益足以「破相顯性，由加行入眞見，益成入地」（同上），而熊氏既屬眞如宗，因此其教所成益自亦無足觀矣！無怪乎太虛認爲熊氏《新論》，誠如賢首初列玄奘三藏譯場，以意趣不合而退，別弘杜順、智儼之學，而成華嚴宗，熊氏則初從內院歐陽遊，因所見不同，旋易塗改轍而自創新說；其學雖亦成說，而仍襲唯識之名，欲一蹴而跨護法窺基，但因已非唯識本義，襲名已誤，又何能以跨護法窺基耶！

三、計護法「能習掍」之失

太虛又藉對梁漱溟《東西文化及其哲學》之批評，亦即〈評梁君漱溟東西文化及其哲學〉以爲論據，進而批評熊氏。太虛認爲梁氏所謂「人生三路向」（或「人生三態度」），亦即以生活意欲向外求增進，說明西洋古代及近代之文化；以處中調適，說明中華之文化；以向內求解脫，說明印度之文化，此「但言人世，雖覺甚當，統觀法界，殊不謂然！」（同上頁 155）因而加以刊定，認爲此三種文化及三乘共法皆屬「思議的障礙生活」，而只有分證的菩薩法界與滿證的佛法界，此種大乘佛法才是「不可思議的無障礙生活」（同上頁 156）。而梁氏又將佛家現量、非量與比量，說爲現量、直覺與理智，並以爲西洋文化是直覺運用理智的，中華文化是理智運用直覺的，皆引起太虛之反對。太虛認爲「非量原以指似現量、似比量者，梁君似專指似現量言。且直覺非不美之辭，在凡情之直覺雖屬非量，而聖智之直覺亦不違眞現量、眞比量，故成爲無得不思議之任運無障礙法界智。」（同上）故太虛曰：「由余觀之，當言佛法是由聖智的比量排除非量的凡情直覺，獲眞現量；起不思議無障礙法界之直覺而運用比量的。」（同上頁 157）〔註 10〕不只批評梁氏，並進而批評熊氏，認爲「熊論不用聖比量以排除非量的凡情直覺，而反引凡情直覺以排除聖比量，又適成顛倒矣。」（同上頁 158）

因此，太虛認爲熊氏之排斥護法窺基之學，每成自語矛盾。如《新論》既自許「毋妨於無可建立處而假有施設，即於非名言安立處而強設名言」，太虛則舉《成論》「若執唯識眞實有者，亦同法執」，「眞勝義中心言絕故，如伽陀說：心意識八種，俗故相有別，眞故相無別，相所相無故」以駁之，認爲既可於非名言安立處而強設名言，「則護、窺之施設安立諸識、諸心所、諸分、諸種，孰不謂於第一義皆假非實者？」（同上）其餘如計護法視「宇宙實體，將爲分子之集聚，適成機械論」（同上），「舊師分析心識，歸之眾多種子，一如分析物質爲極微或分子、原子以至電子者然」（同上頁159），皆有誤解以至自語相違之處。

自太虛觀之，熊氏若爲一新賢首學，自可成一家之言，自無不可；然因《新論》襲名未當，於護法窺基一系之唯識學，襲其名而改其義，不只不能

〔註 10〕關於太虛對梁漱溟「人生三路向」之批評，可參閱楊惠南氏《當代佛教思想展望》（後簡稱《當代佛教》）四「太虛之『人生佛教』和梁漱溟之『人生三路向』的比較」。

如實了知，反多誤解。故熊氏於《新論》中，痛陳護法最謬者，莫如捉功能為習氣；但太虛認為用名定義，各有其權，熊氏「功能」義重在「直明實體，不在依幻習識用而彰相性」（同上），而護法之言功能、種子、習氣，自有其義，熊氏何可依己之功能實性，而遮護法之功能、種子、習氣？且熊氏之言功能，亦多自語相違，如其「亦說習種功用相需，『功能』『功用』為別幾何？」又「既謗無著以來『性決定』、『引自果』之種子義；他處又自許『即此無量種子各有恒性』。」（同上頁 160）如此等等，前後相違，取捨任情，實乖理也。

顯然太虛認為熊氏於唯識義誤解甚多，殊不知「夫六識聚，一切佛法所同立，七識依意根立，八識依各有情各有前後經驗之統持力而立；且依根、依境、依心所相應熏習異故，雖說八聚非一，但亦不說定異。經說八識如水波等無差別故；定異應非因果性故；如幻事等無定性故；諸心心所依相見分說自證體差別，而自證體唯現量離言故，別不可及。」（同上頁 160～161）雖然熊氏對唯識學之批評，主要乃針對護法一系，但由於太虛乃本佛法全體以立言，一切唯依其所當行而行，故不僅本護法之義以駁熊氏，並言及安慧，而歸於禪宗，以見熊氏之失：

> 安慧唯自證體，當可由此進明心體，故唯識觀遣虛存實，但遣妄執外境；捨濫留純，始唯心心所而無境；攝末歸本，始無相見而唯自證；隱劣彰勝，始無心所而唯識存；遣相證性，乃無識相而唯識性。若至遣相證性，遣相即般若，證性即真如；……法性、法相，依證依教，則性前而相後：非不證真如而能了諸行，猶如幻事等，雖有而非實故。依行依觀，則相前而性後：唯識觀印所取空，般若觀印二取空故，智光三時依觀行判，戒賢三時依教證判，義各攸當，隨用無諍。（同上頁 161）

由以上所言，太虛認為古唯識義安立無動，而熊氏反多過咎，蓋一真法界心言絕故，出世間智不思議故，華嚴、法華、涅槃、淨土諸經，寄之詠歡，欲示輪廓，使生欣向；而真言之祕密，則微露於威儀聲音光色香味之事；楞嚴、起信稍有開發；禪宗則激之反究令自悟而已，終不以「名理」示之。龍樹、無著皆真覺中人，乃一以遮詮空執情，一以假說表幻事，雖熾言而皆導悟於言外，斯其所以為善巧。天台、賢首爭立圓教；日密橫分二教，豎判十心，藏密於教理唯宗龍樹、無著，故無增立；賢首尤恣談玄境，既滯於言解，反成鈍置（見同上頁 161～162）。太虛又引昔所作〈曹溪禪之新擊節〉為論據，

以爲自達磨以逮曹溪，雖別傳之心宗實超教外，而悟他之法要不離經量，惟後時宗既混入荷澤等知解宗徒，而教徒亦強挺荊榛，故四教先亂般若，五教尤亂瑜伽，而至江西、石頭以下諸師，方或由旁敲側擊使親悟，或由電驟雷轟令頓契，然皆要期自證，不爲語通，絕言思之妙心，終不用父母所生口爲說。曹溪曰：「吾有一物，無頭無尾，無名無字，無背無面，問諸人還識否？」纔被神會喚作本源佛性，即呵之爲「知解宗徒」。以說一切法雖不離這個，而這個終不能言陳出之，神會名作本源佛性，以爲「假智詮」可得之，遂滯於名相知解中而失教外之傳。此與賢首等知解教徒，以諸美妙言辭，種種形容繪畫絕言思之一眞法界，自謂超越先哲，能言龍樹、世親所不能言，殊不知先哲豈不能言，特以實非言思之所及耳！雖構種種形容繪畫之說，徒益名想之影，反障證悟之門，故曹溪呵之。（見同上頁 162～163）

　　顯然太虛認爲教外別傳證悟之法雖亦不離經量，然大抵皆要期自證，不爲語通，絕言思之妙心，以其實非言思之所及也，故能不滯於名相知解；而荷澤與賢首等知解宗徒，徒恃「假智詮」，以爲以此即可得之，而實徒增名想之影，滯於名相知解，反障證悟之門。因此太虛認爲屬眞如宗之熊氏，既爲一新賢首學，自亦如賢首等而爲一知解宗徒，構作雖多，而障誤愈深。故熊氏以轉變，變，恒轉，翕闢，刹那不住等，及功能即實性非因緣義，一切人物之統體非各別義，與習氣非一義，舉轉變、恒轉、功能諸名，以能斥實性眞體自居，在太虛看來，其視華嚴六相、十玄能上之歟？縱能上之，亦徒障悟門，此探頭太過也。而其不及者，以一切有爲法皆緣生法，則心識亦緣生法，都無自性，而復說唯識在統緣生而轉染成淨，乃不依無始「許多不同之聯系，更互相依持，自不期而具有統一」之賴耶，末那施設有情界，則生死流轉義不成，而涅槃還滅義亦失！乃曰：「夫有情業力，不隨形盡，理亦或然。」付之或然，則不免斷見！而別言宇宙生生不容已之大流，則類「耶和華」、「大梵」一神之常見，此於有情相續亦未能充分說明。而以恒轉翕闢之變，成色成心，酌「太極兩儀」與柏格森「生命衝動張弛」及天演「元氣抵吸」之流，聊成一說；較之於「一切種起一切現」、「一切現熏一切種」、「熏起無始」、「依變無始」、「依我執習氣成自他別」、「依有支習氣成界趣別」，尤不啻處幽壤而望朗霄歟！（見同上頁 163～164）

　　以上乃太虛論熊氏計護法「能習掍」之失。熊氏從護法入，以意趣不合，對護法所言頗多不滿，而尤以功能、習氣等義最受其批評。但太虛認爲用名

定義，各有其權，熊氏自可襲其名而變其義，而實不能據此以遮護法，因護法亦自有其本義在。無疑地，太虛仍是本護法本義，以駁熊氏誤計護法「能習掘」等諸失，認爲用名定義，各有其權，護法所言自有其系統，在此系統內，護法自亦有其精意在，而熊氏在此系統外橫施評破，則甚無謂，此則頗爲的當。除此之外，太虛亦從內在理論以駁熊氏，此因涉及立場之異，故較主觀，不似前者之較爲客觀。太虛雖不偏主唯識宗，但於唯識學仍用力甚多，頗忠實於護法，因此不太能從熊氏認爲唯識理論之不圓融處，多所反省，而以之以駁熊氏，亦只能本其立場爲護法圓說，故使其批評減弱不少。

　　熊氏從護法入，又從護法出，自抒所見，欲以繩正護法舊義，然其所言之功能、習氣等，太虛則認爲亦常常前後相違，任意取捨，而不得圓融。除列舉熊氏自語相違之處甚多外，太虛並本全體佛法以評熊氏，從理論上指出其不足。太虛認爲熊氏所言功能、恒轉、翕闢、轉變、刹那生滅等義，其視華嚴六相、十玄猶不能上之，更何況其所不及者。而即使能上及華嚴，亦徒障悟門，因其亦只成一專恃「假智詮」之「知解宗徒」而已。太虛之所以如此認爲，顯然基本上仍是本著佛家立場，即使對熊氏之反駁不似劉定權激烈，但終究是站在反對立場，因此對《新論》未爲圓融之處，雖能言中，但顯然對《新論》之精意所在，並不能如實了解，予以肯定，不免有因小失大之嫌。不過，由此亦可見因立場之異，雙方往往互相攻難，至於客觀而相應地了解對方，其可能性顯然並不高。

第四節　「般若系」立場之反駁——印順〈評論〉

　　印順系出太虛門下，但與乃師之立場不盡相同。太虛乃站在「人生佛教」之立場，雖主「法相唯識」，但對其餘各宗各派亦能融通兼攝。印順則站在「人間佛教」之立場，其判教思想，乃建立於印度佛教在時間流變上之轉化。〔註11〕對全部佛教，雖曾曰：「我不說『愈古愈真』，更不同情於『愈後愈圓滿，愈究竟』的見解。」（《說一切有部爲主的論書與論師之研究》序頁 3）但顯然地，其對原始佛學及初期大乘佛學，即龍樹之中觀學，亦即其所謂的

〔註11〕參閱楊惠南氏《當代佛教》頁 249。又關於太虛「人生佛教」與印順「人間佛教」，可參閱楊氏前揭書之第三、四、五、六等四篇，江燦騰氏《現代中國佛教思想論集》（一）之第二、三兩章。

「性空唯名論」一系，最是讚美；而認為愈是晚期的佛學，愈有可能吸收婆羅門教之外道思想，故凡主如來藏、佛性、常樂我淨等思想之經論，大抵受此外道思想影響，以致與原來純正佛法有所出入，故對真常系，不論重義理之天台、華嚴，或重修行之禪宗、淨土，大體皆採貶抑看法。而熊氏《新論》在其看來，無乃近於真常系，故須加以反駁，其〈評論〉即站在以原始佛學及中觀學之「人間佛教」立場，亦即本著「般若系」立場，而對近於真常系之《新論》作一嚴屬批評。

〈評論〉在唯識學方面，因唯識系者之批評已極多，故只從大體上略論一二；對熊氏所建立之理論，亦不多批評；而專注重於《新論》對佛法有特別關係處，作一分判，以見是非。共分「引言」、「佛法與玄學」、「入世與出世」、「融會與附會」、「空宗與有宗」、「性相與體用」、「心與物」及「相似證與顛倒說」等八項有系統地批評《新論》，茲順其理論內容，前四項可總歸為一項，餘則可各為一項，故可分五點述之，一、儒佛之辯，二、空有之辯，三、體用性相之辯，四、心物之辯，五、體證之辯。

一、儒佛之辯

印順於「引言」中對熊氏作一總論，認為熊氏乃一「玄學的唯心論」，「發揮即寂即仁的體用無礙說，誘導學者去反求自證，識自本心。」〔註12〕自有其苦心在。關於此，印順之評略嫌不恰，蓋熊氏之學既是「反求自證，識自本心」，故與一般高唱唯心或唯物之玄學者實不相同，其學無乃是一本體論、宇宙論，而更著重於人生論，此三者合而為一的「體用不二」論或「體用合一」論。印順又認為《新論》「融佛之空以入易之神」，雖非確當，要亦有兩點值得同情：「一、『行業』與『空寂』，為佛法兩大論題。依行業而有流轉與雜染，依空寂而有解脫與清淨。在近代學者的著述中，能尊重此義，極為難得！二、關於儒、佛，《新論》不說三教同源，不說儒、佛合參，不說『真儒學即真佛學』；關於空有，不說空有無諍，不說『龍樹無著兩聖一宗』」(《無諍之辯》頁 1～2)顯然地，印順乃站在般若系立場，以緣起法為佛教正信，而對真常系將行業、空寂混而不分，並言三教同源，是不許可的，而熊氏《新論》雖近於真常系，卻能無此過失，故認為其「自有常人所不及處」(同上頁

〔註12〕《無諍之辯》頁 1，後引〈評論〉文均此。

2）。然終覺其不免附會，故自此以下，即對熊氏展開一連串批評。

首先，印順認為佛法之動機，不外乎為己的「出離心」，為他的「悲愍心」，此現實的苦迫，惟從察果明因中，正見苦迫之原因何在，而後予以改善，才得蘇息，故佛法之中心論題，並非本體論，乃是因果相關的緣起論。不僅世間因果如此，即使無為涅槃，亦必從依彼而有必依彼而無之法則，故亦是「此無故彼無，此滅故彼滅」。大乘極唱的本性空寂，亦是從緣起極無自性中深悟得來。故依緣起現為緣生，明事相與事行；依緣起而體見寂滅，即顯實相與理證。緣起論乃不落有無、常斷等邊見，是徹上徹下，即俗即真，不拘於事相，不蔽於理性，故是「處中之說」。印順即以此，即佛法乃緣起論，而非本體論，來批評熊氏「即用顯體」之學，認為「《新論》『體用說』的根本假定，根源於滿足求知的願欲，為了給宇宙以說明。」（同上頁 3）然一切法皆是緣起法，宇宙萬象皆因緣而有，則如何可立一不依緣起法的本體以為宇宙之根源？而熊氏為說明宇宙而立本體，即犯此失。

印順認為熊氏之犯此失，乃為滿足求知願欲所致，而佛法則非如此。佛法之說涅槃，說空寂，並非即以此為宇宙本體，乃是深入緣起本性而自證的，依緣起因果以明現象，亦依之以開顯實相，依之成立世間的增進行，亦依之成立出世的正覺行，若離此緣起中道而說，即難免與神學同化。《新論》不知此，離因果緣起而說本體，說勢用，說轉變，說生滅，縱然熊氏自以為其本體並非是猜度的，而是反求實證相應故，與一般玄學者不同，但依佛法觀之，作為萬化根源而予宇宙以說明的本體，不管是向內或向外，皆是情見戲論之產物，即神之變形。印順更說明執有本體者，妄構一類似神般而能造作一切之錯誤，乃根源於現實經驗及其錯亂。由於不悟時間之延續相，亦是緣起如幻，而執取之，設想宇宙有一原始，而生尋求宇宙根源之願欲，因而以為有獨一自在之神，或懸擬一萬化根源之本體等種種妄想推求。熊氏所言之神化，雖不以時空觀念去理解，然此至神至怪之神化，乃推原萬物之始，其初凝也，不外流行猛疾所致，一翕一闢，故始凝而兆乎有；印順認為如此從至無而始有之宇宙，亦何嘗脫離時間情見？若真超越時空，則又何必談萬物之原始？

綜上所論，印順本緣起法而批評熊氏之本體論，實是一「神我論」者，而熊氏於《新論》亦批評佛家乃前門謝絕天神（大自在天），後門延進神我，亦是一「神我論」者。雙方雖互責對方為神我論者，然其所指責者則有不同。熊氏誤以佛家亦言本體，故將種子、真如等誤以即是本體，殊不知佛家乃一

無我論者、無體論者，皆只抒緣生法之義，不可執實以求。﹝註13﹞然佛家於此亦易啓人疑慮，蓋一切既是因緣所生法，眾生無固定不變之自性，故眾生有成佛之可能；亦因一切皆是因緣所生法，不立本體，則眾生亦無成佛之必然性與可能性之保證。亦即眾生若非緣起性空，而具常住不變之自性，則無論如何化度之，其仍是不能轉化；然亦因其緣起性空，即使眞如、涅槃，亦是不能說，不可執爲實有，故無本體，則其如何能有根源力、動源力，以轉化眾生、世間？此不立本體，在佛家自無問題，因其重在修證，不在理論，而在非佛家者言，自不免以理論視之，覺其有「無體」之失。熊氏即是以此視之，認爲欲免此失，即須立體，熊氏即因此誤以種子、眞如等皆爲本體，更誤以其乃一「神我論」者。而印順之以熊氏爲一「神我論」者，亦不恰當，蓋熊氏固言本體，但其本體乃一「即用識體」之體，並非離用別有一體，乃是體用不二，體用合一，故非與「神我論」者之言有一創造神同一類也。

　　熊氏與印順對本體之所以看法不同，實因對佛法之理解不同所致，熊氏近於《大乘起信論》立場，走眞常系路子，故言本體；印順純是空宗，自以般若系爲尚，一切皆因緣所生法，無須立體，故楊惠南氏曰：

> 印順導師堅持不追求渺不可知的本體，這一態度，的確標舉出佛法
> 和世間學問的不同處，而且是上承了原始佛法不回答形上學問題的
> 基本精神。（《當代佛教》頁 257）

印順不言本體等形上問題，此正佛法之所以爲佛法，而與世間法最大之殊異處也；然亦因此殊異，則雙方皆以己衡彼，即不免有以己爲是而以彼爲非之主觀意識在。因此，熊氏要求佛家亦須立體，固是不解緣起法；而印順以本體論與緣起論分判儒佛，認爲熊氏誤以佛家緣起論爲本體論，並尚言本體論而成「神我論」者，實皆戲論，此中前半言熊氏誤解佛家緣起法，亦尚中肯，

﹝註13﹞ 林安梧氏曰：「依印順，則佛法絕不同於本體論，佛法是一解構本體的理論與實踐行動，它是一無我論者、亦是一無體論者。」（〈當代儒佛論爭的幾個核心問題 —— 以熊十力與印順爲核心的展開〉（後簡稱〈以熊、印的展開〉）頁158）此中以「解構本體的理論與實踐行動」一語來概括佛法，甚有理致。林氏又謂「佛法若就其理論大致看來，它仍然有其本體論，當然這種本體論並不同於西方傳統哲學所謂的本體論，而是一種特殊的本體論，即可以名之曰：佛家的本體論（或佛家的存有論）。」（同上）此種特殊的本體論，亦即是林氏於稍後所言的乃「著重的是『破』」，「以不立立」的一種本體論。不過，即使以此「特殊的本體論」來稱謂佛法，不知堅持佛法爲一無體論的佛教中人是否能同意？

然後半以熊氏言本體而成「神我論」者，則又不解熊氏「即用識體」之旨矣。

印順又從入世、出世觀點言儒佛之別。印順認為據《阿含經》，於如實之自證中，世間與出世，都是閒話。在一般心境，安於現實的世間，或不滿現實的出世，皆是情見。佛家從涅槃見中，開發「空相應緣起」之智見，若能契合，則不只是出世，更是入世（不是戀世）。佛家說緣起、緣生，並不言生生不息之至德，因生與滅是平等觀的，由「生者必滅」而「滅者不起」，故言「此生故彼生」後，必言「此滅故彼滅」，如此解脫才為出世，而真出世才是真入世。此出世以信、戒為基，正覺甚深緣起，不僅通達因果的秩然有序——法住智，且悟入緣起的性自寂滅。即使無餘涅槃，亦是「離欲、滅、息沒已，有亦不應說，無亦不應說，有無亦不應說，非有非無亦不應說」，「生亦不然，不生亦不然」，而但說「甚深廣大無量無數皆悉寂滅」（同上頁11～12）。可見佛家之空寂，確與出世有關，如不能出世，即無此非一般玄學所及之空寂；然此出世卻非如一般人所了解之出世，而是含有入世精神之出世。且出世或戀世，常因時代、環境等不同，而不可強同，戀世有其長處，而出世亦未必如熊氏所謂的「根本差謬」。

印順亦言儒家文化乃代表庸眾之人生觀，缺乏出世思想，局限於平凡淺近之現實，於天地間之生生不已，雖亦感到「天地不與聖人同憂」，雖然終究歸於未濟，但到底傾向生之愛好，深覺宇宙間充滿生之和諧，一片生機！故將天擬人化，稱之為「天地之大德曰生」，「上天有好生之德」，故將物種的「仁」，說為道德之根源，即生生之機。印順認為「《新論》也稱生生不息的真機為『仁』，仁也即是從能生的桃仁、杏仁推想而來。這與種子有多大不同？」（同上頁30）印順又以為儒者只欣賞生生不已之生機，故說「仁」；卻沒見到老子所言：「天地不仁，以萬物為芻狗」，這一面乃是滅滅不已之殺機，即「天發殺機」，故說「不仁」。現實即是如此，有生亦有滅，儒者言生生不已而以仁為本體，可說是有所見而有所不見。

印順既認為儒者有所不見，故對熊氏本此生生不已之仁體，而言佛家於此仁體無生而生之真機，不曾領會，但見為空寂而已，亦不能贊同。如《新論》之言無餘涅槃，曰：「入無餘涅槃時，以惑盡故，得出離人間世或生死海；而個體的生命，乃與寂然真體契合為一。」如此之無餘涅槃是什麼？其有世間可出離否？其有生命可與涅槃冥合否？此真不解佛家涅槃之義。且《新論》以儒家之仁即是空空寂寂，無需出世空慧之融冶，印順則駁之曰：「其實，儒

家何處說仁是空寂的？讚美空寂而怕說出世，即是『新論』的根本情見！」（同上頁 14）

印順更藉《新論》一二三相反相成之方式，來肯定佛家之出世勝於儒家之入世，其言曰：「庸眾的愛樂的人生觀，是一 —— 正。生死的毀訾，否定我愛根源的生生不已，是二 —— 反。出世，不但是否定、破壞，而更是革新、完成。行於世間而不染，既利己更利他，精進不已，是三 —— 合。」（同上）如此方是出世，而眞出世即眞入世，出世不僅是否定，且富於肯定的建設性。儒道兩家有其價值，而佛家之出世人生觀，亦有其徹天徹地之輝光，而熊氏何可以儒家精神而不滿於佛家之出世觀？

綜上所論，印順與熊氏對出世入世觀念，顯然不同。熊氏以儒家入世，知其不可而為之之精神以視佛家，自易以佛家之出世淪於沉空滯寂，以至毀生人之性，故起而矯之，雖不免誤解，然實與其時代環境有關，並有其義理上之需求；而印順駁之以佛家出世法本義，亦甚的當；然佛家畢竟偏於出世，而少言及入世，於理上，雖可言眞出世即眞入世，而於事上則未必然，且佛法傳入中國將兩千年，不可謂不久，然其究竟之出世法對此世間，不但不如儒家之正面地振奮人心，且常成為人心消極地逃避苦難之處所。何以如此究竟之法，卻有如此不究竟之果？縱可歸究於眾生之愚昧，然既不能導眾生出無明，以歸於正覺，則何以言究竟乎？亦無怪乎歷代之儒者，常有闢佛者，熊氏之反對出世，即是基於此也。而出世與入世之別，關鍵即在立不立體，林安梧氏對此曾加以分判：

> 熊氏的理解，不管儒家還是佛家總要立個「體」，不能說不要「體」；但依印順看來，立個「體」，這就墮於惑見，根本不須要體；印順顯然的是從作用層次來收攝一切，而瓦解了那個「體」。熊氏探求的是「眞我」，而印順所著重的是「無我」。前者的思維方式是正面的，Positive，而後者則是負面的，Negative；前者著重的是「立」，而後者則著重的是「破」。前者是立其所立，後者是以不立立。（〈以熊、印的展開〉頁 161）

熊氏是「立其所立」，故不論如何總是要立體；印順則是「以不立立」，從作用層來收攝體，最後則將體解消於無形，故不須要體。此是兩造爭論之所在，亦是儒佛之大別也。

又印順以儒家之仁說為物種之仁，類似有宗之種子義，此則不了儒家言

仁之義。蓋儒家言仁爲萬物之體，爲道德之根源，乃取其生生不息之義，因其生生不息，有似物種核仁之能生物，故取以爲譬，而有宗言種子，多至無窮，而生無窮現行，恰與儒家之仁，取譬相反，而印順誤以兩者同一取譬，實有不解儒家由此仁體推擴而及於天地萬物，所謂「親親而仁民，仁民而愛物」之義也。

印順於上辯別儒佛之異，並對熊氏之誤解作一反駁後，即對熊氏《新論》對佛法是融會還是附會作一分判。蓋熊氏曾言《新論》乃「融佛之空以入《易》之神」，「《新論》實從佛學演變出來，如謂吾爲新的佛家，亦無不可耳！」此實是佛門子弟所最難接受者，無怪乎印順會對此而作反駁。

印順以爲熊氏於般若及唯識，有所取，有所破，在修持上，則同情禪宗，然當問及天台、賢首，熊氏則顧左右而言他，認爲台、賢，其淵源所自，亦不外乎大有大空，乃大有大空之支流，故可勿論；印順認爲熊氏雖一言帶過，然《新論》確實有所取於台、賢等，熊氏輕輕避開，「不是掠美，便是藏拙！」（《無諍之辯》頁 16）因若以本體的生起而言，《新論》與《大乘起信論》以眾生心爲本體，「能攝一切法，能生一切法」，華嚴宗之「性起」系統，天台宗之「性具」系統，以至禪宗所謂之「何期自性能生萬法」，大有相近之處；且其所說「舉體爲用，即用爲體」，「稱體起用，即用顯體」，「全性起修，全修在性」等，及「海漚」、「冰水」、「藥丸」等喻，台、賢學者，甚至北朝地論學者，早已言之。如此則何可說台、賢不外於大有大空，而《新論》果真無所取乎台、賢？《新論》實近於眞常系，印順認爲此系在印度與婆羅門教合化，在中國與儒道混融，故本佛家本義，自不能贊同。（見同上頁 18）

熊氏雖有所取乎眞常系，有所會通般若與禪宗，然印順以爲「佛家所契證的，即悟入一切法、一切眾生心的本性，是眾生 —— 其實是一切法所同的。而儒家，無論說仁、說良知，都是人類異於禽獸的人的特性。」（同上頁 19）因此不能以此依稀彷彿之會通，片言隻字之截取，即言儒佛同一見體，則《新論》何可言融會佛法？印順認爲熊氏不但沒有融會佛法，而是掠取佛教皮毛，作爲自家創見，而附會到儒家。如《新論》所會通的般若空寂，破除情見等，儒家於此仁體之空寂，並無說明，而《新論》概以「引而未發」，「恐人作光景玩弄」等「莫須有」法掩飾。（見同上頁 20）如此截取兩家片言隻字，兩相湊泊，不只不是融會，直是附會而已。

其實，不論是融會或附會，熊氏之改作《新論》，實乃以「六經註我」之

方式，即六經皆爲我用，而非「我註六經」式之學究考據，誠如林安梧氏所言：

> 正因是其自家生命的內在要求，故熊氏並不是以學究的方式研究學問，而是以「六經註我」的方式作學問，他所著重的是如何去抉發諸經典的精粹所在，而不著重其理解的是否夠客觀。（〈以熊、印的展開〉頁166）〔註14〕

觀熊氏全部著作，大抵皆不重考據，完全乃本其自家生命之所體會，故不只對佛法有所誤解改造，即對儒學亦常以己意爲準而加以斷定，此亦是熊氏被批評不客觀、不嚴謹之因。然雖如此，《新論》亦有其價值，蓋熊氏著重於抉發經典之精粹所在，加以新的詮釋，賦予時代新意，而非著重其理解是否客觀相應，若以此而觀，或可較了解熊氏著作之意。

二、空有之辯

熊氏以「破相顯性」概括空宗，以爲空宗「遮撥現象以顯實體」，此在印順看來，無乃是不解空宗深義。印順以熊氏一面言空宗遮撥現象，無疑是破壞因果的惡取空，因空宗乃「不壞假名（不破現象）而說實相」（《無諍之辯》頁22），其實，空不但不破一切法，反而是成立一切法；一面又言空宗密意本在顯性，然綜觀《般若經》與龍樹諸論，並無有說「實性不空」者，印順引《般若經》所常言：「爲久學者說生滅不生滅一切如化」，「眞如非有性」及「涅槃亦復如幻如化」，以明空宗並非「形而上的實在論」（同上頁23），故說一切法性空，並非如熊氏所說的計有「實性不空」者。空宗的本義乃說一切法皆如幻如化，如幻如化的一切法，但有假名（即假施設義）而自性畢竟空，以此一切法畢竟空爲了義、究竟的，才是空宗。熊氏所言「破相顯性」，實非空宗本義，不但不是空宗的空，印順更以爲其乃空宗的敵者有宗所常言的。

印順認爲若以一切法空是不了義、不究竟，有些空有些不空的，即是有

〔註14〕「六經註我」一語乃象山語，《象山全集》（中華書局，民國68年7月，三版，台北）卷三四〈語錄〉：「學苟知本，六經皆我註腳」（頁1），「或問先生何不著書？對曰：六經註我，我註六經」（頁4）。象山之學以明心爲本，宇宙萬理皆不能離心而獨存，故立志作聖賢，只須於心上下工夫，自能先立其大，而能先立其大則六經等典籍，即皆成爲我之註腳，蓋象山認爲六經，不過乃心體外顯之跡而已。熊氏亦如象山著重於心，故對典籍亦如象山，不斤斤於字句訓詁，而重在抉發其精意，以印證吾心。

宗。大乘有宗，雖有兩系，而熊氏言「破相顯性」，無非受其影響。一、虛妄唯識論，以虛妄生滅的依他起爲本，此生滅之有爲法，雖是妄有但不可說爲空，若說爲空，即無雜染之生死，則亦無清淨之涅槃。惟有妄執的徧計所執性，才是空的；而由空去徧計所執所顯之圓成實性，此圓成實性不空，因其因空所顯，故亦稱空性。《新論》所言「破相顯性」，即由此學來。二、眞常唯心系，以眞常淨心（淨性）爲不空，有無量稱性功德，亦可稱之爲空性，亦即此眞常淨心從不與雜染相應，不爲雜染所染，而非說實體可空。然此眞常淨性，無始來爲客塵所染，無始來即依眞起妄，眞性雖不失自性而隨緣，但有如幻如化的虛妄相現，此虛妄幻相則可說爲空。《新論》近於此系，其「破相顯性」，豈非由此而來？（見同上頁 25～26）以上兩系雖有所殊異，但皆與空宗不同，空宗之言空與有，乃相成而非相破，空是無自性義，不是破壞緣起義，一切法皆緣起有，相依相待而存在，而凡因待而有，即是無自性，無自性故是空；亦即緣起故空，空所以是緣起有。此與唯識系之執有虛妄的雜染生滅法固不同，與眞常系之幻計有一實體爲現象之根源亦不同。

　　由於熊氏之不會空宗，故將有宗「破相顯性」誤以爲是空宗，根本不了空宗，即連解說《心經》，亦似是而非，如一、《新論》雖說「都無實自性故，即皆是空」，但說「析至極微，分析至鄰虛」，僅是分破空，而不知自性空，故落於空是破相的妄執。二、經文「色即是空」，雖可解爲「此色法即是離相寂然之眞相」，但「空即是色」，卻不可反過來說「此眞如即是幻相宛然之色法」，而增益爲「離相寂然眞理，即是色法之實性」。三、本「眞性不空」之成見，以爲「心經空五蘊，即令一切法都盡，而不空無爲，所以存性。」殊不知《心經》明說「無智亦無得」，無智即無能證得的現觀，無得即無所證得的眞如無爲。即此《心經》皆不會，何況三藏十二部，如何會得？（見同上頁 28～29）至於有宗，印順認爲熊氏之批評不至像對空宗那樣根本不會，但從根本體系而論，則非正確。印順以爲有宗亦是緣起論，以因果能所成立一切法，即使唯識家言並非究竟了義，但始終嚴守緣起論立場，而熊氏將其變爲宇宙論或本體論，是以己意橫加於人，根本是出於佛法之外。又唯識家言種子與現行，熊氏以爲犯兩重世界之失，然其實《成論》已明言：「此（指種子）與本識及所生果，不一不異，體用、因果，理應爾故。」從種子與所依本識現行說，從種子與所生現行果事說，皆不一不異，並非隔別對立。種子生現行，現行熏種子，皆是「因果俱有」、「因果同時」，並非如《新論》之斷

定爲「種現對立」。至於種子與眞如，熊氏以爲犯兩重本體之失，則更荒謬，因唯識家言種子，乃作爲「潛能」而言，此潛能與現行，乃互爲因果，無始以來法爾而有，何可將種子稱爲本體？（見同上頁30）〔註15〕

以上乃印順對空有二宗之分判，及對熊氏誤解空有二宗之反駁。顯然印順與熊氏對空宗之理解是不同的，熊氏以「破相顯性」概括空宗，乃是從「體用」觀念來理解空宗，而印順當然是從「緣起性空」來理解空宗。

熊氏以「體用不二」立論，此乃其出入儒佛，由佛返儒，而後歸宗《大易》之定論。既由佛返儒，即是以佛法有所不足，對於空宗雖較能契合，認爲其以般若空慧空一切法相，對此種遮詮方式亦表贊同；然又認爲其破相即爲顯性，而其性則有沉空滯寂，無有生生不息之失。顯然熊氏是以體用觀念來看空宗，認爲其必言體用，然其體用終不如己之「體用不二」，即體即用，即用即體，故雖有所取其般若空慧，但卻認爲其乃性相二分，破相乃爲顯性，故有「破相顯性」之論。蓋佛家不言本體，即使言體亦只是假言施設之體，而熊氏本儒家義言本體，則其體必是一恒常不變、一眞絕待之體，以此本體以衡空宗之緣起法，則必謂其「破相顯性」矣！

印順宗主般若系，通過「緣起性空」來理解空宗，自是當理。空宗只是但名無實，自性皆空，其於本體論、宇宙論，無須涉及，因佛法畢竟著重人生問題，故於一切法，只說明其眞相是空即可，故無性相二分之問題；至於其眞性如何，是否需要本體，則非其所關心。印順更指出只有有宗才言「破相顯性」，將性相分爲兩層。蓋有宗之興，乃欲矯空宗一往破空之流弊，故必施設生滅的有爲法，然此有爲法乃虛妄的，於此有爲法外，則有不生滅的無爲法，此無爲法乃眞實的，而其言有爲法、無爲法，實有截然二片之嫌；故眞常系起，必設想有一恒久不變、一眞絕待之體，然此體亦只是如如不變，只是無爲，而非無爲而無不爲。熊氏出身有宗，而近於眞常系，又不解空宗，故誤將有宗「破相顯性」而加之於空宗。

印順亦提及熊氏誤解有宗之處，大抵皆本唯識家義而論。熊氏確有誤解有宗之處，如其皆本唯識家義，則亦無須以「新」名其著作，而爲《新論》。

〔註15〕印順雖提及歐陽解說「雙重體用」，稱一眞法界爲「體中之體」，種子爲「用中之體」，因此使得熊氏誤以其有「兩重本體」之失，但印順於此只說「這可見立義的不可不愼！」除此之外，並無多分說。關於歐陽之「雙重體用」與熊氏誤計爲「兩重本體」，於前第二章第三節（三）「種子、眞如同爲本體之失」已有詳論，故此不再贅述。

三、體用性相之辯

　　熊氏以「體用」立論，不盡沿用佛家所言之性相，據其自稱其深意乃在「即用顯體」，「用依體現，體待用存」，與佛家之「離用言體」不同。蓋若說爲法相、現象或形下，即指已成物象而言，若此則易成執，障礙眞理，不能掃萬物以歸眞。印順認爲熊氏如此分辨性相與體用，貶抑佛家，實不如理。殊不知在一般「因果」、「體用」、「理事」或「眞俗」中，或說性，或說相，二者可互用，並無嚴格差別；惟有在「能所證知」之認識論中，才有「以相知性」，「泯相證性」之相對意義。佛法本不以性相爲對立，性相之對立深刻化，實成於中國眞常系之手。據《阿含經》，佛稱世間法爲行，亦稱有爲，視宇宙爲流行的，力用的，即生即滅而流轉不已的存在，說相說性說體用，皆依此根本而施設，而觀流轉不已之諸行爲無常無我而證涅槃，說爲不生不滅的無爲。然說爲生死與涅槃，有爲與無爲，世間與出世，不過爲「初學者作差別說」，並非條然別體；而其實是「諸行性空即涅槃，有爲實性即無爲；即色即空，即空即色；即空即假即中。」（《無諍之辯》頁34）

　　佛家亦無有以眞如實性爲體，考《般若經》眞如十二名，《辨中邊論》六名可知；而以眞如實性爲體，蓋起於南北朝的中國佛學者。若純正的佛法乃僅認有相對的自性說爲體，從存在的關係業用說爲用，體用乃不一不異，如幻相現而本性空寂。直從當前的因果入手，由雜染因果到清淨因果，從緣起到空寂，故於幻化之因果相，以世俗諦觀之，承認其相對眞實性，而於究竟實相第一義諦中，亦是不容破壞。《新論》因不知幻相宛然之不可遮撥，計有「至神至怪」，稱爲「神化」的一闔一翕之用，大談「即用顯體」，不知佛法非玄學，非是遮撥現象而談「即用顯體」，而是不撥現象的「即俗而眞」。（見同上頁35）

　　印順又言佛家，尤其空宗，決非如《新論》所言之「離用言體」。天台學者認爲證悟有見眞諦及見中道二者，見眞諦即見空寂而不了假有（並不是執爲實有），見中道是證眞空即達俗有，即空即假即中；西藏所傳龍樹中觀見，亦有二家，一主「絕無戲論」，一主「現（有）空雙聚」，此可見離用契體（應說泯相證性），及即用顯體（應說融相即性），於空宗學者而言，乃同時並存。龍樹解「一切智一心中得」，有「頓得頓用」及「頓得漸用」二說，故論證得，決非離眞有俗或離用有體；論智用，則因根性不同，可有頓漸差別。（見同上頁36）不僅不「離用言體」，亦非如熊氏所謂「佛家語性體，絕不涉及生化之

用」、「不肯道真如是無為而無不為，只說個無為」。印順引《維摩詰經》：「依無住本，立一切法」，「不動真際建立諸法」，及《中論》：「以有空義故，一切法得成」，皆可明佛家不只能說生生化化即是空寂，亦能說空空寂寂即是生化，實非如熊氏所謂的「空寂中無有生化」。（見同上頁 37）

　　印順最後總結說，熊氏之根本謬誤即以佛法之泯相證性為離用言體。殊不知無為與空寂，固可說為有為諸行之否定，但此非自性之否定，其當下即含攝否定之否定，此否定之否定，從「寄詮離執」之引歸自證說，即說「無常」而「非有無常」，說「無為」而更說「非無為」，說「空」而更說「空亦復空」，說「無生」而更說「無不生」，乃至五句都絕。有纖毫自性可得，即不能實證，故說「凡所有相，皆是虛妄」（切勿作「破相」解）；同時，此否定之否定，從「離執寄詮」說「不生滅與生滅無二」，「畢竟空中不礙一切」，「惟佛與佛乃能究竟諸法實相」，實相即「如是性，如是相，如是體」等，亦即「不可以言宣」而唯證方知之「寂滅相」，即如實的緣起性相、體用、因果，故說「離一切相，即一切法」（切勿作取相解）。一切皆依言施設，為對治眾生之「實體」執，故說法性如虛空，為適應實際需要，故每先證入畢竟空性，豈如《新論》所謂「離用言體」，又何可說為「真如只是有為法依托此世界而顯現其中」？（見同上頁 38～39）

　　綜上所論，熊氏乃以「體用」觀念來看待佛家性相問題，自難相契，即使在《摧記》中對印順之反駁作一回應，仍是堅持基本立場。印順認為佛法根本問題只在人生論，只須於如幻相現中，證得本性空寂，不撥現象而「即俗而真」，自無須涉及宇宙論、本體論等「本體生起論」問題。若以佛法本義，印順之駁熊氏，自較熊氏理直。然佛家只言人生論問題，並不表示人生只有人生論問題；除人生論外，更有宇宙論、本體論等問題。熊氏之所以以「體用」觀念來思考一切問題，即因其不只欲解決人生問題，更欲解決宇宙、本體等問題，亦即通貫人生論、宇宙論及本體論，其言「即用顯體」、「承體大用」，即是以一「本體生起論」來解釋人生，以及人生以外之宇宙、本體等更細微問題。此「即俗而真」與「即用顯體」之異，亦即如林安梧氏所言：

> 「即俗而真」可以不涉「本體的生起論」的立場來思考問題的，「即用顯體」則明顯的是站在「本體的生起論」的立場來思考問題。（〈以熊、印的展開〉頁 179）

不過，林氏亦強調「熊氏的『體用合一論』雖是一『本體生起論』，但此又不

是印順所理解的『神化式的本體的生起論』。」（同上）若以此而論，則熊氏以「本體生起論」之立場來改造佛法，實有其苦心深意在。

熊氏與印順兩人立論不同，實亦因其立場之異，一儒一佛，儒重入世，故必立體，才能於此世界有所作為，否則即成放蕩無主；佛重出世，故無須立體，才能證入涅槃，否則輪轉沉沒，永無出離之期。

四、心物之辯

熊氏認為唯心論者以心為本體，而視物為其所派生，與唯物論者以物為本體，而視心為其所派生，兩者皆有心物二分，即體用二分之失，故將心物皆歸為用，因此二勢用相反相成，而即於用上見體，此熊氏理論之精要也。歷來言心物者，大抵以體用言，未發之時為體、為心，已發之後為用為物，即如陽明之言「即本體即工夫，即工夫即本體」，體用雖仍不二，然終有體用分為二段，多此一舉之嫌。熊氏於此，將心物平列而談，皆歸於用，而即於用上見體，體用無二分之失，實有進於前賢者。熊氏並認為佛家解析心色（物），亦只平列而談，未以色攝屬於心，然與己所謂心物義並不相同，其骨子裏已近二元論，此則引起印順之駁難。

印順認為佛法言心色，乃相依互緣而各有特性，「名色緣識，識緣名色」，確是心色平等的緣起說；然卻非如熊氏所謂的二元論，因佛法說色乃變礙義，心乃覺了義，說色說心，皆是現實的，依此現事而悟得性自空寂之實性；悟得緣起心色之絕無自性，但是相依相待而幻現有色心的相對特性。宇宙乃心色而空寂，空寂而心色的，無有獨立自性，故不成為二元。心與色，惟有在緣起幻相邊說，若在空寂之自證中，則無任何可安立者。（見《無諍之辯》頁 42）

印順亦指出熊氏既以心物為平列之二勢用，卻不知不覺傾向於神化的唯心論。如《新論》言：「翕（物），元是本體的顯現，但翕則成物，故與其本體是相反的。闢（心），雖不即是本體，却是不物化的，……是本體的自性的顯現。」本體顯現為一翕一闢而似心物二相，但物相反本體，雖從本體顯現而幾乎可不稱之為用，唯有心，才是本體之自性顯現，才是本體之大用流行。如此，豈非是從重心輕物，而至唯心非物的本體論？（見同上頁 40～41）

印順又指出《新論》既以「本心即是實體」，強調心的自在，不失自性，則何以會有翕勢的物化升起，而後再有一由本心顯現的闢勢的心，豈不與本

心之自在、不失自性相矛盾？印順以爲此不只是熊氏，亦是眞常論者之難題。雖然熊氏以坎離二卦來解說，但印順認爲雖有坎陷與出離之象，然在坎陷階段，決不能忽略被陷者本身之缺陷，或外來力量強大而自身過於渺小。若說心爲物陷，則必是心太過微弱，亦即心之本身不夠健全，則何可說心是自在，不失自性，而能主宰物？可見熊氏並不能解決此問題。而若依佛法之緣起說，坎陷是依於緣起的，而緣起的缺陷相，不是自性的，不變的，坎陷必被否定而到達出離，印順即以此佛法的無我論，而否定眞心論。（見同上頁 44～45）

由對心物義理解之差異，自然地對善惡觀念亦有所不同。印順認爲熊氏以「吾人本性無染，只徇形骸之私，便成乎惡」，「因本心之力用，流行於根門，而根假之以成爲根之靈明，乃逐物而化於物，由此有染習生。」將一切罪惡根源，推向物質、根身，歸咎於根之逐物，反顯心體之本淨性，此猶如國政荒亂，而歸咎人民、官吏，而聖王無罪。若依佛法緣起論，眾生無始以來，有有漏善也有惡。惡待因緣生，雖亦與境相之誑惑，根身之逐物有關，而心識本身爲無始來習以成性之貪瞋癡慢所惱亂，知情意一切皆不得其正，亦決不能漠視。故佛法修持，不是不受用見聞等外界，亦非自毀根身，乃反省自心之缺陷而對治之、淨化之，根本在深見緣起本相，以智化情而融冶之。（見同上頁 45）

綜上所論，熊氏所言心物義，不論其源於儒家或佛家，實則其心物義已與兩家大不同矣，即使其乃據《大易》乾坤之翕闢義，然歷來言《易》者，皆無有以乾坤翕闢以言心物，而將心物說爲用上之兩勢用者，而熊氏將心物平列，如此一翕一闢，方能相反相成以成變化，而即於此用上見體，無須於用外求體，而用外亦無有別體。或許熊氏之解《大易》並不客觀相應，而唯出之以己意，然其之爲言亦非無據，無乃是依經典而賦予新的詮釋。思想之所以有演變、有進步，即因詮釋者可有多種不同詮釋，而其實經典本身亦蘊含多種詮釋可能，若只能一種，則亦無須歷代學者之葛藤枝蔓也。故不論熊氏見解正確與否，其抉發經典之精粹而發揮之，則是其所獨見者；然其以此而衡佛家心物義，謂其有二元之嫌，此又不解佛家乃緣起論者，體之一義不可立，已無一元之論，更何有心物之二元可立乎？

印順本佛家義而駁熊氏之不解佛家心物義，甚爲當理；然印順似亦不解熊氏之心物義。熊氏之心物義雖嫌簡略，只說本心具複雜性，一翕一闢故成變，只言及其然，未言及其所以然，自易啓人疑慮；但此義亦絕不可從經驗

層次上看，若從此層次看，執實以求，必不會其意。而印順從緣起論來理解，自易限於人生經驗層次上，以此而論，必與熊氏難以契合。如其言坎陷乃緣起性空，故有出離之可能性；然亦因其緣起性空，則由坎陷至出離，亦只能隨因待緣，而無必然性之保證。又熊氏言惡，只言其乃由徇形骸之私，故成染習，而非如印順所言「推向物質、根身」。〔註16〕此皆可見兩人對心物義之理解，有差異也。

五、體證之辯

最後，印順更論及熊氏自言《新論》乃「反求實證相應」，「自家深切體認」而來，但其體證實有「相似證」之嫌。印順以為即使熊氏確是實證，亦不能保證《新論》之正確性，因體證有邪正深淺，有幻境、定境、慧境，大抵熊氏受禪宗影響，故極推重禪定，如《新論》言：「如在凡位，不由靜慮功夫，即無緣達到寂靜境地……其第三法印曰涅槃寂靜」，「佛家惟靜慮之功造乎其極，故於空寂本體得以實證」，可見熊氏以佛家之見體──空寂、寂靜，誤與靜慮之靜相附合，以為靜功造乎其極，即可證體。但禪定以離欲為目的，為情意（非理智）的修養，略有二類：一、消極的，漸捨漸微的，如四禪與四無色定。二、積極的，推己以及人的，如四無量（慈悲喜捨）定。前者近於空慧，後者近於大悲。然佛法不認為此禪定即可得實性，因其無徹見性空即無常無我無生之深慧。（見《無諍之辯》頁49）

殊不知佛家雖言慧與禪定，然兩者實有不同，而「佛法與外道的不共處，是治滅無明的明慧──般若，不是禪定；是如實正觀，不是收攝凝聚。」（同上頁47）般若空慧才是證悟之關鍵，佛法言：「理智一如」，「無有如外智，無有智外如」，此指「從依智顯理，依理發智，從加行觀的理、智相依相應，進入泯絕內外的證覺。」（同上頁51）可見證體惟依般若空慧，而非禪定；佛陀本教，不但不由靜證體，且是不必深入的。故印順認為熊氏「即用見體的工夫，無疑的偏於定而略於觀」（同上頁48）重定而薄慧，充其量，不過是近似之定境；亦即熊氏所謂的「實證」，無乃是「相似證」而已！至於文末印順所

〔註16〕林安梧氏認為「大體說來，熊氏並不屬於『存天理，去人欲』的程朱系統，而是較接近王夫之的『理欲合一論』的系統。」（〈以熊、印的展開〉頁186）故印順對熊氏善惡觀念之批評並不恰當，而反倒說中程朱一系所可能引起的流弊。

舉熊氏「顛倒說」之處，所言甚是，因屬文獻考據問題，無關斯旨，且明文俱在，故不贅述。

顯然地，印順宗主般若系，以緣起故性空，性空故緣起，以爲緣起論才是佛法之最上第一，要深了此緣起法，則須有般若空慧，方能即空即假而空有無礙，離有無兩邊而得中道，悟入諸法實性；而禪定雖有其需要，卻只是悟入實性之必要條件，而非充分條件。畢竟禪定偏於在身上作工夫，而般若空慧則重在心，由此明心則能見性；故禪定只是證悟之基礎，有禪定工夫未必即能證悟，而證悟之關鍵則在般若空慧，如了般若空慧則必證悟也。定與慧實有不同，而慧猶重於定，故佛說六度，於五度言禪定後，亦於最後一度言般若空慧。印順於《印度佛教思想史》亦曰：「定有淺深，方便也有不同，……禪定是共世間法，即使修得非想非非想定，也不能解脫生死；反而不得根本定的，也能成慧解脫阿羅漢。這可見，禪定能除散亂而得一心清淨相續，只是佛法的要方便，不是解脫道的主體。」而眞能爲解脫之主因者是慧，故印順曰：「慧是解脫的主因」（頁 29～30）。

然須注意者，印順之言定慧，與熊氏之定慧，實不相同。熊氏區分「智」爲「實證相應者」，亦即「性智」，「慧」爲「分別事物者」，亦即「量智」，而「智」較「慧」爲勝；而印順則以熊氏所言之慧，即戒定慧之慧，故以其重般若空慧之立場，而誤以熊氏「重定而輕慧」。又熊氏雖重定，但並非如印順所言欲由定而體證，因熊氏畢竟著重於「智」，惟由性智方能實證相應，才是眞正之體證；定者則是「能引發內自本心，使諸惑染無可乘故」，故定只是反求實證之必要條件，而非充分條件；如欲反求實證，則仍須從性智方可。

由上可見印順與熊氏，不只於理論，即使歸本於體證，兩人之見解體會皆不同，一主般若系，一近眞常系，條然可見。若更確切而言，印順宗主般若系，自以般若義爲尚，而熊氏雖近眞常系，但畢竟不即是眞常系，而是道道地地的儒家，故相對於印順之般若義，熊氏所主與其說是眞常義，不如說是創生義。〔註17〕

〔註17〕關於儒家創生義，牟宗三氏有詳細之闡釋，請參閱氏著《中國哲學十九講—— 中國哲學之簡述及其所涵蘊之問題》第四、五、六、七講，頁 69～156，學生書局，民國 72 年 10 月，初版，台北。

第五章　結　論

　　由以上二、三、四等三章，透過熊氏對佛學之反省與《新論》之理論建構，及佛學界對熊氏誤解佛學之反駁與對《新論》之批評等探討，對佛學理論之得失，《新論》之為何產生，《新論》之理論內容及其得失等，大致疏理清楚，已有一清晰輪廓。從中不難發覺雙方由於立場有異，觀點不同，不僅誤解對方，甚至令人覺得有各說各話，無有交集之情況；雖然如此，但許多問題、癥結亦由其中而豁顯，不致使整個過程成了無謂之爭。此次論爭，所涉及之範圍相當廣大，所論之問題亦相當複雜，但經由前面疏解後，大致已將雙方爭論所在及立論得失，一一條理分疏完畢，今則可順前面之疏解，歸結為幾點結論，就其大端再加以評述，並對《新論》之價值與影響，作一略述，至於微細枝末則無須再屑屑私語。而經由此綜合論述必可使此論爭所隱含之意義，更加彰顯，而《新論》之重要性，亦可突顯出來。

　　一、顯然地，《新論》之所以提出，關鍵在於反對佛家不言本體，即使勉強稱之為體，此體亦只是一虛設之體，終歸滯寂沉空，不似熊氏據孔《易》而讚賞有加之生生不息之本體。因此，立不立體實為此論爭中最根本、最核心，亦是最後之問題歸結所在。整個辯論實環繞於此問題上，若無此問題，則雙方不至有如此激烈之舌戰筆伐，而是否有《新論》之出現，實成一疑問；且此問題實亦是自宋明以來，儒釋兩家反覆辯難而延續至今未決者。可見儒佛之大別即在立不立體，由此故對體用觀念亦有不同看法，此即是雙方論爭之所在，《新論》之所以出之因，而由前三章之探討，可見儒佛兩家於體用之說實難溝通，故第一節即是對儒佛兩家難以溝通，作一綜合論述。

　　二、熊氏《新論》實由佛家轉來，特別是由有宗唯識學轉手。熊氏不遺

餘力地批評有宗，而在批評之同時，亦一面建立自己之理論，破立同時，經由對有宗之改造，而完成自己之體系。然誠如前面所分疏的，熊氏對有宗並非如理作意，而是有所誤解；不過，亦正如前三章所分疏的，唯識理論並不圓融，仍有許多困難存在，等待解決。此問題深值探討，因若無此困難存在，亦難有《新論》之出現，即使有，亦必是另一完全不同之風貌，而前面對唯識理論之探討，大抵順雙方所言及者，隨文略論而已，稍嫌枝蔓無章，故第二節即是對唯識理論未為圓融，針對其困難之大端處，作一綜合論述。

三、《新論》雖是熊氏融佛冶儒，陶鑄百家而歸之於體證之作，但此亦不必然保證《新論》即完美無缺，而由前三章之疏解，雖可見到《新論》誠是自成一家之言之作，有其精意在，但亦可看出《新論》仍有不夠周延，尚待證成之處。拋開文獻考據上之疏失不言，熊氏不只對佛家有誤解，即使對儒家亦常斷以己意，以合自己之立論，實有失客觀，而其所建立之體系，仍是有未圓之處，且其於難以言明之處，則歸之於體證，此雖是其苦心孤詣，但仍須加以論證，故第三節即是對《新論》理論之得失，作一綜合論述。

四、《新論》雖未能圓融無缺，但由前面之疏解，亦可見熊氏深富思辨能力，而《新論》所開出之格局，亦不可謂不大；且由事實觀來，不論熊氏立論是精或粗，無疑地，由《新論》所引起的一連串震盪、反應，不僅對現代佛學有所衝擊，使佛教界人士有所憬省，而對儒學之激盪，無疑是更勝於佛學，使儒學界不只要新內聖，亦要新外王，如何同時開出此新內聖與新外王，成了當前最重要之課題，此與宋明儒大不相同，為別於宋明儒，故稱為當代新儒家。熊氏實是開山祖，而《新論》即是其奠基之作，故第四節即是對《新論》之價值與影響，作一敍述。

第一節　儒佛兩家難以溝通

由前三章之探討，熊氏對於佛家體用義之批評，可總歸為三點：

一、熊氏認為佛家雖亦言體，但不論何宗何派，其所言最後皆是歸於涅槃寂靜，不涉及生化，將導眾生同歸於寂滅之鄉；佛家畢竟只窺及本體寂靜之一面，而不似儒家之有見本體之全，生生不息，渾然流行。因此，佛家之體只成一不生不滅，無為無作之死體，故有體歸寂滅之失。

二、熊氏認為佛家重在見性證體，以見性為極至，證體為究竟，因此捨

世間而趨於出世，對於人倫日用，宇宙萬有，絕口不談，將本體之功能消除殆盡，而於流行不已，生生不息之宇宙眞機，不曾領會，只說無爲，而不能說無不爲，不似儒家之能言無爲而無不爲，於人生日用之有備物，成物，開物成務之功，故有言體遺用之失。

三、熊氏認爲佛家將不生不滅之無爲法與生滅之有爲法，劃分爲二，使世間與出世間截爲互不相干之兩個世界，一爲虛幻之世界，一爲眞實之世界，而此虛幻之有爲法與眞實之無爲法之關係爲何，亦無有說明，而此兩者既無法相通，故有體用二分之失。

以上乃熊氏對佛家體用義之批評，自是以己意，而非以佛法本義去如實了知。若依佛法本義言，佛家乃緣起論者，乃無我論者，根本不是本體論者，即如歐陽竟無以體用四義來分體用爲體中之體、體中之用、用中之體及用中之用，以闡明唯識之義，但其所言體用與時論所言體用根本無有關聯，了無交涉，仍是在佛家傳統義下之體用，始終有其獨立風貌。佛家所言之體畢竟只是爲立論方便，而暫時施設之體，即使是天台之「性具」思想，《大乘起信論》與華嚴之「性起」思想，或六祖《壇經》之「自性能生萬法」思想，雖可令人誤以爲是本體論的實體之生起論，而其實並非如此。無疑地，緣起性空此一原則，是各宗各派共同遵守，而不可違背之通義，在此通義下，一切法之生起，乃「以有空義故，一切法得成」，此即是說因無自性故，故能成就緣生義，以緣生義得成，故一切法得成，而並非有一客觀之實體能生起萬法。

顯然地，佛家不立一客觀能生萬法之實體，但卻非常著重於用，此用是對世間而言的，因佛家乃出世法，然欲至涅槃之地，則須於世間行種種教化，以化度眾生，眾生才得覺悟而解脫以成佛，同登涅槃之地；此世間才是能著力處，用力即在此處用。至於至涅槃之地，則已解脫，證得本來佛性，覺行圓滿，自無須再著力，否則即成頭上安頭，多此一舉。故佛家畢竟著重於用，即使言及體，然其體用乃體無而用有，故有是假有，無是畢竟空無。天台言功用，華嚴言力用，而至禪宗極言作用見性，更可見佛家之言用，已至其極。

而熊氏之體用，則是因對佛家體用之不滿，故由佛家轉手，並參稽《大易》，從而建立自己之體用。此體乃一夐然絕對，恒常不變之體，清淨無染，圓滿無缺，無形無相，無始無終，備萬理，含萬德，肇萬化，而法爾本有的。其用則分翕闢兩勢用，此兩勢用不可執實，因其只是本體顯現爲大化流行時

之兩作用而已，雖有跡象宛然，但卻不可以為實有。且此兩勢用能相反相成以成變，翕承闢而順乎闢，闢運乎翕之中而導翕，而由此翕闢成變而即用識體。體即用之體，用即體之用，體用雖分而實不可分，一言乎體，即有用在，一言乎用，即有體在，體用相即不離，不可分而為二，故說為體用不二。熊氏之體用乃體有而用亦有，故有（用）是真有，有（體）是畢竟是實有，與佛家之體無用有（假有），可謂全然異致。

顯然地，雙方之所以對體用一義有如此大差異，實是因對體用一義，各有不同之界定與用法。其實，體用一名，可謂人類自有思想或哲學以來，不論在中國或西方，即普遍廣泛地被應用。然因此一概念本身所含內涵極為豐富，又極具靈活性，應用範圍又極寬廣，因此，實難對體用概念有一適當之界定；再加上各思想家對其之使用，常因所據不同，立論不一，遂使體用一名，因各思想家用法之異，而有不同界定，因而產生歧義，如此一名多義，徒增混亂。雖然如此，但此一概念卻是本體論最核心之觀念，由對此概念之理解與闡發之不同，不僅標示各思想家對宇宙本原之見解，亦標誌各思想家間之差異所在。因此，熊氏所言之體用雖與佛家大異，但卻無須對其優劣下一判斷，因雙方對體用一義既有不同界定，自無有一客觀標準以為準繩。

不過，因《新論》之出，乃因熊氏站在自己之體用觀點，對佛家體用義深覺不足，而以己意而繩正之，更而取代之。因此，熊氏固然對佛家體用義有所誤解，但若就用須就體而言，亦即用須有體，由體而發之用才能真實有力，才能化度眾生，若不立本體，則如何能有真實力量，以轉化世間此一方面言，則熊氏似乎甚能指出佛家理論困難所在。蓋若不立本體，則易沉空滯寂，無有生生不息之機，不只逆遏生化，並有毀生人之性之虞！無疑地，熊氏即是在此人生實際上之根本旨趣來破斥佛家，因近代中國是與苦難及憂患一起成長的，時代之需求與現實之寄望，使得熊氏不能以純客觀之學術來看待佛法，只能以自己主觀所體證的加以改造佛法。

但若順此以觀佛法，則佛家言用不言體，用不由體發，即是其不足之處。蓋釋尊乃是應病與藥，對機說法，因此，八萬四千法門中最上第一之緣起法，亦隨時間演進而有所發展，如部派佛學之三世兩重因果之業感緣起說，大乘空宗之緣起性空論，有宗之阿賴耶緣起論，《大乘起信論》之如來藏緣起論，華嚴宗之法界緣起論，以至天台宗別理隨緣與圓理隨緣之辯等，皆是環繞釋尊所說之緣起法而逐一展開，與釋尊原先說法，已有不同，

可見釋尊當時爲破婆羅門之執有梵天，故說無我，一切皆是緣起，而發展至後，則有眞常系之出現，雖然此心絕非本體，但卻似漸漸傾向於預設有一本心，能爲萬法之體。因此，若從反面言之，假若釋尊所處時代是一無我論盛行，一切皆空之時代，則焉知釋尊不反過來強調本體之重要，如此由體而發之用，才是大用。

誠如佛經所常云：「佛已說之法如爪上塵，未說之法如大地土」，且佛陀圓寂前告阿難所言「四依四不依」，實爲衡量一切法之規準，如此則又何必執著於些許已說之法，而於眾多未說之法卻視同魔說？因此，熊氏本極歸仰釋尊，垂老不渝，然因根本旨趣不同，故起而反之，實亦不違釋尊對機說法之意，故熊氏對佛家體用義之反省，仍是有重大意義在，不過，此意義只能限於時代需求方面，至於如何配合佛學內部理論，對體用之說重新作一檢視，然後兩相配合，既有所據，又能適機，而後再加以發展，才不至有從中截斷橫面接枝，而互不相融之失，此當是現前應行且可行之道。〔註1〕

然佛家畢竟重在修證，不重言說，其體用自是其自家義下之體用，體無而用有（假有），而熊氏之體用，自是儒家義下之體用，體有而用亦有，雙方對體用義差異既如此之大，難怪反覆論辯，皆成自說自話。此基本性格既大相違異，故儒家以佛家理論上未爲圓融，而佛家亦以儒家偏於言說而無修證，各以己爲是，因而其理論系統亦加繁密，而亦益加千差萬別而難溝通矣（至少在熊氏當時是如此）！

〔註 1〕 傅偉勳氏近來提倡「創造的詮釋學」，共分五個辯證層次，一、「實謂」層次——「原思想家（或原典）實際上說了什麼？」二、「意謂」層次——「原思想家想要表達什麼？」或「他所說的意思到底是什麼？」三、「蘊謂」層次——「原思想家可能要說什麼？」或「原思想家所說的可能蘊涵是什麼？」四、「當謂」層次——「原思想家（本來）應當說出什麼？」或「創造的詮釋學者應當爲原思想家說出什麼？」五、「必謂」層次——「原思想家現在必須說出什麼？」或「爲了解決原思想家未能完成的思想課題，創造的詮釋學者現在必須踐行什麼？」顯然只有達到「當謂」層次或「必謂」層次才可稱爲「創造的詮釋學」（見傅氏〈創造的詮釋學及其應用〉一文，收入《從創造的詮釋學到大乘佛學》，東大圖書股份有限公司，民國 79 年 7 月，初版，台北）。在此一意義下，熊氏《新論》對於佛學而言，即是一「創造的詮釋學」，雖然此一創造性並不完全成功，但由此所激起之影響，實值得佛教中人重新對佛法作一檢視，不只在「實謂」、「意謂」及「蘊謂」層次研究，更要從「當謂」及「必謂」層次探討佛法，如此，才合乎釋尊應病與藥對機說法之旨，才能使釋尊所宣示之教法與時俱進，隨地皆宜。

第二節　唯識理論未爲圓融

由前三章之探討，熊氏認爲有宗唯識學大抵有四失：

一、執識爲實：熊氏認爲有宗將幻有之阿賴耶識計爲非空，以爲是實有，因而將虛妄雜染之阿賴耶識執爲眞實，以爲萬法生起之根本依，然阿賴耶識既是虛妄，則何以能爲萬法之因，故有執識爲實之失。

二、二重世界：熊氏認爲有宗之種子潛隱於阿賴耶識中，自爲種界，而八識現行雖從種子親生，但現行生已即離種子而別有自體，如父與子，截然兩人，種現對立成爲二界，故有二重世界之失。

三、二重本體：熊氏認爲有宗既立種子潛在現界之背後，爲諸法之因，即種子已是一重本體；而又要遵守佛家傳統思想，別立無起無作之眞如，以爲萬法之因，又成一重本體。因種子與眞如同是本體，故有二重本體之失。

四、眞如無爲無作：熊氏認爲有宗之言眞如，與其餘各宗各派亦同，皆只說是無爲，而不許說是無爲而無不爲，於生生化化流行不已之眞機，全無所窺，一切皆成不生不滅，歸於寂靜，故有眞如無作無爲之失。

以上乃熊氏對有宗唯識學之批評。誠然熊氏對其之批評並不恰當，且多所誤解。熊氏之批評，並非順唯識內在理路，予以繩正，故與唯識家之反覆辯難，常成各說各話，不得溝通之道；不過，總體上熊氏可謂意識到唯識學理論上尚有諸多困難，有待克服，雖然其所意識到的並不客觀，而是主觀的判斷。而經由前三章之探討，亦可發現唯識學確實有其困難在，未爲圓融。

首先，誠然熊氏對阿賴耶識有所誤解，但阿賴耶識乃虛妄雜染的，此乃自《阿含經》以來一致之定論，有宗所宗之《瑜伽師地論》，及無著之《攝大乘論》，仍是視阿賴耶爲虛妄雜染，〔註2〕故名「虛妄唯識」。然而阿賴耶乃一切法之根本依，但卻是虛妄雜染的，其中實有矛盾，因雜染有漏之阿賴耶何以能爲清淨無漏法之所依？且阿賴耶既是虛妄雜染，則又何以能從染依轉成淨依？有宗於此實無圓融之解，亦只能依《攝大乘論》所言出世之清淨無漏法乃「從最清淨法界等流，正聞熏習種子所生」，可見清淨無漏法是從清淨法界流出，而非從阿賴耶而來，因此，清淨無漏法表面上雖依於阿賴耶識，而實際上是依於清淨法界的；之所以以其依於阿賴耶，乃因其須經由正聞熏習，使阿賴耶中雜染有漏種子漸減，而清淨無漏種子自亦漸增，以至無種子可轉，

〔註2〕直至《楞伽經》與《密嚴經》出現，阿賴耶才具有清淨性。

一切種永斷，即無有漏可言，而皆為無漏矣。此清淨法界實通於真常系所言之如來藏，然有宗既以《瑜伽師地論》為本典，自不能放棄以虛妄之阿賴耶種子識為生起萬法之原則，故自陳那起即一面漸漸地轉向於因明之研究，而在《成論》中更無有再言如來藏者。此實受自身理論之限制，而真常系之興，大倡如來藏、佛性與真常我樂等思想，即是針對阿賴耶為虛妄而提出的。因此，虛妄的阿賴耶本身並非是一超越的本有，而亦只是一經驗的本有，是不可作為萬法生起之本的。

其次，即使阿賴耶中有「無漏種子」，但此無漏種子，亦須受制於種子六義中之「待眾緣」。無漏種子不能自己生起，亦須待眾緣和合，方得生起現行，而眾緣中最重要者即是如上所言之正聞熏習。如此說來，不論種子是有漏或無漏，本有或新熏，在有宗之理論上，種子亦非超越的本有，亦只是經驗的本有，此亦可證上所言阿賴耶亦是經驗的本有。因此，欲轉識成智，轉雜染為清淨，轉有漏為無漏，即須待正聞熏習才得現起；然待正聞熏習才得現起無漏種子，從而轉識成智，亦即須待他緣方得成佛；若此，則所成之佛亦只是一他性佛，而非自性佛，實與佛家眾生皆有佛性，人人皆可成佛大異其趣，因若待正聞熏習才得成佛，即是須由聽聞現成之佛說法才可，因佛所說乃最為究竟，然而現今是否有佛，即使有佛亦須遇著才行，如此，則待正聞熏習才得成佛，實無一必然性之保證，能得正聞熏習者即有成佛之可能，而不得正聞熏習者即永不能成佛，實已大違佛家本旨，不只眾生平等之義破壞無遺，因眾生不必然地具有佛性，且因果律則亦蕩然無存，因眾生既本無佛性，即使靠正聞熏習亦不必然地保證必能成佛。如此之正聞熏習，無異乎乃一機會論也。

復次，有宗以虛妄之阿賴耶種子識為生起萬法之原則，既難成立，而其有清淨義之智與真如，是否可為萬法生起之因，是否可為成佛之可能性與必然性之保證？顯然二者皆不可能。雖說是轉識成智，但此智亦只是轉妄識成淨識後，虛浮於淨識上之一種勝用，本身是虛的，無有實質，須依於淨識方有勝用，故其實質在淨識，故智只是轉識成智之果，而非因，若以智為能生萬法，能為成佛之可能性，即是倒果為因。同樣地，真如亦不能生起萬法，不能為成佛之可能性，因真如只是轉識成智後之境界，是無為法，乃智所緣之境，亦是識之實性，亦即只是唯識實性所顯之空，故只是一空理而已，不能為有為法之因，若以真如為因，亦是倒果為因。〔註3〕而在修證上五性各別

〔註 3〕關於唯識理論之困難所在及其消解之道，吳汝鈞氏有詳細之研究，見《唯識

之種性決定論亦與眾生皆可成佛之意相違！

以上乃唯識理論未為圓融，其困難之大端處也。有宗本以阿賴耶緣起，建立種子，以為施設宇宙之說明，於此方面實有其精意在；然卻將此善於說明宇宙之阿賴耶種子識理論，無限擴充應用，以至於最後則收攝於心性上之探討，實將超越層次與經驗層次混為一談，故有種種困難。顯然唯識理論仍停留於經驗層次而言，阿賴耶緣起所生起之一切法，皆屬虛妄雜染，實非了義，故而有融唯識而成之真常系起而代之，如《大乘起信論》，以起信為重，以如來藏緣起以取代阿賴耶緣起，倡言「一心開二門」，「一心」即是如來藏自性清淨心，「二門」即是心真如門與心生滅門，將識與智皆收攝於一絕對清淨之如來藏上。無疑地，有宗不立一真常心性，以貞定成佛之可能性與必然性，實是熊氏所最反對者，無怪乎熊氏認為無著護法一系之學，唯是有漏流行，無有寂覺可言，專靠正聞熏習以造命，毀生人之性者，莫此為甚，故何忍無辯耶！若從此一角度看，熊氏《新論》之作，雖不能客觀相應地對唯識理論作一批評，甚至改造，但其所意識到之問題，無疑乃唯識理論中最困難之所在，深值有宗學者重新加以檢視。

熊氏深覺虛妄之阿賴耶識不能為生起萬法之因，故以本心代識，此本心真實無妄，清淨無染，圓滿無缺，絕對無待，非虛妄之阿賴耶識所能比；但熊氏此舉，因非從唯識內在理論去重新思考、建構，不但得不到佛學界之贊賞，反遭至嚴重反駁。然則熊氏為何不循唯識內在理論，而卻以己意為斷，以本心代識？其實，熊氏是絕不可能從唯識內在理論去尋求解決之道，因在其看來，有宗雖然派別繁多，所言理論雖然有異，但基本主張卻是同一旨趣，即使是與護法一系「有相唯識」並行而主張大異的安慧一系之「無相唯識」，不但境無，連識亦無，能取所取皆空，境識皆泯而為二取空，與「有相唯識」之外境無，內識則為因緣有，實大異其趣，但熊氏對於有宗內部此種種爭論，似乎並不完全瞭解，亦不求能明其所以，因在其看來，安慧之「無相唯識」仍是不能有一真實清淨之本心，顯然熊氏對有宗內部所有流派，無疑是將其全歸為一宗，因此自不會尋唯識內在理論，而只好以己意出之，故有《新論》之作。然不論《新論》對唯識學之批評、改造是否得當，但其對唯識學所作之種種反省，實已為後人奠下基礎，至於進一步更客觀相應之反省，則是後

哲學──關於轉識成智理論問題之研究》第四部分〈唯識宗所表示的轉識成智可能性的理論困難〉、第五部分〈理論困難的消解〉。

學者之事，而非熊氏之事也。

第三節 《新論》理論之得失

　　儘管熊氏自謂《新論》乃出入空有，融攝儒佛，而後歸本《大易》之作，然其是否真能融合空有二宗，儒佛二家，則屬見仁見智，尚難遽斷。〔註4〕不過，不論其融合與否，《新論》仍是有其新意在。由前三章之探討，不難窺見《新論》誠然有其獨到處。

　　《新論》以「體用不二」標宗，無有離體之用，亦無有離用之體，用即是體之用，體即是用之體，承體而有大用，即用而識本體，而熊氏更著重於用上識體，於用上而有兩大勢用，即翕與闢，兩者相反相成而成變，而於翕闢成變之用上，即識得本體，故說為體用不二。熊氏即於用上而識本體，著重流行變化之說，雖說是得自於佛家剎那生滅之無常觀念，但兩者卻大異其趣。佛家只見及流行變化剎那生剎那滅之剎那滅一面，故成滅滅不已，一切皆是虛幻，終至否定世界，而歸於寂滅；熊氏則強調流行變化剎那生剎那滅之剎那生一面，故而生生不息，一切皆得肯定，宇宙人生得以安頓。熊氏此意，則是深得自《大易》剛強健動之旨，尤其乾坤兩卦更為其所稱歎，而由卦爻之理，悟得流行變化乃本著相反相成之原則才成變化，由此相反相成，翕闢才能成變，才得以識得本體流行不已生生不息之真機。

　　熊氏此說，實有勝於前人者，不只非佛家所可想見，即連儒者亦所有未逮。歷來諸儒言體用者，雖亦言體用不可分，然大抵皆主由體發用，謂體是未發，屬於靜，用是已發，屬於動，故收斂是常道，發散是不得已，若不得已而發散，則須發而皆中節，如此之由體發用，實只成一靜態之發散而已；而熊氏實已將靜態之發散，一轉而為動態之創生，由翕闢成變之用上，而見本體原是生生不已流行不息之真機，本體之大用顯現無遺，攝體歸用而又即用識體，實成一辯證的動態之創生。在此動態之創生過程中，即於用上而識體，現象界與本體界融合為一，無有體用分為二段之失；而由體發用者，其

〔註4〕陳榮捷氏即認為熊氏在由佛轉儒此過程中，「完成了兩件重要的事情，第一、他融合了佛教部派裏的有部與無部，第二、他融合了儒家與佛教，或者說，他把佛教儒家化了。」（《現代中國的宗教趨勢》頁161）關於此，實有待再明確地界定，到底是在何程度上，熊氏才算「完成」融合有部與無部，儒家與佛教之工作。

體用雖不可分，然終有體用分為二段之嫌，而熊氏之「體用不二」則無此嫌，此實其苦心孤詣而獨悟之旨也。

誠然，《新論》有其獨創之見，但亦不掩其失。在文獻考據上之不客觀，雖不致成為致命傷，但多少有損其學術性。如熊氏認為《老子》之「一生二，二生三」，亦是說明相反相成一原則，因而認為《老子》亦根源於《大易》，道家實為《大易》之分支，此實是熊氏主觀性之判斷，而非客觀性之認知，於學術上實立不住腳。而《大易》每卦三爻之理，是否即如熊氏所謂的本即是相反相成，此亦值得再加探討。

又如翕闢觀念，乃取自《易·繫辭傳上》：「夫坤，其靜也翕，其動也闢，是以廣生焉。」（第六章）顯然翕闢只解釋坤卦，並不解釋乾卦；但《易·繫辭傳上》又曰：「是故闔戶謂之坤，闢戶謂之乾，一闔一闢謂之變。」（第一一章）闔亦即翕也，因此熊氏斷以己意，認為《大易》有互含之例，故乾卦雖不言翕闢，而實含翕闢，因此以為闢乃言乾，而翕則言坤。熊氏此解，即使有其慧解，但是否合乎《大易》本意，則仍待文獻上更客觀之證成。而即使可以翕闢分言乾坤，但熊氏之翕闢義，亦不合《大易》本意，因《易》乾坤兩〈象辭〉言乾坤，則曰：「萬物資始」、「萬物資生」，《繫辭傳》亦曰：「是以大生焉」、「是以廣生焉」，在流行變化中而肯定萬物，是以有備物、成物、開物成務之功；而熊氏所言翕闢，乃流行變化之勢用而已，只有跡象宛然可尋而無實物，實令人有世界為假之感。熊氏於翕闢之義，因稍嫌簡略，故易啟人疑慮，於此，實值後人再多加研究，或許熊氏之精意因之而得以更加呈顯、明確。

不過，熊氏對《大易》是否客觀而相應地瞭解之，並非重點所在；因確切而言，熊氏乃重在抉發經典中之精粹，加以發揮其內在所蘊涵之深意，而非如注疏家般，只為經典作一概論或描述。其對翕闢義亦然，無疑已將其作一新的詮釋，予以一創造性之轉換，賦予其更豐富之意涵。

除文獻考據外，《新論》在理論內容上，仍有不足之處。首先，本心雖是清淨自由，但必藉習心之助方得顯其清淨自由，然當其藉助習心之時，習心則常乘權而起，而使本心受擾而成坎陷，此即是翕勢，然再本其清淨自由之心而成之闢勢，運乎翕之中而導翕，翕終承乎闢而歸回本心，此乃熊氏立論精意所在。然於此處，亦最易啟人疑慮，何以本心既是清淨自由，卻為習心所擾而成為習性，被習性所束縛，如此，本心一面是自由的，一面又被束縛，

豈非自相矛盾？而本心又何必如此纏繞，方顯其清淨自由？固然，熊氏所謂
的本心與習心，乃屬不同層次之觀念，故無矛盾之處，此須後學者加以善會，
但熊氏於此等處，終嫌論證說明有所不足，故易啓人置疑。

　　其次，用分翕闢，翕闢相反相成而成變，而即於此翕闢成變之用上，識
得本體流行不已生生不息之眞機，由此即用識體，而見體即是用，用即是體，
故熊氏名之爲「體用不二」。然熊氏所謂之翕闢，只是用上之兩勢用而已，無
有實自體可言，亦即熊氏所謂的用或翕闢，並無自體，只是流行變化之跡象，
刹那生滅，雖有跡象宛然可尋，但卻不可執爲實有其物；因此，熊氏雖非如
佛家之重刹那滅義，而是重刹那生義，然其翕闢之用，既只是跡象，而不可
執實，則一切根本皆不存在，宇宙世界又將如何施設？而此宇宙世界到底是
眞實抑或如佛家般同爲虛幻？熊氏於此等處，雖有其深意，但論證說明仍嫌
不夠，亦須再加證成，方能盡釋群疑，而顯其獨特圓融。

　　熊氏又將其學歸於體證，此誠其獨得之秘。熊氏亦強調知識之不可廢，
如其在〈略談新論要旨〉所言：「玄學者，始乎理智思辨，終於超理智思辨，
而歸乎返己內證，及乎證矣，仍不廢思辨。」（《十力語要初續》頁6）重理智
思辨，乃是一向外觀察之思維方式，雖亦存在於傳統思想中，但較不受重視；
重體證默識，亦即是歸於本心之直覺超悟，乃是一向內反省之思維方式，在
傳統思想中無疑居於主流。熊氏雖認爲理智思辨亦有其長而不可廢，然畢竟
熊氏是承續主流而來，體證才是其所著重者。然此體證並非是自明的，仍須
功夫層次，並非前此本無而今忽起，因此問題在「如何體證」？顯然熊氏於
此，亦如歷來諸儒，只能言其然，而難以言其所以然，此實不只儒家，而實
是凡重體證之學者，不論是佛家、道家或其餘同道者所難以言明者。若歸根
結底而強索之，亦只能說爲只有自己默識，即能證體；然若如此，則說亦等
於無說。此默識體證雖爲歷來諸儒所重，但皆未將其言明，仍是渾沌一團，
至熊氏雖將其推至高峰，然終究未能言明其所以然。〔註5〕

〔註5〕關於如何體證默識，熊氏仍是順著直覺性思維的傳統，並無創解，而西方近
　　　年來對知識論有深刻研究之博藍尼氏（M. Polanyi），則頗有建樹。其於「個
　　　人知識」（personal knowledge）外，又有「默會致知」（tacit knowing）之說，
　　　構成博藍尼理論之雙柱，而後者又凌越前者而居樞紐地位。據彭淮棟氏所言：
　　　默會致知「原文有先見、不能明言，不必明言、無意明言等意思；博藍尼不
　　　用『知識』（knowledge），而多用『致知』（knowing），似乎著言於『知』之
　　　動力，以及點明此『知』爲活動而未具知識之定形。」「博藍尼以知識論入手，
　　　見 tacit knowing 爲人類一切知識、信仰、行動等寄託（commitment）之本質，

顯然熊氏在本體論上之見解，確有其人不可及之處，然在認識論上之表達，則非常缺如，此與其《新論》只寫出〈境論〉，而〈量論〉雖偶有片言隻語間雜於著作中，然終未能形成系統而成專書，當有密切關係。〈量論〉之未能寫出，誠是熊氏理論體系中最大之缺憾，然此畢竟有其自身之限制，無可如何。熊氏雖處身全盤西化之浪潮中，卻不大受影響，對於擅長認識論之西學，並無多接觸，其心仍是在傳統儒家盡心成性之學上。於當時，熊氏亦只能專心致力於此，以全幅之真精神、真生命，為儒學繼絕存亡，為整個失落的民族，挺立出道德主體性。此對熊氏而言，乃是當務之急，只有由心性上著手，才能從根救起，使國人於身心上起大變化，去雜染而歸清淨；至於理智思辨之事，熊氏既乏資源以為助，又限於實際情況，雖有心而無力，是以〈量論〉終不出，而亦理應不出也。〔註6〕

第四節 《新論》之價值與影響

熊氏之學偏於主觀性之認知，而非客觀性之認知，誠有其局限在，然其所開創之格局，所提出之理論，則有重大價值，而其影響則更為深遠。

首先，《新論》對佛學所作之反省，乃是一轉換性之批判，甚至是一轉換性之創造，此創造性之詮釋，對後來研究佛學者提供一新的途徑。熊氏之創造性雖只屬片面而已，不夠全面，甚至稱不上成功，然其對佛學於此現代處境中，內在理論所可能遭遇之困難，作了一徹底之批判反省，而從新的角度切入，重新加以詮釋，企圖使佛法更適機應時。此一創造性之詮釋，與當時大部分鑽研佛學者大不相同，大部分研究者仍停留於成規中，不敢多所逾越，

由此而逐漸照明科學、哲學、文學、藝術、宗教、神話、技術、道德等體物之道的根本會通之處，從而匡正近代科學與哲學因不識此一關節而生的機械、純客觀、唯物、虛無等荒妄偏差，以謀救濟這些偏差在世界觀與政治、社會實際層面所造成的理想、價值、意義破壞。」（見《博藍尼講演集》頁172註2，彭淮棟譯，聯經出版事業公司，民國74年3月，初版，台北）對於直覺性思維於聯想認識中所起至關重要之作用，及默識過程中的功能結構，博藍尼皆有重大發現，深值借鏡，當代新儒家尤須於此多加留意。參見《博藍尼講演集》之「默會致知」，及《意義》第二章「個人知識」（博藍尼、浦洛施（H. Prosch）合著，彭淮棟譯，聯經出版事業公司，民國73年3月，初版，台北）。

〔註6〕後來熊氏高足牟宗三氏有《認識心之批判》一書，即可稍補其師〈量論〉未出之憾。

而熊氏獨能於其中，抉發精意而加以闡揚，此種創造性之詮釋，爲繼起之新儒家們提供一個典範，儘管繼起之新儒家，對於文獻考據亦相當重視，但精神所貫注者仍在於創造性，如方東美氏專心於華嚴宗之研究，而從《華嚴經》〈十迴向品〉中提出「上下雙迴向」說，對於生命形態有一新的見解，並賦予其一番新的情趣，〔註 7〕而熊氏弟子牟宗三氏則以其精銳思辯能力研究佛學，而特心契於《起信論》與天台宗，企圖藉助《起信論》之「一心開二門」與天台之判教方式，而爲儒學之認識論、方法論尋求可行之路。此皆有所受熊氏之啓發與影響也。

　　其次，《新論》體用之說，爲歷來言體用者作了一終結，體用至此可謂有一全面深入之探討。熊氏曾曰：「體用不二義，自《新唯識論》出，始圓融無礙。」（《語要》頁 512）此辭容或有誇大之嫌，然對體用之探討，確實至熊氏而臻於頂峰。若有以熊氏「漚水」之喻乃取自天台、華嚴，因此而以爲「體用不二」並非熊氏首創者，則是不解熊氏體用之義。熊氏誠然藉用天台、華嚴「漚水」之喻以言體用，然亦不可即謂雙方之體用是同義的。天台、華嚴之體用不二，自仍是佛家義下之體用，天台言功用，華嚴言力用，而於體則亦不違佛家本義，並非是一實體。而熊氏之體用不二，自是熊氏義下之體用，雖說有所資取於「漚水」之喻，而無疑只是藉其名而表自己獨特之思想，故體用不二之名即使非熊氏首創，然體用不二之義則是熊氏首創。熊氏對體用所作全面深入之探討，而又有獨創深刻之見解，無疑已超越宋明諸儒。其體用不二之說，實已將儒釋道三家凡對體用義有見解者，皆參稽之而採及其精華。不論如何，熊氏對體用義所作歷史性之探討，及其獨創性之見解，在思想史之發展上，有其重要地位，並有長久之影響力。

　　復次，《新論》所提出之體用不二、翕闢成變之說，乃是當代新儒家最重要理論之一，更是其奠基之作，新儒家之代表人物，多有受其影響者。縱然《新論》尙有待證成之處，但仍具有重大價值，對當代新儒家之影響最爲深遠。熊氏從辯證的動態過程對本體論所作之發揮，不只無實證論者或原子論者之以機械式方式尋求本體而成機械論之失，亦無宗教家之以上帝爲唯一根源而成迷信之失，亦無離體言用而只著重經驗物質而成無體論之失。此一翕

〔註 7〕參見張肇祺氏〈方東美先生的哲學信仰與其哲學之建立〉（上）（下）第一○
　　　　節「超越形上方法與文化生態比較方法」，載《哲學與文化》一四卷九、一○
　　　　期，民國 76 年 10 月，台北。

關成變，即用識體之說，所闡釋之精義與所蘊含之意蘊，是非常深入廣大的，對當代新儒家由內聖開出外王，或者說由新內聖開出新外王，其實亦即是新內聖與新外王一同開出，有非常決定性之影響。如牟宗三氏之「良知之自我坎陷」說，〔註8〕即受有熊氏翕闢說之影響，而再進一步加以發揮的。〔註9〕不只希望保住主觀性之道德良知，並由此而開出客觀性之民主、科學等。無疑地，熊氏對當代新儒家之影響是深遠的，熊氏之被尊為開山祖，是有其道理的。

作為當代新儒家奠基之作的《新論》，其影響是重大的。自清代以來學術界成為餖飣考據而抱殘守缺的傳統派天下，無有文化理想，致使民族信心喪失，國勢愈趨積弱，而民初則有受西方思潮影響而持自我否定立場的西化派之興起，將中國之衰弱全歸咎於傳統儒家思想之影響。經此考據派與西化派之影響，固有之文化慧命遭致嚴重打擊，心靈極度虛無，信心喪失殆盡，中國可謂正發生嚴重之文化危機，正處於繼絕存亡之關鍵時代。如何解決文化危機，如何繼絕存亡？熊氏之《新論》即是在此環境下應運而生，因覺佛家於此終無有解決之道，故由佛返儒，對傳統儒家思想一面批判，一面再加以詮釋，去蕪存菁，試圖以更恰當之方式，對傳統思想作一番解構與重組，使其賦有現代意義。無疑地，《新論》對於自清代以來即衰頹不已而瀕於崩解之

〔註8〕 中國傳統皆只一心開一門，良知（本心、仁體、知體明覺）只開出道德門，而無知識門，故要如何由傳統之一心，開出現代的二門，是現代化之重要課題；因此牟氏藉助《大乘起信論》「一心開二門」之理論，認為良知要開出知識門時，則須自己自覺地「讓開一步」，亦即「自我坎限」，牟氏曰：「知體明覺不能永停在明覺之感應中，它必須自覺地自我否定（亦曰自我坎陷），轉而為『知性』；此知性與物為對，始能使物成為『對象』，從而究知其曲折之相。它必須經由這一步自我坎陷，它始能充分實現其自己，此即所謂辯證的開顯。」「知體明覺之自覺地自我坎陷即是其自覺地從無執轉為執。自我坎陷就是執。坎陷者下落而陷於執也。不這樣地坎陷，則永無執，亦不能成為知性（認知的主體）。它自覺地要坎陷其自己即是自覺地要這一執。」（《現象與物自身》頁122～123，學生書局，民國73年8月，四版，台北）只有經此一步辯證開顯，知體明覺（良知）才能充分實現其自己，而同時轉出知性，不只能滿足道德心願與要求，亦能成就民主、科學等知識，如此才能真正解決一切屬於人的問題。

〔註9〕 劉述先氏即認為牟氏把注力集中在「心」之觀念上，而有「一心開二門」之說，認為認知心由「良知之自我坎陷」而成，此說法雖與熊氏完全不同，但在精神上卻與熊氏以翕闢觀念而言成物、明心，闡明本體之功能與作用，從而以量智為性智之發用的觀念是一脈相成的（見〈對於熊十力先生晚年思想的再反思〉頁5）。

儒學，重新予以一新的生機，對宋明儒學以至上溯至先秦儒學，亦予以一新的檢視，汲取可資利用之資源，而於積澱殘渣，則予擴清掃除，而著力於現代，使道德主體性得以暢達。熊氏的全幅生命精神所挺立的即是此道德主體性，對於久已泯沒的人性，熊氏已播下新種子，使儒學有一新的可能性。

　　經由此一對《新論》所作理論性與歷史性之探討，對《新論》之來龍去脈，與佛學界之論爭，《新論》理論之得失，及其價值與影響等，大致已說明清楚。當然，《新論》有其不可磨滅之地位，但不可否認地，《新論》仍有其局限在，其所建立之理論體系或許未臻圓融，然其以全幅生命精神來挺立文化慧命，於此時代中，則有非常重大之意義。《新論》仍是值得再加研究，其中仍有許多熊氏未及言，或雖言而仍隱而不顯之精義，深待發抉。畢竟熊氏所播下的只是種子，至於開枝散葉則須後學者再接再勵。

參考資料

（甲）熊十力著作部分（依著作年代先後爲序）

1. 《熊子眞心書》，文津出版社，民國 75 年 10 月，台北。
2. 《因明大疏刪註》，廣文書局，民國 60 年 4 月，台北。
3. 《新唯識論》〈文言本〉，文津出版社，民國 75 年 10 月，台北。
4. 《破破新唯識論》，文津出版社，民國 75 年 10 月，台北。
5. 《佛家名相通釋》，洪氏出版社，民國 73 年 4 月，再版，台北。
6. 《中國歷史講話》，明文書局，民國 73 年 12 月，初版，台北。
7. 《新唯識論》〈語體本〉，文津出版社，民國 75 年 10 月，台北。
8. 《讀經示要》，明文書局，民國 73 年 7 月，初版，台北。
9. 《十力語要》，洪氏出版社，民國 72 年 12 月，再版，台北。
10. 《十力語要初續》，洪氏出版社，民國 71 年 10 月，初版，台北。
11. 《韓非子評論》，學生書局，民國 73 年 4 月，再版，台北。
12. 《摧惑顯宗記》，學生書局，民國 77 年 6 月，初版，台北。
13. 《論張江陵》，明文書局，民國 77 年 3 月，初版，台北。
14. 《論六經》，明文書局，民國 77 年 3 月，初版，台北。
15. 《原儒》，史地教育出版社，民國 63 年 10 月，初版，台北。
16. 《體用論》，學生書局，民國 76 年 2 月版，台北。
17. 《明心篇》，學生書局，民國 68 年 4 月，三版，台北。
18. 《乾坤衍》，學生書局，民國 76 年 2 月版，台北。
19. 《熊十力與劉靜窗論學書簡》，時報文化出版事業有限公司，民國 73 年 6 月，初版，台北。

（乙）後人研究熊十力之專著（與本論文相涉者爲限）

1. 《熊十力與中國傳統文化》，郭齊勇著，遠流出版公司，民國 79 年 6 月，初版，台北。

2. 《熊十力體用哲學之詮釋與重建》，林安梧著，國立臺灣大學哲學研究所博士論文，民國 80 年 5 月，台北。

3. 《熊十力》，景海峰著，東大圖書股份有限公司，民國 80 年 6 月，台北。

4. 《熊十力先生學行年表》，蔡仁厚著，明文書局，民國 76 年 8 月，初版，台北。

5. 《憶熊十力先生》，梁漱溟著，明文書局，民國 78 年 12 月，初版，台北。

6. 《現代儒佛之爭》，林安梧編，明文書局，民國 79 年 6 月，台北。

7. 《中國歷代思想家——熊十力》，李霜青著，臺灣商務印書館，民國 67 年 6 月，台北。

8. 《熊十力先生學記》，潘世卿著，私立輔仁大學中國文學研究所碩士論文，民國 68 年，台北。

9. 《熊十力先生的體用論研究》，黃惠雅著，國立臺灣大學哲學研究所碩士論文，民國 69 年 6 月，台北。

（丙）與本論文相關之佛學典籍、論著與單篇專文

1. 《瑜伽師地論記》，道倫著，新文豐出版公司，民國 65 年 10 月，初版，台北。

2. 《成唯識論》，玄奘著，華藏法施會重刊，民國 66 年，台北。

3. 《成唯識論述記》，窺基著，新文豐出版公司，民國 78 年 4 月，二版，台北。

4. 《破新唯識論》，劉定權著，文津出版社，民國 75 年 10 月，台北。

5. 《太虛大師全書》冊四九，太虛著，太虛大師全書影印委員會印行，民國 59 年 11 月，再版，台北。

6. 《無諍之辯》，印順著，正聞出版社，民國 80 月 4 月，一三版，台北。

7. 《說一切有部為主的論書與論師之研究》，印順著，正聞出版社，民國 70 年 12 月，三版，台北。

8. 《唯識學探源》，印順著，正聞出版社，民國 77 月 6 月，九版，台北。

9. 《性空學探源》，印順著，正聞出版社，民國 77 月 4 月，七版，台北。

10. 《中觀論頌講記》，印順著，正聞出版社，民國 76 月 4 月，七版，台北。

11. 《印度佛教思想史》，印順著，正聞出版社，民國 78 月 11 月，三版，台北。

12. 《歐陽竟無文集》，歐陽竟無著，洪啓嵩、黃啓霖主編，文殊出版社，民國 77 年 3 月版，台北。

13. 《印度佛學思想概論》，呂澂著，天華出版公司，民國 76 年 7 月，再版，台北。

14. 《呂澂文集》，呂澂著，洪啓嵩、黃啓霖主編，文殊出版社，民國 77 年 3 月版，台北。

15. 《唯識史觀及其哲學》，法舫著，正聞出版社，民國 70 月 3 月，初版，台北。

16. 《唯識思想》，高崎直道等著，李世傑譯，華宇出版社，民國 74 年 12 月，初版，台北。

17. 《佛性與般若》，牟宗三著，學生書局，民國 78 年 2 月，五版，台北。

18. 《唯識法相及其思想演變》，演培著，天華出版公司，民國 79 年 2 月，初版，台北。

19. 《現代中國的宗教趨勢》，陳榮捷著，廖世德譯，文殊出版社，民國 76 年 11 月版，台北。

20. 《唯識哲學——關於轉識成智理論問題之研究》，吳汝鈞著，民國 78 年 8 月，三版，台灣高雄。

21. 《絕對與圓融》，霍韜晦著，東大圖書股份有限公司，民國 78 年 11 月，台北。

22. 《佛家思想新論》，楊惠南著，東大圖書股份有限公司，民國 79 年 10 月，三版，台北。

23. 《當代佛教思想展望》，楊惠南著，東大圖書股份有限公司，民國 80 年 9 月，初版，台北。

24. 《現代中國佛教思想論集》（一），江燦騰著，新文豐出版公司，民國 79 年 7 月，初版，台北。

25. 《從創造的詮釋學到大乘佛學》，傅偉勳著，東大圖書股份有限公司，民國 79 年 7 月，初版，台北。

26. 〈真諦的唯識古學、玄奘的唯識今學與熊十力新唯識論之唯識思想初探〉（上）（下），曹志成著，《中國佛教》第三三卷三、四期，民國 78 年 3、4 月，台北。

27. 〈關於緣起思想形成與發展的詮釋學考察〉，傅偉勳著，《中華佛學學報》第四期，民國 80 年 7 月，台北。

28. 〈當代儒佛論爭的幾個核心問題——以熊十力與印順為核心的展開〉，林安梧著，《諦觀》六七期，民國 80 年 10 月，台北。

（丁）與本論文相關之儒學典籍、論著與單篇專文

1. 《周易》，十三經注疏本，藝文印書館，民國 71 年 8 月，九版，台北。

2. 《論語》，十三經注疏本，藝文印書館，民國 71 年 8 月，九版，台北。

3. 《孟子》，十三經注疏本，藝文印書館，民國 71 年 8 月，九版，台北。

4. 《周子通書》，周敦頤著，中華書局，民國 60 年 2 月，三版，台北。

5. 《張子全書》，張載著，中華書局，民國 53 年 3 月，初版，台北。

6. 《象山全集》，陸九淵著，中華書局，民國 68 年 7 月，三版，台北。

7. 《陽明全書》，王守仁著，中華書局，民國 59 年 6 月，二版，台北。

8. 《中國哲學十九講——中國哲學之簡述及其所涵蘊之問題》，牟宗三著，學生書局，民國 72 年 10 月，初版，台北。

9. 《中國近代思想人物論——保守主義》，傅樂詩等著，時報出版公司，民國 71 年年 9 月，三版，台北。

10. 《儒道之間》，王邦雄著，漢光文化事業股份有限公司，民國 74 年 8 月，初版，台北。

11. 《批判的繼承與創造的發展》，傅偉勳著，東大圖書股份有限公司，民國 75 年 6 月，初版，台北。

12. 《現代儒學論衡》，林安梧著，業強出版社，民國 76 年 5 月，初版，台北。

13. 《幽暗意識與民主傳統》，張灝著，聯經出版事業公司，民國 78 年 5 月，初版，台北。

14. 《中國現代思想史論》，李澤厚著，風雲時代出版公司，民國 80 年 3 月，初版，台北。

15. 〈方東美先生的哲學信仰與其哲學之建立〉（上）（下），張肇祺著，《哲學與文化》一四卷九、一〇期，民國 76 年 9、10 月，台北。

16. 〈論熊十力思想在一九四九年後的轉變〉，翟志成著，《哲學與文化》第一五卷第三期，民國 77 年 3 月，台北。

17. 〈熊十力內聖學後期轉變說之商榷〉，林家民著，《哲學與文化》第一五卷第一二期，民國 77 年 12 月，台北。

18. 〈對於熊十力先生晚年思想的再反思〉，劉述先著，《鵝湖》第二〇一，民國 81 年 3 月，台北。

（戊）與本論文相關之道家典籍

1. 《老子》，王弼注本，中華書局，民國 61 年 4 月，四版，台北。

2. 《莊子》，郭象注本，中華書局，民國 61 年 4 月，四版，台北。

（己）與本論文相關之其他專著

1. 《現象與物自身》，牟宗三著，學生書局，民國 73 年 8 月，四版，台北。

2. 《認識心之批判》，牟宗三著，學生書局，民國 79 年 6 月版，台北。

3. 《博藍尼講演集》，博藍尼著，彭淮棟譯，聯經出版事業公司，民國 74 年 3 月，初版，台北。

4. 《意義》，博藍尼、浦洛施合著，彭淮棟譯，聯經出版事業公司，民國 73 年 3 月，初版，台北。